马克思主义稀有文献《译书汇编》

第六册

张远航主编

中央编译出版社
CCTP Central Compilation & Translation Press

目録

譯書彙編

一九〇三年第三卷第四期

國民必攜

政法學報

原名譯書彙編

明治三十六年九月十三日第三種郵便物認可 明治三十六年十月十五日發行（每月一回定期十五日發行）

目次

癸卯年第四期

前號目次

明治三十六年十一月七日印刷
明治三十六年十一月十日發行

本報價目表

全年十二冊	半年六冊	每冊
二元五角	一元三角	二角五分

外準郵費視路遠近照加

廣告價目表

一頁	半頁	一行 四號十七字起碼
五元	三元	二角

凡欲惡登告白者須於本報定期發刊之前五日交到價須先惠欲登長年半年者價當格外從減

編輯兼發行者 胡[illegible]敏
發行所 日本東京神田駿河臺鈴木町十八番地 譯書彙編社
印刷人 日本東京淺草區黑船町二十八番地 酒井平次郎
印刷所 日本東京淺草區黑船町二十八番地 東京並木活版所
總發行所 清國上海四馬路老巡捕房東首 開明書店

本社緊要廣告

閱報及代派諸君公鑒

謹陳者。同人以校課余暇之餘隙。學費至困難之經費。擬辦此報。棉力支持於今三載。心力交瘁。不敢稍懈者。誠以輸入文明。為祖國目下至急之先務。亦吾黨義不容辭之責任也。今歲改名政法。体裁一新。改譯為撰。益求確當。承海內讀者歡迎。銷數驟增。同人實深愧感。唯各處除總發行所上海開明書店派出不計外。其直接以空函向本社索寄者。無不按函照寄。而惠繳報資者甚少。同志代謀普及。自無不可通融。然此報每期賠墊已屬不貲。今宕數愈多。賠額愈高。若不收資。勢難持續。用敢布告。務乞　閱者及代派諸君。即將報費照章如數惠寄。以便惲聯寄奉。自本期（癸卯第四期）寄出後。前資不即擲交者。第五期起一律停寄。以俟後命。愛讀諸君幸鑒諒焉

日本東京神田駿河臺鈴木町十八番地

譯書彙編社謹告

注意：
（一）本社定章外埠前金五十分以上者八折十分以上者九折全年二元五角（照大洋計）去年譯書彙編價準此
（二）匯金及信寄日本東京神田駿河臺鈴木町十八番地本社
（三）凡日本郵便不通之處照加郵費每冊四分

癸卯八月十五日

本社名譽贊成員寄附報告（癸卯四月）

臺銜		金額
尚書銜戶部侍郎那印	桐	捐洋壹百元
花翎二品銜候補卿郎中誠印	璋	捐洋拾元
奉天即補道揚印	昭來	捐洋伍元
戶部郎中張印	允言	捐洋伍元
戶部外郎瑞印	豐	捐洋伍元
外務部主事章印	士荃	捐洋伍元
候補知府程印	大徵	捐洋伍元
江蘇即補道李印	經楚	捐洋伍拾元

看！看!!看!!!　本學報十大特色

一本報全冊爲葉百廿爲類十數專主實學不事空談自始至終無一篇簡文章無一句空泛話爲本報第一特色

一本報社說專演政法原理針對吾國前途取種種重大問題全以學理解決無閃礫兩可之語爲本報第二特色

一本報采東西各大家學說融會貫通而著爲論說　大都直接間接有大影響於政法界者爲本報第三特色

一本報分學術五門各由　專門家擔任　吸液棄屑聚精會神務取學燈之光普照大千世界以求學問之獨立爲本報第四特色

一本報搜集易於觸動腦筋之議論事實而著爲警醒錄繪圖列說務使全國國民觸目驚心爲喚起愛國心之助爲本報第五特色

一本報設訪問他山集兩門或述談片或采投稿借旁觀之清議指當局之迷律爲本報第六特色

一本報設研究資料一門專爲研究政法學參考之助或采成法或據新政隨時著譯爲本報第七特色

一本報設歐美通信一門與歐美在留邦人特約按月報告彼中情形爲吾國作緊要通信機關爲本報第八特色

一本報月記留學界事實間附按語集之可成留學生歷史爲本報第九特色

一本報首頁揷畫務取有關於政法界學業上者閱之可起愛國之觀念爲本報第十特色

譯書彙編社出版及發行書目

(1)政治法律書類

政法叢書第一編 國法學 一冊定價六角五分

政法叢書第二編 歐美日本政體通覽 一冊定價三角

政法叢書第三編 日本行政法綱領 一冊定價三角五分

政法叢書第四編 日本國會起源 一冊定價五角五分

政法叢書第五編 國際公法 一冊定價 （近刊）

警察學（總論之部） 一冊定價二角 （近刊）

外交通義 一冊定價八角

日本現行法制大意 一冊定價三角 （近刊）

政治學提綱（上卷） 一冊定價四角 （近刊）

各國國民公私權考 一冊定價一角 （近刊）

法律學論綱 一冊定價一角

近世外交史 一冊定價 （近刊）

最近俄羅斯政治史 一冊定價六角

最近德意志政治史 一冊定價三角 （近刊）

法制新編 一冊定價三角

(2)經濟書類

縮版財政四綱 一冊定價一元 （近刊）

歐美各國最近財政及組織 一冊定價四角 （近刊）

理財學沿革史 一冊定價二角 （近刊）

歐洲財政史 一冊定價二角

日本財政之過去及未來 一冊定價二角

(3)歷史書類

波蘭衰亡戰史（上卷）一冊定價二角五分

美國獨立史 一冊定價六角

日本維新活歷史 一冊定價三角

(4)哲學書類

生物之過去未來 一冊定價二角五分

論理學（卷一）一冊定價二角 （近刊）

(5)傳記書類

比律賓志士獨立傳 一冊定價二角

(6)小說書類

政治小說累卵東洋 一冊定價二角

愛國精神譚 一冊定價三角

(7)雜著書類

支那化成論 一冊定價六角 （近刊）

日本遊學指南 一冊定價二角

外國國勢一覽 一冊定價一角五分 （近刊）

(8)圖表書類

最新精繪學校建築模範圖 一冊定價二圓

極東形勢一覽畫

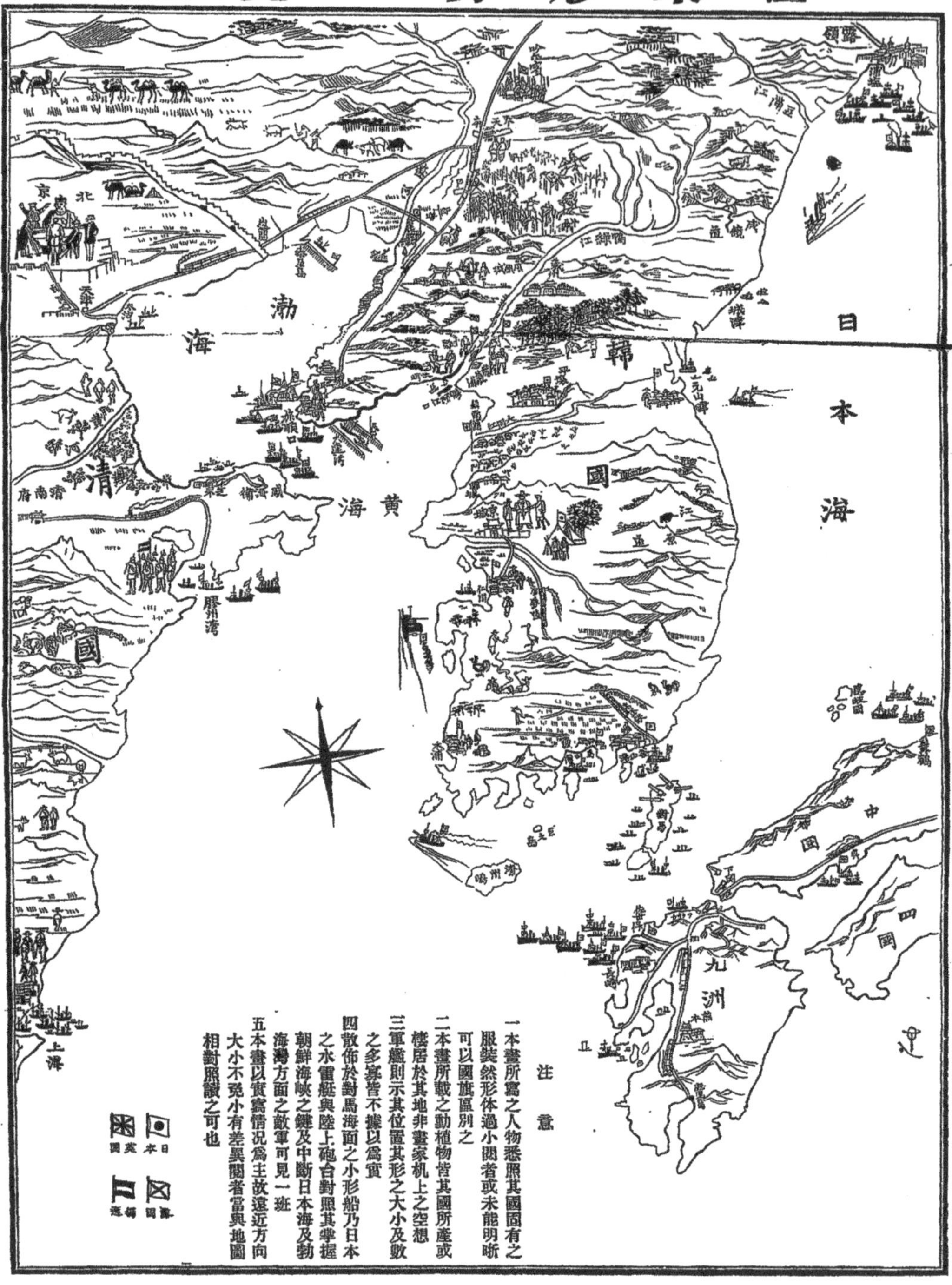
北京
渤海
清國
黃海
韓國
日本海
中國
四國
九洲
上海
注意
一本畫所寫之人物悉照其國固有之服裝然形体過小閱者或未能明晰可以國旗區別之
二本畫所載之動植物皆其國所產或棲居於其地非畫家机上之空想
三軍艦則示其位置其形之大小及數之多寡皆不據以爲實
四散佈於對馬海面之小形船乃日本之水雷艇與陸上砲台對照其掌握朝鮮海峽之鍵及中斷日本海及渤海灣方面之敵軍可見一斑
五本畫以實寫情況爲主故遠近方向大小不免小有差異閱者當與地圖相對照識之可也
日本
英國
露國
獨逸

社說

本報注意於中國政法界之前途取種種時事上之大問題全憑學理以解決之本報主義綱領之所存全在於此

日本朝野名士對俄日開戰之意見

瀧川學人

弁言

自俄國第二次徹兵延期以來。至今已六閱月。日本朝野名士。激昂慷慨議論沸騰。或主開戰。或主平和。全國有主戰論及非戰論二派。主戰者以近衛篤麿爲中心。非戰論者以伊藤博文爲首領。在野之人主戰者十之七非戰論者十之三。政府黨則主戰者十之三。非戰論者十之七。主戰之中又有強硬派溫和派之分。至今日而時機日以切迫。主戰者日見其多。非戰派則勢力漸消。俄日戰機。大有一觸即發之勢矣。雖外交之內幕。不易予人以窺伺。而國際事情之變幻不測。當局者亦無一成不變之見。然輿論之多數。則主張必戰。政府亦以最後之手段爲決心。陸海軍之好整以暇則又時時可戰。刻刻欲戰動令一下。不難萬弩齊發也。事勢如斯其迫矣。戰端如此其不可測矣。環顧我國災禍之切身既百倍於日也則朝野上下之奮發感動又當百倍於日也今在朝之俯首無策吾無責焉矣。而在野之號則又若存若亡不論不議有一二痛心疾首之士。徒大聲疾呼曰拒俄拒俄。夫拒俄誠是也至拒俄之當用何策則又知之者無人言之者無人夫吾人今日有種種重要之問題橫亘於前以待吾人之解決非僅以拒俄二字可塞其責已也俄日開戰。其有益於中國乎抑大有害於中國乎俄日開戰使日本而勝也則戰勝之結果其影響及於中國若何日本而敗俄人而勝也則戰勝之結果其影響及於中國者又如何俄日開戰以前之中國中國當有中國之布置俄日開戰以後之中國當居何等之地位俄日爭戰結了之時中國當有何種之處置嚴守中立而爲局外之國乎抑措於一方而收戰勝之利益乎以上種種問題皆當熟籌利害先事圖謀所謂定外交之方針者此也非見機而行敷延了事所能徼倖於萬一予前作中國外交之前途一篇於以上問題。略涉一二。其膚淺不切於事理者多矣。今觀日本野朝名士。議論激昂。或則上警告書於政府。或則表意見書於各報。或出於團體之公論。或出自一人之私見。雖其所言皆爲日本之前途計。未涉於中國之利害。今彙錄於下。以爲吾國民告。亦以見彼國言論之發達。國民之熱誠。議論之警切。事機。而非膚淺無經驗者比也。

伯爵大隈重信之意見

論外交與軍備

外交與軍備。其事若判然分爲兩途。其實則相關聯。相一致。須臾而不可離者也。外交不僅用之平和之際。而已。軍備不僅用之開戰之時。而已。如一國與一國開戰之時。更須有靈敏之外交。對交戰國之外交。無論暫時有中止之勢。對交戰國以外其他各國之外交則更千頭萬緒。非手腕靈敏者不能當其衝也。各國之中。與敵國爲親交國者有之。與敵國關係絕大之利害者有之。有嚴守中立者。有窺交戰國之鼻息而謀自國之利益者。各國之內情不同。外交上之應付亦因之不同。巧妙與敏捷。二者固外交上不可缺之要素矣。然外交與隊軍相一致協力。則又要素中之要素而無平時戰時之分也。

論彼得大帝之遺書

俄羅斯之政策不可謂非巧妙矣。巧妙之政策。固成於誰氏之手乎。世世之皇帝其人。爲此政策乎。抑臣下有不世出之才。以爲此政策乎。二百年間始終一貫之外交。其必有大有力者存焉。大有力者何。彼得之遺書是也。有彼得之遺書。而俄羅斯之政策乃始終一貫。居於同一軌道之上。

吁此遺書也。俄羅斯人敬之重之。如耶教之聖經。佛教之三藏。孔教之四書。有彼得之遺書。遂永定爲俄羅斯之國是。耶教之聖經。非耶氏之筆也。耶蘇死後。成于十二使徒之手。佛教之經典。孔教之四書。成于釋迦孔氏之手者亦僅矣。然其經典之感化力。及于世界之人心者。實偉且大也。彼得之遺書。其成于彼得自身之手否耶。不能無疑。然其感化一國之人心。實與宗教之經典同。其偉大之力。爲俄人二百餘年始終一貫之國是。此書之成於彼得之手否耶。雖不可知。而其爲彼得大帝之本意。則徵諸生前之事實而昭昭明矣。自彼得定南下之政策以來。今日之所敵。明日爲親交矣。昨日之友邦。易一時而成敵國矣。如與嗹馬克同盟。而討瑞典。後又與瑞典同盟而當他國。變幻不測之行動此彼得之所以爲彼得也變幻不測之外交二百年來如一日。詎非承彼得大帝之遺意耶。彼得以後世世之嗣君。長於外交之術。揮其手腕以震動一世者。屢見不一見。均與彼得之心傳若合符節。吾故曰俄羅斯之歷代君主。其承帝得遺意。以實行帝國主義。殆與麻哈默主之左執經典右攜劍戟。以壓制其人民者同。又與羅馬之征服地中海。以貫徹其帝國主義者同。

論虛無黨之由來

繼彼得之遺意。實行帝國主義。勢不得不投莫大之費用。以從事於兵備而全國經濟界之恐荒。遂至不可言狀。加以殘虐之官吏。嚴刻之警察。課重稅於民。民於是更陷於窮困無告矣。當時有以此事上之歷山二世者。帝於是重課關稅。以圖經濟界之振興。關稅重而外國品之輸入也難。俄國商工業。或有勃興之機。諸種之製造業。織物業。皆相踵而起。其始非不收大利也。然俄羅斯者。窮於生產物之國也。資產家企業者。則又寥寥如晨星。英美德佛之大資本家。乃相繼而輸資本於其國。與種種之產業且其國之原料又多仰給於外國俄國經濟界始終不振之原因實在於前。如德如美其國既富於天產而國民之購買力又沛然有餘旋生產而旋消費之經濟循環無已。商工業所由甲於地球。俄則不然。國民之生計困難。商工諸業雖勃興於一時。而有生產之者。無消費之者。雖衣食日用之品。亦守約而無力購買。貨物遂充溢於市場。欲輸之國外。則又價昂而購買無人。前日英美之諸資本家至是而皆受非常之損害。俄羅斯之經濟界終陷於悲境而不可救藥。而俄皇侵略之政策如故。國民遂相激而入虛無黨。此虛無黨發生之大原因也。

歷山二世及歷山三世

經濟界之不振遂發生虛無黨。其臣下有以此事奏之歷山二世者。歷山二世乃改其前日之帝國侵略主義採用平和主義。以此意定憲法。發布國中。聚皇太子皇族及諸大臣於一堂。使之署名同意。乃起草之次日而歷山二世爲虛無黨所弑。歷山三世即位。臣下多以帝國主義進者。而三世則不僅於先帝之憲法草案署名已也。且又加以特筆曰。「欲保俄國之治安。非採用平和主義不可。先帝之遺意不可背也。」其時德帝惠靈亨貽書於歷山三世曰。欲保俄國之泰平。除用平和主義而外。別無政策。以隣邦交誼。敢以相勸。於是歷山三世。乃廢其南下之政策。而與南歐諸國以樽俎相見。其最顯著者。如巴爾幹半島一事。俄之含恨於墺地利也久矣。至三世乃親赴墺邦。與墺王握手言歡。使巴爾幹半島立於俄墺兩國保護之下。涣然氷釋其前怨。一方則採用平和主義。他方則休養民力。以恢復經濟界之危境。然歷山三世。仍不免爲虛無黨所弑。繼其位爲今皇尼可拉斯。即位於千八百九十四年。

論東方政策

歷山三世末年以來。其外形似捨侵略主義。而取平和主義。然其實不過異其方面而已。捨南歐而就東亞。固猶是先帝侵略之政策也。尼可拉斯即位之翌年。即甲午中東戰役之時。乘中日和議甫定。急起與佛德聯盟。干涉馬關條約。以收漁人之利。俄之經營滿洲。及西比利亞鐵道之費。國庫實費十億萬圓。其名則曰東洋之平和也。世界之通路也。而其實則帝國主義侵略主義之實行。試徵之事實。由莫司科運來之貨物。雖至微至小之物。非經嚴重之檢查。則不得登載。由此觀之。則西比利亞鐵道非天下之公道也可知此十億萬元之鐵道至竣工之日尙須三四億萬元且加備以南之鐵道距竣工之日尙須數載之光陰一旦大工告竣而俄人之東方政策必更用迅速之手段以實行其侵略主義也

結論

俄之汲汲然磨其爪牙以攫取滿州也如此然一旦滿洲而歸俄人掌中世界各國不肯坐視也明矣藉曰於東洋之和平德則占有山東英則保全長江美佛奧諸邦亦必出其全力以擴張己國勢力勢必分割支那之全土然支那雖亡國之民其不甘受各國之侵略亦昭昭然明也其時必內亂蜂起生抵抗之力歐洲各國以鎭撫爲名各以兵戎相見此時支那全境尙有一片乾淨土乎然其終也支那之中必有一大豪傑出必有一古今未曾有之豪傑出恢復疆土整理殘局追逐各國于東亞之外以統一支那全土自分割以迄終事非有一世紀之時日殆不能結此問題此一世紀之間人類之損害若何商工業之停滯若何於世界之文明必有一大挫折故滿洲問題從其遠者大者論之實世界未來之大厄今日之防患於未然實世界

人類上重要之責任此長日月之間受禍最多者其我隣邦之日本乎今日之滿洲問題不僅於日本有絕大之關係實東洋前途之一大問題關於世界人類之一大問題當其衝之日本安得不有巧妙之手腕勇往之快心哉

東京市長尾崎行雄氏之滿韓交換論

欲論滿洲問題當先觀察支那帝國之運命支那者問題中之根幹滿洲者問題中之枝葉不先於支那前途下一斷案而欲處分滿洲問題是謂舍本而逐末支那將來其果有強盛之一日乎抑長此衰滅乎或就今日之現狀而可有五十年之繼續乎以余觀之不僅現狀之維持不能有五十年之繼續也其將來無強盛之可望支那前途唯有衰滅二字蓋立國之要素有三支那不僅缺其一幷三者而無之三者何一愛國心二政治的腦力三戰鬭力具此立國之三要素而內政外交稍有貽誤且爲他國之所乘況幷此三者而無之欲保其獨立勉其生存無自理矣故吾人之對支那政策惟有放任主義強行援助之術者愚速行分割之策者亦愚任其自然

而支那之滅亡可立而待也

支那古來爲朝廷而死者有人爲國家而死者無人愛國心之爲何物支那人腦質中所不能理解者也

無政治的腦力一事無俟多言而可下以明證支那之用人行政皆賴賄賂贈遺而成除賄賂遺贈而外別無政治彼總稅務司赫德欲於其管理之下採用支那人以任事而支那人之不貪賄賂不爲竊盜者幾希至今日而一無成効蓋其明證與戰之爲何物亦非支那人所能夢見驗之歷史上之事觀諸北清事件又有明證凡解爭戰之民族必有發明之武器支那人無發明之武器凡一擊而取人生命之武器悉自外國輸入支那人所發明之武器乃非殺人之具而驚人耳目之具耳

支那今日獨立國之名雖存獨立國之實已亡德據膠州而不能拒之抗之俄占滿洲而任其侵之犯之如此之國而謂之曰獨立國不過外交上之辭令而已凡具獨立之資者當他國侵犯之時未有不出而抵抵者也無抵抗之力者不得謂獨立之國家

俄人經支那政府之承諾。借租金洲半島。又得其承諾而敷設滿洲縱貫鐵道。且乘義和團紛擾之際。以兵力驅斥華徒。保護鐵道。遂占領滿洲全境。其手段之巧猾。或不免有非難之處。然因保護生命財產而出兵。援之國際先例。不得謂之非理之舉動。

俄之經營東方。在陸與海之聯絡。有龐大之西比利亞。而無海港以聯絡之。不獨有害於西比利亞之生存。亦有害於西比利亞之發達。於朝鮮北部而出日本海。於滿州方面而出渤海灣。俄之目的在是。俄之利益亦在是。日本之地位適與之成反對之勢。俄之利益在得兩處之制海權。日本之利益在使俄人不得此兩處之制海權。此兩國利益衝突之焦點。使兩國結約堅持不下。各謀伸張其利益。則兩國衝突之勢。舍兵戰而外無解決之法。使兩國各謀讓步。則此衝突之焦點不難以平和解決之。舍朝鮮北部而由滿洲以出渤海。此日本之利益也。而亦俄人之所希望者乎。何也。由朝鮮北部而出日本海。則於我日本不得不有衝突之勢。由滿洲而出渤海。則於支那可無衝突之患。即使小有衝突。而與支那之衝突在俄固不足深憂之事。取抵抗之最少者而制馭之」此非俄人歷代之政策乎。日本海則抵抗力强。渤海則抵抗力弱。避强而就弱。俄人之利。亦我日本之利。故兩國外形上雖有不可避之衝突。而內部實有和親之情勢。舍和親而就衝突。實兩國之政治家。於大局之利害。無計算之明也。

俄之於滿洲。有若干之土地。有若干之鐵道。有若干之建築物。有若干之移住民。其狀與我日本之於朝鮮。有若干之生命財產於其國者無異。故俄之於滿洲。有特別之關係。我國當默認之。同時而我國之於朝鮮。有特別之關係。彼俄人亦當默認之。彼我各維持現狀。以免無益之紛擾。此策之上者。反是而我國欲顛覆俄人在滿洲之勢力。俄人亦圖翦除我國在朝鮮之勢力。則日俄兩國間之紛擾。必相結數年之久。而不可解。因是而收其利。受其益者。必日俄以外之諸國。第三國之利。即我之不利也。

鳩山博士之國際法上觀察

（以下略之）

俄之占據滿洲。蔑視條約。我國不能袖手傍觀。或當執強硬之態度。以與俄爭。或當用平和之外交。以與俄抗。種種議論。充溢于朝野間。皆政略上問題。余非一學子也。從國際法上論之。从國際法上之權利論之。俄之占有滿洲全土。我國果有容喙之權利否耶。國際法上無此權利。則已。國際法有正當之權利。則實用此權利之如何。則又利害得失之問題。政治家所宜熟思而審處者也。

國際法上所謂獨立國者何。凡內治外交有自由自在之主權而不受他國之掣肘者是也。俄羅斯獨立國也。日本獨立國也。支那亦一獨立國也。則支那領土之一部。俄人派兵以駐其地。是俄獨立國。與支那獨立國。兩國間之關係。與日本無直接之影響。就獨立國之性質而論。俄國與支那之關係。日本而容喙之。則不得不引證國際法之先例。以伸明吾國權利之所存。其先例之一。則爲合衆國之孟綠主義。所謂孟綠主義者。美之大統領孟綠。發表于一千八百二十三年。其時南美諸洲。小國錯列。歐之西班牙其他諸國。爲種種之干涉。美國大統領。患其不利於己也。乃發表孟綠主義以爲吾美西半球。乃不容歐人之干涉。以主權自由之原則論之。則南美諸邦。獨立國也。西班牙亦獨立國也。獨立國與獨立國間之關係。第三之北美合衆國。起而容喙之背於獨立國自由行動之原則。乃當時英國承認美之主義。爲至當不易之理。於是西班牙及其他諸國。乃中止其干涉。

其次則爲神聖同盟革命之精神。由美而傳播於法。由法而有蔓延歐羅巴全體之勢。于是俄墺諸邦。乃結神聖同盟。容喙于法蘭西之內治。助法之王黨以鎮壓革命共和諸黨。以自由原則論之。法之爲立君政耶共和政耶。皆屬於主權之範圍而非他國而得而容喙者也乃當時神聖同盟。干涉法之內政。不可謂國際法上之先例耶。

其次爲克里米雅爭戰。俄人欲于土其其方面。擴其領土。張其勢力。于是英法諸邦。同盟而與俄戰。俄人乃返其土地于土耳其。俄羅斯之內海軍艦。加以制限之數。此戰後條約之結果也。以純理言之則俄土兩國之交涉非英法諸邦所得而容喙者也。而今日國際法之先例則固明認同盟諸邦之權利者矣。

其次則相沿至今。尚未解決之問題。如俄之於阿富汗是也。俄人欲于中央亞細亞。

擴張勢力範圍。乃於阿富汗國境。建築營舍。漸有侵蝕之勢。阿富汗之隣爲印度。英領也。英人對俄之行動。爲種種之掣肘。使俄人不得逞其志。

以上皆國際上歷歷事實。自昔至今。不聞有對孟綠主義而加以非難。對神聖同盟而祗其背謬。對英人之舉動。而責其大背于國際法者。

然以上諸國之容喙。于國際法上。獨立國之內治內交自由行動之原則。不免有牴觸之處。余讀國際法諸大家之著述。未見有說明其所以不相牴觸之故者何也。殆明白深易之理。無待諸大家之說明故也。

獨立國有內治外交之主權。同時而又有較此爲優之權利。所謂自存——存立之權利是也。論一國之主權。於其前又有國家自存之權利。可包括諸種種權利。于是合衆國。則有擁護合衆國而保其存立之權利。凡危險之及於其國者。皆得抗拒之。而妨其成功。俄之擴其勢力於土耳其也。於法蘭西直接有若干之損害乎。無也。于英吉利。有若干直接之損害乎。無也。然國際上所謂權力均衡一國而有非常之勢力。則他國必受其害。故英法諸邦。不得不沮止俄人勢力之膨脹。俄之欲設鐵道于河富汗及其他種種干涉。英領印度之受其害也。乃必然之數。英之防患未然。所謂自存之權利者非耶。今日之滿洲問題。與以上列舉之事。皆異轍而同軌。滿洲與朝鮮接壤。朝鮮又與日本接壤。俄既占有滿洲。勢必進據朝鮮。則不僅我國在朝鮮所有之權利盡落于俄人之手。且他日危害及於本國。非過言矣。欲保朝鮮之權利。勢不得不剪除俄人在滿洲之勢力。俄獨立國與支那獨立國間之問題。而結果必及於日本。此要求俄人撤兵之權利即由是而生也。故吾敢斷言之曰。今日迫俄人之撤兵。迫俄人撤兵而出於戰。皆國際法上正當自衛之權。國際法自存生存之權利。自是以後之問題。則屬於政治家之範圍。而非余一學子所能臆測也。

吾人對俄日開戰問題之意見

日俄開戰。日本朝野之意見。吾人欲紹介於吾國人士者。尚有建部博士之國力開展論。戶水博士之帝國主義論。其他朝野名士之論議。以限於篇幅。下期再紹介之。

推吾人所欲急於言者。在吾國人對俄日開戰問題。及吾國對俄日開戰之利害。夫國際關係之紛繁錯雜一問題生而衆問題環生外交上當分別觀察各籌應付之策因滿洲撤兵問題而生俄日開戰問題滿洲之不撤兵與俄日之開戰固同一事也相牽連相緊接而俄日既有開戰之說則問題之要點在俄日外交上之行動吾於此當分三時期以定吾國外交之政策第一期則俄日交戰前外交未破裂有一線繼續之時第二期則開戰以後吾國之行動若何吾國之地位若何今日必先豫定者也第三期爭戰之勝負已定滿州事件將有着落俄勝而俄必對吾國要求新約日勝而日對吾國必要求新約之時然此三時期又一氣聯貫有第一期之結果然後有第二期之結果有第二期之結果然後有第三期之結果當第一期俄日交涉進行之時而吾國不能袖手傍觀立於局外雖俄日商議秘不與吾國言或拒吾國爲不必與商吾國亦當自認爲外交主人翁利害關係者而不可放鬆一着退落一步也近日俄日開戰之聲日高而吾國上下戚戚然憂謂俄日開戰而吾國將遭蹂躪而吾則以爲不足慮之事俄日開戰則交戰主體爲俄日兩國而何能蹂躪吾土地（指中國不加入爭戰而言）所大患者有兩事而此則不與也。一則俄日商議成功。

不開戰而結外局之局或密行滿韓交換之策或密定滿洲處分之案而擯斥吾國不使容啄則吾國之權利掃地矣吾國之在滿洲主權可無一毫之存而滿洲土地眞二國掌中之物也其次則俄戰將有結局之時俄勝而俄必大要求於中國日勝而日必大要求於中國勝負在兩國而結果必及於吾國也以上三時期吾國當局者之處置若何吾拭目望之吾惄焉憂之

（光緒二十九年九月一日書）

本欄爲同人自由發揮其思想之地不拘定格而大部直接或間接有大影響於政治界與尋常空論不同

論說

中東兩國古今感情之變遷說

木併 山人

一、日本古代習我文字讀我書籍故學問淵源無不胚胎我國而制度典章亦莫不沿用我國當時之朝野上下莫不尊敬我國爲文化先進之邦以視今日之尊敬歐美者有過之無不及也

一、據東土史氏之說我國文事之傳來實由三韓人士之紹介以秦漢時代之學問爲主其後隋唐時代（凡千二百餘年前）日本政府派遣使唐大臣是爲中東兩國交際親睦之始又數次派遣留學生往我國講四書六經之大義及研究其他之學藝留學生孜孜懇懇成績良優歸國後頗能以所學見諸施用於是定東瀛制度之基本及衣冠禮式之模範裨益於此邦者實匪淺尠又有勇敢熱心之僧徒自備資斧結隊西渡長駐我國殷勤勉學而各派宗敎之東來實賴此輩之肩荷也

嘗爲駐清國出使大臣。今爲樞密院顧問官。大鳥圭介先生之言曰。古代支那傳來之文化。所謂「東洋流」者。由今日觀之。漸覺其有蠡窳膚淺之嫌也。然使我邦（指日本）不首蒙其教。恐不僅數百來之制度文物不能規定。且沈淪於舊來之習慣。人智安能發達。風俗安能融和。而近今萬國之風教。亦安得而傳受者乎。故開化之基藉於漢土。水源木本。舊跡可尋。雖出於我國（指日本）先哲之達見遠識。亦未始非隣邦春風化雨之功也。故不可不崇禮膜拜云云。

一、元朝忽必烈之兵。得朝鮮兵之導攻。侵日本之對馬及九洲。日本朝廷。遣北條時宗。率九洲之兵奮戰迎擊。雖勝敗不可逆料。然當年三島人心惶惑。殊甚莫不抱衆寡不敵強弱不戰之憂。適當西海颶風大起。忽必烈之兵艦。全軍覆沒。東瀛藉以無事。是爲日本開關以來之大危難。至今猶嘖嘖稱爲天佑神保千載之快事也。

一、明朝中世以後。適當日本足利時代之末。亂餘之武人壯夫。糾合黨羽。與我國內地之匪徒相應。侵我國南北之邊海。虜掠竄竊。無所不至。我國人士爰呼之爲倭寇。實亦彼之兇徒無賴也。當時戚南塘著有紀効新書。縷陳海防之策。備詳倭寇之

事蹟并及倭寇之强悍出沒海邊是爲邊將之累也云

一、日本文祿時代當豐臣秀吉征韓之役紛與明朝構釁起兵前後相爭者七年有餘彼此相殺糜耗資財者不知凡幾也

一、日本德川時代是爲治世之初結鄰交開通商別無不和之事

一、日本偃武之後儒學勃興學士文人蹶起於東西兩都學術文藝在在以吾爲師而詩歌文辭尤能直追我國之往哲前賢欽敬之餘甚有變其固有之姓名而倣效我國之姓名者其模擬國風有如是也

古來尊崇之念變而爲恐懼心

一、日本維新之初內政之基礎未定無暇顧及隣邦之事也至明治四年日本政府遣伊達宗城氏往北京締結清日通商條約至明治六年方得批准是爲兩國交誼之式成也於是兩國政府各派出使大臣駐劄首都

其後彼窺我版圖之廣大人口之衆多又聞我陸海軍之旺盛如火如荼大起危懼

之心是由尊崇之念轉而出此也

一、日本明治六七年間有琉球人漂泊至臺灣之南部被臺灣生蕃人所殺日本駐劄北京公使因與我國政府開談判之局謂此事之善後我政府始終示以不得要領之狀日人憤然有自行征討之意於是派遣征討臺灣生蕃軍既而以英國駐劄北京公使之調停由我國政府出賠償金若干日人始允收兵此事之現象若無足重輕者然關係至大而兩國之衝突由此釀成是為怨源之張本也

一、日本明治十二年日本政府廢琉球王為華族收其領土為縣邑是亦彼此相爭之一原因而結怨於我國更增一層也

一、其後我國之外交優柔不斷不諳國際之道不知交誼之重頗多倨傲自尊之舉動而彼國之駐劄公使及領事積無限不平不滿之念不覺勃々欲發也

一、日本明治十五年朝鮮有漢城之亂大院君主謀其事率徒衆攻擊閔氏夾燒日本公使館而日本之居留人民逃亡者甚衆當時日本駐韓公使花房氏避難於仁川得英國砲艦之救暫時歸國既而再赴朝鮮要求損害賠償之事我國不作調

停之計。乃派遣吳長慶馬建忠等。以軍艦載大院君歸天津。禁錮於保定府者四年。而後遣還朝鮮。此役也。我國與日本政府雖無直接之交涉。而日本國民嫉之甚深。

一、日本明治十七年。朝鮮漢城金玉均、洪英植、朴泳孝之徒。憂國家之危瀕。意欲更新國政。而阻遏於頑固不明之徒。於是金、洪、朴、謀有滌除頑固之舉。勸解不足。繼以武力。而日本公使亦有關係於其間。故波及於日本公使館。日本公使又遁迹於仁川。既而日本特派大使查理其事。併發軍隊以示強威。卒以賠償金謝罪。使了其事。此役也。事起於日韓。而我國特以兵力干涉其間。日人大憤。嘗聞其故老言當時日人之憤恨於我國者。更視朝鮮為盛。朝野皆有報仇之念。而敵視我國之心。為最烈之時也。

一、日本明治十八年三月。日本特派全權大使伊藤博文氏來天津。面會李鴻章。講善後策。約有三條。是為清日天津條約。

一、後來兩國朝鮮駐屯兵撤去之事。

一、軍事教練。兩國不能派教官之事。

一、若使朝鮮有事。彼此派兵之初。互相行文咨照之事。

一、日本明治二十五六年之時朝鮮布防穀令是為閔泳駿氏執權之時。日本政府以為閔氏依賴我國某氏之力敢出此舉故仇視我之念更深一層也

一、光緒十八年春當日本明治二十七年三月朝鮮人洪鍾宇在上海刺殺同國人金玉均上海道臺衙不問金玉均為何人洪鍾宇為何人遽以軍艦威遠號載洪鍾宇及金之屍骸送往仁川於是朝鮮政府將金玉均之屍骸在楊華津梟首寸斷所謂凌遲處刑是也而大張金玉均大逆不道之罪聞諸日本全國莫不恨朝鮮政府之慘酷及我國不正不義之周旋以對日本為無禮之行為蓋金玉均亡命於日本漂零於東京者有年交游甚廣聞其慘死莫不愍然疑我國之助韓為劇尤扼腕切齒云云此年以來而日人之結怨於我者有加無已爆烈必發宜其有甲午之役矣

危懼心轉而為敵愾心

一、光緒十八年以朝鮮東學黨變亂之故而彼此齟齬遂有豐島之海戰。 牙山

之陸戰。平壤之陷落。黃海之海戰。至遼東一戰而全局方結。於是我軍之無膽力無紀綱昭著於天下而輕侮之念起矣

敵愾心

……有變而爲輕蔑心者
……有變而爲協和心者

一、甲午一敗庚子再敗受此數辱懲創不爲不深應有振興之現象乃覘國者見我在上諸公仍以賄賂營私爲事在下士庶亦徒爭一己之利益而不知以國家大局爲重遂使大陸事業常爲歐美列國之爭逐反賓爲主指日可待雖曰不亡烏從而諱將亡之國誰不輕視就彼鴻儒碩望中論輕蔑心而見諸文章者曰加藤弘之先生著有日清人民氣象之異同一篇（氏爲男爵文學博士前任東京帝國大學總長）及尾崎行雄先生著有支那處分案一冊（氏爲衆議院議員前任文部大臣今任東京市市長）近日吾友某某二君當卒業歸國之時因訪問於尾崎氏彼仍執支那必分不可挽回之說具詳於本報訪問錄中茲不贅述

一、甲午未戰以前歐美人之於東方也幾乎僅知有支那而不知有日本故日本

人之往歐洲者，大抵誤以爲支那產也。自馬關約成，而吾國腐敗之眞相，水落石出，而日本國之旗，風始震耀乎歐美人之耳目。於是歐美人士方側目而重視之。然而歐美人士，狃於同人種之故，態小則個人之交際，大則國家之邦交，究未嘗泯猜嫌之迹也。而俄法德三國同盟，索還遼東一役，尤令日人有切膚之痛也。況乎歐洲某某若干國同盟，某某若干國同盟，見諸日報者不鮮，而未嘗許有異人種之加入者。彼以西方同人種之故，而靄然相親者如是，則令東方之有心者觀之，能無動心乎哉。且彼同盟之目的，又無非相扶相助，聯翔而逐鹿於東亞大陸也。在彼既有盟可同，在此豈無隣可結乎。則東方之有心者，念之又誰不躍然而起乎。感觀於歐洲同盟之故，而懲創於同人種之不可離間，所謂兄弟鬩牆，外禦其侮，輔車相依，唇亡齒寒之義，有不可誣者。日本朝野上下，深知此義者，固不乏人。就其貴顯而負重望，果孜孜以交結爲事者，曰公爵近衛篤麿氏，曰伯爵副島種臣氏，曰伯爵大鳥圭介氏，曰子爵長岡護美氏等是也。往歲日英同盟成，而異人種不可加入之弊，若可破者。顧觀於滿洲問題之結構，而讀今日路透電文，知英皇與俄帝，以法蘭西大統領之紹介西曆九月末將會於丹抹京都城按俄國滿洲撤兵第三期正在十月之交則英皇與俄帝之會合豈無故乎是以英日同盟之役雖明文上之光耀似有餘而內力中之相濟仍不足也吾料日本國民因乎此而同人種之觀念更深一層矣

比年以來吾青年之留學於東京者千有餘人而日本人之渡吾國者亦復不尠兼以新事業之設置無論政府無論草野莫不雇日本人相助為理此為兩國融洽之良媒就人事上之親睦既然也上海長崎間兩日可航而地理上之接近又然也進而溯隋唐之故事談徐福之逸話則歷史之親密更可知矣有此歷史有此地理有此人事此後兩國之友誼隣情交附為緣有加無已自不待言顧如上所述隋唐時代日本派遣留學生往吾國孜孜懇懇成績良優歸國後能以所學見諸施用於是定東瀛制度之基本云云至今日已駸駸乎有青出於藍氷寒於水之驗能招邀漢土青年留學於彼都是固彼邦之榮幸吾黨之羞愧亦豈吾隋唐時父老所能思料及彼弘法諸師所能夢見乎世道隆汚變遷有如是者雖然吾黨之孜孜懇懇負如此地大物博之國安知非不崇朝間駕彼而上之者乎是在吾黨之努力也日人大

鳥圭介先生。期望吾留學生之辭。有曰。今者支那文武留學生來者日衆。誠兩國相親之良媒。近時之美舉。彼國青年之有志。實堪贊嘆。而我日本文武官中關係此舉者。務當誠意教導。又便其日用飲食。以盡師道之義。而留學諸生。亦當朝夕黽勉勤苦耐勞。當我國（指日本言）明治五六年之間。曾國藩之建議。派留學生於美國者三十名。既而學業不終。半途歸國。竟不能裨益於國家。足爲今日留學諸生前車之鑒。慎勿蹈此。庶幾衣錦歸鄉。擔任國事。不勝日夜翹望之至云云。以上大鳥氏論文之辭。見於 The Sun Vol. V. No. 10. 摘述於此。姑勿視爲彼者之應酬語。而作爲吾人之箴規辭可乎。

光緒二十九年七月十二日大森旅中稿

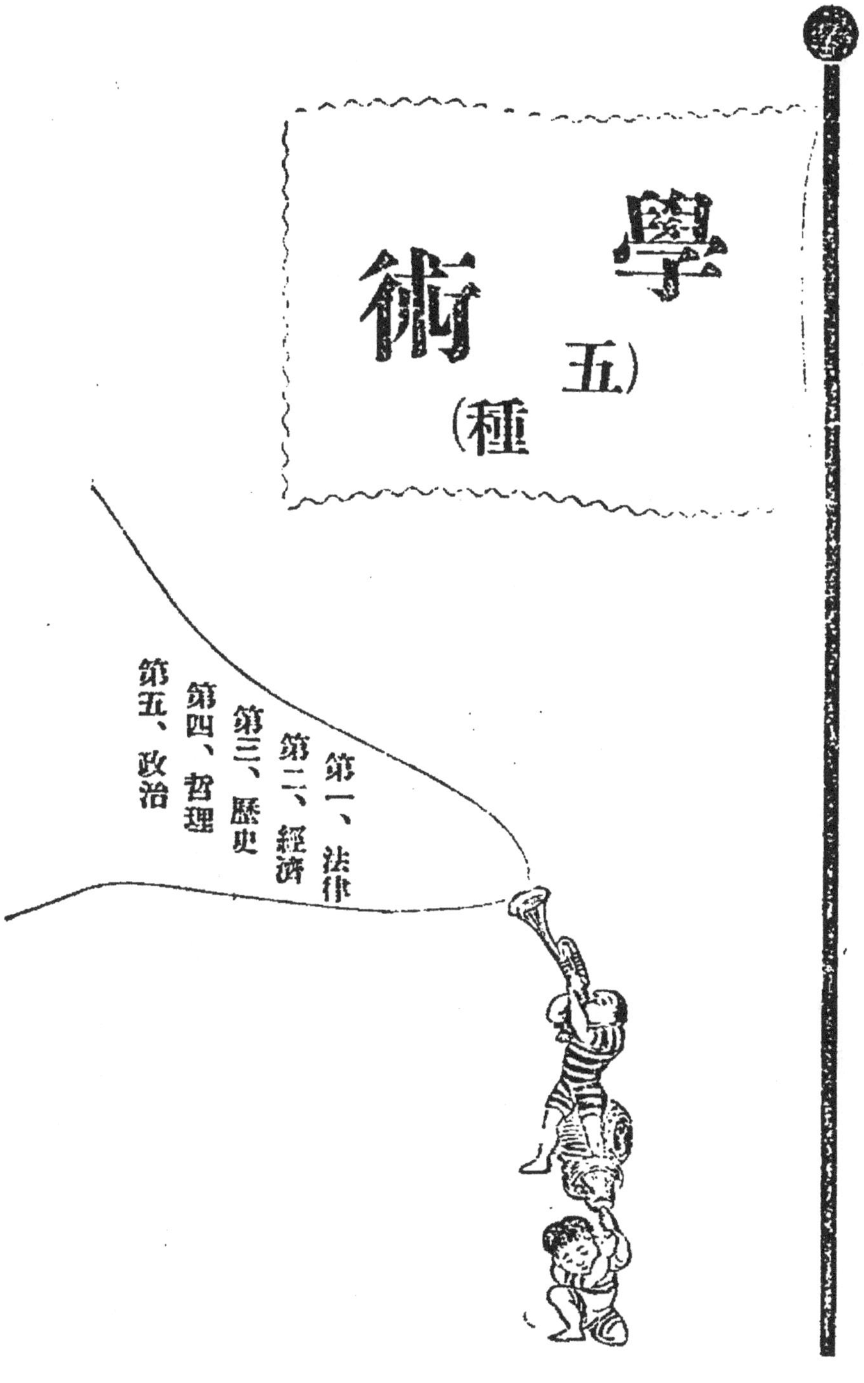
學術
（五種）
第一、法律
第二、經濟
第三、歷史
第四、哲理
第五、政治

美史譯成

章君伯初游學美利堅有年課餘譯成美史紀事本末十卷原書爲美國哈佽特大學校史學教授姜甯氏著稱專史之善本譯者筆亦足以達之今精印大版厚二冊每部大洋一元

總發行所　上海開明書店

法律

論法學學派之源流

耐軒

緒論

近世文明諸國莫不主張法治國家之強弱興衰社會之美惡良否悉本一國法律之善惡以爲斷法之粹者則人民蒙樂利而國家之基礎亦鞏反是則人民陷於悲境而國家亦因之不振觀列國之大勢無不然已顧各國之習慣不同社會之狀態互異於此而計畫統一立大法以範圍世界勢必有所不能然使各自爲法絕無可以相通之道則國際之間必互生扞格故學者本於至當之法理而擬一至當之規程使各國編纂法典莫不依此規程而更立細目如定國家之組織者爲憲法定人民相互間之法律行爲者爲民法分民法之一部爲營業特別規則者爲商法定國民之犯罪行爲者爲刑法關於裁判上之規定者爲訴訟法關於行政上之設施者爲行政法其關於軍人之特別行爲此爲海陸軍法是爲國內法關於國際公法上

相互之關係者。爲國際公法。關於私法上相互之關係者。爲國際私法。是爲國際法。國際法爲萬國共同組織其實行必須經各國公認國內法爲一國自由組織其制定可以依主權自主然法典之條目雖各國不同其編纂之次序結構之體裁則莫不循共同之規程大同而小異觀今日法界大同而知當日研究法理之學者其造功於天下後世爲不鮮也

歐洲法學之發生。兆基於羅馬自十二銅表律制定以後。制度盡一。爲後世立法之嚆矢。然當羅馬滅亡之時。歐洲稱爲黑暗時代。Bark ages 羅馬法亦幾歸衰滅。至十二世紀。伊太利鮑唐尼 Bodonin 大學立。顏納林 Irnerius 之徒。講羅馬法律全典。大昌羅馬法學。學者崇之。盡究羅馬法律全典爲之註釋訓詁。至今羅馬法律全典之勢力足以左右歐洲之法界而羅馬法曹之學說後世猶欲其餘譯者謂非顏納林之徒爲之推其波而助其瀾乎

嗣是以來。學者蹶起。著書立說。代有其人。自十六世紀以迄十七世紀。歐洲文化大開。蹶希臘羅馬之大家。以歷史論理爲基礎。而研究法律原理之學者輩出。於是學

風一變。昔以註釋訓詁爲講法律之能事者。至是莫不宗尚理論。而尤以法蘭西爲法律學者之中心點。如鮑梯埃 Pothier 杜馬 Domat 居虛司 Cujus 等。皆當時號稱法學之山斗。然理論易涉空想。其弊遂流入偏於空理。而昧於實際。故近世學者主張於現象中究原理。以科學的理論爲涉學之範圍。其說唱於德於之沙維尼 Savigny 披市唉 Puchta 英之彭參姆 Bentham 霍勃 Hobbes 此說盛行。而講法之學風又一變。

以形式言則世界文明法律幾至大同。不可謂不發達。以實質言則法學之於科學界中。其程度最爲幼穉。蓋諸科學之於今日。大都已均得一定之界說。一定之結果。而法學則學說紛紜。此唱彼駁。迄無定義。今所稱爲定義者。不過爲假定的名辭耳。然諸科學皆求道於形。法學則求形於道。故其研究之範圍。自較諸科學爲廣而定論之難。當學派之分岐。亦因是已。

研究法學之學派。至爲繁賾。大別之可分爲三派。一曰宗教法學派 Theological School 二曰理想法學派 Speculative School 三曰實驗法學派 Empirical School 宗教派本於信仰。Faith 故以神法爲研究法理之基礎。理想派本於理想。Reason 故以自由理想爲研究法理之基礎。實驗派本於感覺。Sense 故以法律的現象爲研究法理之基礎。宗教派與理想派。尙空理。其旨主演繹。故人可名爲演繹法學派。實驗派尙實際。其旨主歸納。故又可名爲歸納法學派。前者采先天的研究方法。後者采後天的研究的方法。自科學的法學說行於世。學者排斥先天說甚力。而於宗教法學派。幾置之不論不議之列。蓋宗教派謂法律出於神意。尤爲先天之先天。其所據爲法條者。僅存於經典傳記之書。此其說固祗可行之於神學與法學混同之時。其不足自存於法學昌明之世。有斷然矣。本論據奥田義人先生（日本法學博士）之講義。分理想學派。及實驗學派以立論焉。

一　理想法學派

理想學派者本自然之原理原則以研究法理之學派也。此學派認天然之理想。以爲法理之眞相。於法律實際上之現象。無所觀感。其說盛行於十八世紀。前人統名之爲自然法學派。然亦有見解互異者。今分自然、純理、人性三派以說明之。

第一　自然派

自然派以國家成立以前人類自然之狀態行爲。爲自然法。國家成立後由人力制定之法律。爲人定法。人定法不可不以自然法爲原則。凡人定法而能合於自然之原則者謂之善法。反是則謂之惡法。原則者即人人平等。事事自由。無尊卑之區別。無毫末之束縛是也。此學說導源中古。與耶蘇教之學理同時並生。初祗以自然狀態爲神學的學理。迨十七世紀荷蘭學者衛羅希亞 (Grotius) 排斥神學的解釋。主張哲學的見解。謂自然法者。人類之所以爲人類之自然性質之法也。一時頗宗其說。其後歐洲諸國。君權專制。引起反動。至生社會契約之說。（即民約說）謂社會成於人類。而非成於國家。故國家組織之先。當與社會締結一組織之契約。而以人類當國家未成立以前之行爲狀態爲自然法。於是向祗以哲學的解釋者。至是復兼以歷史的解釋之矣。此派萌芽於英之霍勃。至法之盧騷。Rousseau 而學說始完備。其影響之及於十八世紀者頗强大。

第二　純理派

純理派亦名心理派亦認自然法為法中之要素。唯其論自然法。不以人類自然之狀態行為為基礎。而以萬古不易合於吾人理想之大原則為基礎。其所謂大原則者。乃從吾人理想中湧出。謂人與諸動物異。故有理想。集衆人之理想而成大原則。茍人定法而有不適於大原則者。即為不良法。此學說淵源於希臘之古代。希臘學者勃拉德 Plato 亞里斯德衛 Aristotle 即主是說。謂『論法律當本之於理想』羅馬西斯衛 Cicero 亦主是說。盛行於十八世紀之末十九世紀之初。後實驗派之學說勃與。此說為之稍衰。至德之黑錡衛 Hegel 出。此說復燃。至今屬於此派之學者尚不少。

第三　人性派

此派與前二派無甚區異。唯其解釋自然法為適合於人性之法。以此為標準。而定人定法之良否。其論法則謂法律之現象。因時而異。因地而異。唯適合人性之原理。則一定而不變。是之為絕對的眞理。故欲决法律之正不正。祇須判其與人性合不合。如身體之自由。信仰之自由。所有權之原理。皆自然法之原理也。若奴隸制度。反於自由之法律也。時效制度。反於所有權原理之法律也。推究此學說。其源出於希臘之司德伊克。Stoic 之哲學從性論。近世荷蘭之脩羅希亞復唱道之。一時諸國之法學者。爲之風靡。及盧騷之自然法說行於世。此說大衰。後德之克羅司 Krause 出。此說復與。實驗派之外。首屈此派矣。

二　實驗法學派

實驗法學派其主旨以實際的法律現象以外無法理之根據故蒐集實際法律的現象以歸納法研究法律。與理想法學派適相反。此學派大別之亦可得三。即分析、歷史、比較三派是也。

第一　分析法學派

分析派者取法律之現象分析解剖以明其組織成分及發見現象中存在之要素以研究法理之學派也此派所主張者。以法律爲主權者所作爲。故實際法律的現象之外。即無可取之法理。所謂研究方法。亦即以此爲標準。如法律的現象爲占有。則當分析解剖其所組成之元素。以知其意思與存在。又如法律的現象爲合意。亦當分析解剖其所組成之元素。以知其請願與承諾。此學派古所未有自十七世紀。唱道於英之霍勃。Hobbes 至十九世紀祖述者爲彭森姆。Bentham 繼之者爲奧斯汀。Austin 而遂集大成矣。

第二　歷史法學派

歷史法學派者討究法律現象之沿革探明關乎法律進止興廢之原理以研究法理之學派也此派既不以法律之現象爲一成不可變亦不以法律之原理爲萬古不可易謂法律與社會爲正比例。社會既已變遷則法律亦不得不變遷故曰法律者發達物也。而非製作物也。其主旨一以進化及發達爲研究法理之方法。如討究關於契約之沿革。在古代不能信於人且無豫知力。故契約不能盛行。近世契約大行。凡往古依身分而定之事。今則可由契約而定矣。則知社會之由身分而進於契約之原理矣。又如討究關於相續(嗣續之義)之沿革。在古代則爲祭祀相續。至中古則爲家督相續。近世則爲財產相續。則知由祭祀相續而至財產相續之原理矣。此學派倡於德之拉勃尼 Leibnitz 其後法之俶唐。Bodin 英之培根。Bacon 亦唱以歷史的研究法律之說。然不能成學派。其能應用實際而卓然成一學派者實德之沙維尼 Savigny 也。故歷史法學派之鼻祖。稱沙維尼。

第三　比較法學派

比較法學派者取各國各地存在之法律的現象爲之對照比較以研究法理之學派也其爲比較也。或爲法理說明之材料或爲立法之材料或爲解釋之材料。如羅馬法與支那法。一則駸駸有日進之勢。一則索索無發生之氣。其理由當研究也。又法國法與英國法。一則以契約爲正當之原因。一則以約因爲必要之元素。其差異之所以當研究也。凡此皆屬於比較法學派之職分。蓋知有一法律的現象而不就各國各地之法律比較之則其現象終限於一方面不能貫通此學派研究之方法以袪偏見而求公理爲要圖。然欲實行此派之主旨。不可不先求各國各地之交通及習知各國各地之人情風俗習慣言語故比較派實起於晚近。其在希臘之亞里斯德爾。Aristotle 雖曾研究比較小部分之法律制度然缺而不全後德之拉勃尼 Leibnitz 伊大利之皮敎 Bigod 亦唱道比較法學之必要亦皆未明於世唯法之孟德斯鳩 Montesque 依此方法著萬法精理大行於世然此學派之興則不在親炙孟氏時代而在師淑孟氏時代也此派細分之又可得法系別人種別國別之三派焉。

(一) 法系別比較法學派

法系別者以法律系統之區別爲基礎而比較其法律之學派也如以羅馬法系之法律與支那法系之法律相較以別其異同以回回教法系之法律與英國法系之法律相較以明其優劣之類是也。

(二) 人種別比較法學派

人種別者以人種之區別爲基礎而比較其法律之學派也如以日耳曼人種之法律與羅馬人種之法律相較以研究其異同之點此法創於德之黑兒曼包斯脫 Hemann Post 繼而明之者爲德之康雷而 Kohler 及孔痕 Cohn 云。

(三) 國別比較法學派

國別者以國之異同爲基礎而比較其法律之學派也如以英國法與日本法比。或以羅馬法與法國法比。以辨別其異同。此法唱道於伊大利之皮數Bisod至孟德斯鳩。集古今各國之法律。而一一比較之研究之積二十七寒暑而成一空前絕後之萬法精理以成此學派。孟氏之功。不在禹下矣。

結論

吾又聞之奥田氏曰。『法學者科學之一也欲知法律之原理當先求科學之界說法國碩儒孟德斯鳩有言曰殊異者齊一之母也變化者恆久之兆也此即示天地間錯綜複雜之現象之結果亦即爲科學之界言也科學者以集錯綜複雜之現象而彙其類分其科以發見原理爲職分以支配種種現象而研究其原理爲學理既知學理即不得不即種種之現象而求其歸納則凡空理忘想舉不足以入細密之學理者自無由廁於其間矣』吾思奥田氏之言而知法律之所以能支配一切者在實事不在空理也當十八世紀之時唱理想法學派者風靡全歐民約之說各國宗仰其勢不可謂不盛然究其所以致此之由非理想派之足爲法界眞宗實時勢爲之利用耳故實驗派興而理想派之說遂失其所恃勢力驟衰縱曰虛實相搏其勢不相抵抑時勢已遷人心務實歟君子觀於歐洲十八世紀革命之風潮及十九世紀文物之進步乃知學說之力其影響之及於社會者甚大而理想派與實驗派之先後相生同受社會之歡迎爲非偶然也

經濟

我國鐵道之悲嘆考

東清鐵道	自西比利經哈爾賓至旅順本線	一、二四五、〇
	大石橋營口間支線	一四、〇
	大房身大連灣間支線	三、五
	自哈爾賓經寗古塔至「化苦臘泥脚蒲」（譯日本音ホクラニチヤブ）及烏蘇里連絡線	三六〇、〇
	以上既成	一、六二二、五
	哈爾賓吉林間 未成	八一、〇

以上資本金。一萬五千羅比。由東清鐵道會社之支出。布設營業者也。故受俄羅斯政府保護之下。

關內外鐵道

北京通州間	一〇、〇
北京天津間	八八、〇
天津山海關間	一七四、〇
湯河秦皇島間	四、〇
山海關營口間	一七八、五
高橋杏村間（炭山線）	五、〇
以上既成	四七四、五
高幫子新民廳間	六七、〇
綿州義州間	三〇、〇
以上未成工事中	

以上鐵道資本金。計五百萬磅。募集於英國。即以此關內外鐵道爲抵當物。而鐵道

工事全部。皆成於英國人之手。庚子之役。當北方擾亂之後。北京通州間。又賴英軍之布設而成者。其資本金。又在五百萬磅以外。

京漢鐵道	自北京、經保定、正定、信陽、等至漢口線路	八一〇、〇
	既成線	四〇〇、〇
	未成順德信陽間	四一〇、〇

此鐵道。由兩端起工。北京方面由法蘭西人擔任工事。漢口方面。由白耳義人擔任工事。此鐵道之資本金。亦分二宗。北京保定間。由我國政府支出銀四百萬兩。爲布設之資。漢口保定間。由白耳義借入資本金一億一千二百五十萬法。以京漢鐵道一切財產。爲抵當物。約二十年償還本利。聞明文上由白耳義具名。實則俄法二國。連合出資者也。

粵	廣東武昌間本線	七一〇、〇
	三水支線	三〇、〇

漢鐵道

漢鐵道	岳州支線	二五、〇
	平沙株田支線	六六、〇
	湘潭支線	七、〇
	總計	八四四、〇(未成)

以上總資本金約八千四百萬圓。擬募五朱利公債八千萬圓。又六朱利公債四百萬圓。而美國人已許應募。亦定鐵道一切財產爲抵當之約五十年期限爲本利償還之約三年間爲全部成功之約承受人爲美國美華啓公司是也。

山東鐵道	山東濟南間	三一〇、〇
	膠州沂州間	一一〇、〇
	未成線	二三〇、〇

此鐵道。由德意志借採掘石炭爲名因是得敷設鐵道之權利。聞其資本金計五千四百萬馬克。

滬淞	上海吳淞間	一三、〇

鐵道 〜 全線既成

此鐵道本來我國政府出資建造。現聞上海滙豐怡和南洋行投金五十萬兩作為讓受之資。故鐵道一切悉任英人之管理。此係得諸日本人之調查想非虛語也。

大冶鐵道 {自楊子江岸石澌涯至大冶錢山鐵道} 一八、〇 全線既成

此道為採掘鐵鑛之便利。由我國政府。提五十萬兩建造者也。而敷設工事。悉委諸德意志人之手。

澤懷鐵道 {自澤州至懷慶間} 一五、〇 全線既成

澤懷鐵道者。炭鑛鐵道也。由北京之合資會社出資布設者也。

萍醴鐵道 {自萍鄉至醴陵間} 六五、〇 既成三〇、〇〇未成三五、〇

此鐵道因採掘石炭之便利。由我國政府出資建造者也。而工事一切。悉委諸美國人監督之下

上記鐵道之名有九。計四千四百四十五英里。內分既成者。二千七百七十三英里。未成者。千六百七十二英里。此僅述其既成線未成線之區別。請進觀各國先占權之獲得如左。

▲津鎮鐵道　此道長六百三十四英里。自天津過濟南府。經揚子江畔而達鎮江。擬資本金七百四十萬磅。由英德兩國合同募集五朱利之公債云

▲山西鐵道　此道長一百三十四英里。自正定府過平定府而抵大原府。擬資本金二千五百萬法。俄人懷採掘石炭之願。故此道敷設之權利。己爲俄清銀行所獲得云。

▲滬淞鐵道延長線　此道延長百八十英里。自上海經蘇州鎮江間。而達南京。而敷設權己爲英國麥加遜洋行所獲得云。

▲上海寗波鐵道　此道長二百六十英里。自上海經杭州而至寗波。亦由麥

加遜洋行起工云。

▲蘇杭鐵道　此道長百二十英里。由蘇州抵杭州。布設權之所獲得。亦同上云。

▲南京襄陽鐵道　此道長四百十英里。布設權亦爲麥加遜洋行所獲得。自南京之對岸浦口、經信陽而至襄陽。可與京漢鐵道連絡者也

▲鑛山鐵道　此道長九百五十八英里。計本線一。支線二。本線者自太原經平陽府、而達西安府。支線者。一自平陽經澤州新安、而達襄陽。一自澤州、經彰德、而連絡京漢鐵道。是爲三線。布設權爲北京合資會社（外人所設）所獲得者也。

▲保津鐵道　此道自天津抵保定。長百三十英里。布設權之獲得同上云。

▲九龍鐵道　此道布設權屬於英國怡和洋行所有。長一百英里。自廣東而至香港對岸之九龍。而連絡粵漢鐵道者也。

▲緬甸孟撻來（譯自日本音マンダレ）延長線。計三百二十三英里。自孟撻來經雲南、而達

緬甸國境。此布設權已落於英人之掌中云。

▲雲南鐵道　此布設權亦入於英人之手。自緬甸馬梅因（譯日本音ハルメイン）起線。經我國國境江洪及雲南等地。而至重慶。有六百八十二英里之長云。

▲龍州鐵道　此布設權入於法國人之手。自安南諒山。經龍州南甯。而至北海。長二百二十英里。

▲南甯三水鐵道　此布設權亦屬於法國人之手。自南甯至三水。而與粵漢鐵道相連絡者也。長至三百五十英里。

▲東京延長線　自安南東京經河南老街。而至雲南。長二百英里。亦依賴法國人之布設也。

▲蒙古鐵道　長至一千英里。可稱大鐵道。自西比利鐵道之衣路苦苦（譯日本音衣ルクーツク）驛。經蒙古。而抵北京。此俄羅斯人所想得者也。

▲義州鐵道　自東清鐵道之遼陽附近驛。經大東溝。而至朝鮮義州。長二百五十英里。此俄羅斯人所經營也。

八

▲成漢鐵道 自四川成都而抵漢口。亦一千英里之大鐵道也。始爲英人所估量。近聞由張君振勳募集南洋商欵建造云。

以上合計鐵道延長線。計六千九百五十一英里。

一〇

歷史

民權自由之敵 墺太利宰相梅特涅傳目錄

民權自由之敵　墺太利宰相梅特湼傳

序論

君武

哥西加之風雲兒拿破崙第一者。龍驤虎嘯。睥睨西歐。宰割其山河。一世殆無有能當之者。當此之時其能先料拿破崙之必敗合縱列國。陰養勢力。以圖恢復。事機既來。一蹶而起。卒報拿氏者。於日耳曼列邦中。思坦因梅特湼者。即其人也。玆請論梅特湼。

梅特湼有瀟洒滑脫之風。權謀縱横之才。能笑。能談。能交。能謀。而彼當笑談之頃。奇智百端。籠路一世。其交人也。陽示吐落肺肝之狀。而其胸中陰險不可測。彼其所設之謀。周到緻密而陰險。實有外交家之天才焉。梅特湼誠十九世紀之偉人也。然至於晚年。爲民權黨之所覆。流落江湖。以終其生。嗚呼。凌辱一世氣燄萬丈之梅特湼。不知自量。厭其渺渺之一身。與民權自由之大風潮爲仇敵。卒之不免於敗。其愚亦可憐矣。故予特譯述其傳。以爲蹈梅氏之覆轍者鑒戒也。

第一　梅特涅之少壯時代

梅特涅以千七百七十三年五月十五日。生于來因河畔之可布林。家世清貴。代有顯官。其受墺大利公使之職。爲尼爹命得之公使者。即梅特涅之父也。

梅特涅年十五歲。入司特拉司布爾克大學。是即拿破侖第一在巴里兵學校卒業之年也。一爲武斷之英雄。一爲術策之權謀家。他年馳驅歐洲之中原。演翻天動地之快技者。實此一雙寧馨兒也。

千七百九十年。日耳曼皇帝劉布爾特於佛郎克弗特舉踐祚之式。梅特涅時年僅十七。得參列此盛典之榮。舉止閒湖。風采瀟灑。既爲萬人之所注視矣。彼列即位式之時。見墺大利公。深得其歡心。墺大利公者。即他日之佛郎西司第二。繼日耳曼皇帝之位者是也。梅特涅所以博佛郎西司第二之寵用。其源遠矣。

梅特涅既在司特拉司布爾克大學卒業。更入磊自大學修法學。年僅弱冠。矯矯不羣之態度。益加以光彩。閒雅溫溫之舉止。愈添以優美。真個可愛之佳公子哉。加以快活而能談笑。多藝而富機智。是以梅特涅之名。嘖嘖爲時人所稱。既已喧傳於交際之社會矣。一時墺國之人。以一見其風采爲快。遂得權任爲公使。赴英吉利之京、城倫敦。

梅特涅之在倫敦也。與英國有名之政治家訂交相往還。一時妙齡外交家之聲名。又轟傳於英倫之朝野。噫彼年猶未出二十。與巴克彼特富克司沙內里敦等諸名士握手縱談天下之事。能使彼等自然畏愛之。豈非一世之麒麟兒哉。

梅特涅二十一歲被擢爲駐在哈巴之公使。時哈巴恰爲戰地。不能赴任。遂往維也納。此爲梅特涅出現於墺都之始。

梅特涅至維也納未久。遂娶高尼支公之女爲妻。公之父歷視三朝。久居外務大臣之顯職。權勢凌一世。今也梅特涅與其家結婚姻。高尼支公之女容姿絕世。風采溫雅。真個梅特涅之好匹配。其得意揚揚可知也。

結婚之後。梅特涅欲暫久居於加吾尼公之家。與新婦樂偸閑之日月。雖然。當時之國家既多事。敏腕快手之外交家。需用最切。故梅特涅不得悠悠久居閒地。忽得復任公使之命。赴多里司丁。時千八百一年也。

第二　梅特湼爲公使駐多里司丁

梅特湼前駐英京爲公使之時。年猶少。外交家之手腕尚未振也。梅特湼初現其外交家之技倆之時。實自駐在多里司丁之時始。

多里司丁者。窺察拿破侖之動靜最便利之地也。歐洲列國之有名外交家。多集於此。少壯之外交家梅特湼。亦適受命駐在此要地。其非凡之外交技倆亦於此初發軔焉。

多里司丁不惟外交之要地而已。且其地文藝美術之發達最爲有名。梅特湼在此以其暇日學種種之技藝。又研究政治學。爲良紳士之好標本。彼當年雖未於此一大振外交界之威。而梅特湼之必爲後來大有爲之大外交。家則既已萬人之所同認矣。

第三　梅特湼爲公使駐伯林

梅特湼駐在多里司丁既二年。更受駐在伯林公使之命。時年二十八。

當此之時。拿破侖將大舉攻墺太利。汲汲然修戰備。墺大利欲當其鋒。不能不與普魯西相合縱。而借其援。然墺大利與普魯西爭霸相反目。已非一日矣。忽然捨宿怨。共攻守。豈容易可期之事。非有策略縱横之大外交家。其必不能使兩國相融和也明矣。梅特涅之赴伯林。實受當此難局之命。梅特涅在伯林四年。竭智盡術。經營慘淡。欲合普墺兩國之交。而普之嫉墺大利也。如故。雖以梅特涅之才略。終無由固兩國之合縱。蓋普不援墺。一則出於嫉視墺大利之情。一則因畏俄羅斯也。時拿破崙與俄帝阿歷山大第一訂親交。約緩急相援。應若普西與墺親。則必不免于受東西之敵。此普魯西所以憚與澳大利同盟也。

第四　梅特涅爲公使駐巴黎。達儞則得及梅特涅

拿破崙之勢日益盛。歐洲之大半。既盡爲彼之所席捲。墺軍與法軍戰於墺司特里息。敗戰。于維也納。又敗。日耳曼殆全歸于拿破崙之掌中。於是墺帝特派聰慧機敏之外交家駐於巴里。以注視梟雄之舉止進退。而探知其策略計畫也。以爲梅特涅最適此任。遂自伯林召還梅特涅。使更駐巴黎。舉至難至困之方面而使梅特涅一身當之。嗚呼。梅特涅所以爲空絕一世之外交家。於此可見矣。

當年之日耳曼。實外交家之大舞臺也。而當時之爲外交家者。多爲貴族出身之公子。有材幹及智識、各盡合縱連衡之策。以相競鬭。恰如中國戰國時代蘇秦張儀一流名士。相與連袂登舞臺。視持使節赴外國一事。爲無上之光榮焉。不敬文士。不導學者。不仰慕美術人。舉世間一切名譽光榮尊敬之事、叢集於外交家之一身。梅特涅者。實此時奇計百出離合無端之大外交也。當此之時。梅氏之英名。鳴於天下。梅氏之威勢。蓋於一世。良非偶然。當時之墺大利雖屢爲拿破崙之所破乎。而墺國積年累世之餘勢。未墜於地。歐國列國。莫不目墺國爲大國。而同表其敬意者、以梅特涅之大才。爲若是之國之代表。豈不快乎。且彼既生於權門。又娶權門之女。父爲公爵。身亦爲公爵。閥高族貴。至斯而極。其爲萬人之所羨慕。豈不宜哉。當時墺太利之風俗。甚尊門閥。雖有如何之材略智能。苟門地甚低者。決不能儕外交家之榮職。梅特涅則兼有門地材能之二者。此其所以發躍一世也。

梅特涅之赴巴里也。實在千八百六年。彼之春秋三十有三。翱翔於外交場裡。既十餘年矣。既具天成之奇智。又歷無數之經驗。故梅特涅之風采愈揚。權略愈加也。

具有明亮緻密之頭腦。多岐萬端之智識、冷靜深刻之意思、幾多巧妙之藝技、若梅特涅者。今恰在華麗冠於歐洲之巴黎。與機智敏慧不在己下之大外交家相遭遇。其人爲誰、即與梅氏同時爲法蘭西之外務大臣達爾則得其人是也、達爾則得者。丰姿瀟洒、舉止閑雅。應對如流。談論風生。眞個是法蘭士紳士之好標本哉。且長學藝。富權略。亦是與梅特涅相伯仲。此公使與此外務大臣。握手連袂慨談天下之形勢。嗚呼。其雄卓之辯。縱橫之議。至今尤髣髴在吾人面前也。

梅特涅與達爾則得相酷似之點甚多、其多智多能也相似、其快活滑脫也相似。其舉動優美巧於談話也、相似。其富於權謀策術也相似、二人之間、固無黑白雲泥之差異也、雖然。彼二人者、固有相異之點在。達爾則得者有自由民權之思想。而望立憲政躰之創設。唯彼見法國人民亂暴騷擾。破壞萬事。恐妨害憲政之創立、欲保秩序。維平和、而後乃徐達於彼岸焉。梅特涅則惡民權自由之主義。不啻蛇蝎。以君主專制爲無上之良政。而極論立憲政治之適以釀下民之横議。起政治之紊亂也。故梅氏局促卑陋之眼中。惟有墺大利皇帝。而無人民之權利。盡其力以擁護皇帝、墜抑民權。雖犧牲其一身而不辭。嗚呼。此梅特涅身敗名裂爲萬世所唾罵之原因也。是其與達爾頊得之政見相異。豈不甚乎。且兩人之氣質。亦多相異者。達爾頊多性吝嗇。汲々然務積財貨。梅特涅則輕視財貨爲邦家之故。每每擲萬金而不惜。兩人之性質。一長一短。固莫非一代之偉人。而梅特涅獨以與民權自由爲仇之故。遺臭千載。吁可悲也。

梅特涅之在巴黎也。才氣橫發。觀察周到。人皆驚其非凡。彼實駐在巴黎列國公使中之王也。列國之公使莫不瞠乎從梅氏之後者。千八百六年。梅特涅與法國結係登布路條約。連敗之餘。猶能不盡失墺大利之體面。而拿破崙倨傲不遜。傲視萬人。睥睨一世。獨至與梅特涅相接之際。厚禮和辭。不敢輕蔑焉。當拿破崙以一箇人視梅特涅。則愛之以外交官視梅特涅。則畏之。以梅特涅爲快活多材之人。故愛之。以梅特涅爲胸藏隱謀不可測度之人。故畏之。且梅特涅之意見。以爲苟求不害拿破崙之感情。則雖以墺帝之皇女嫁之而亦不妨。是以拿破崙頗求得梅特涅之歡心。嗚呼。英雄英雄。其能脫出於女兒牢籠之外者。伊古以來幾何人也。

梅特涅既爲拿破侖之所畏敬。雄視外交之社會。而留居於巴黎者三年。三年之間。常以其明銳之眼。注視法蘭西之內情。偵知拿破侖之計略。以預爲墺國謀。時拿破崙有侵伐俄羅斯之意。梅特涅早洞知其敗。竊謂人曰。是拿破崙之一大失策也。彼一蹶不能起之期不遠矣。遂急報此意於本國曰。早爲準備。法帝必敗。敗則吾國直舉兵復侵地耳。梅特涅先見之明爲何如。彼嘗評論拿破侖之人物曰。

拿破崙者。大立法者也。大行政官也。大軍人也。是實彼天性所最適宜之職司也。彼之思想。常向積極之方面而傾。其觀念常向物質之方面而傾。彼最不好爲模稜曖昧之空想。最惡如夢幻的抽象理想。一事一物。莫不欲說明其實際。彼以幻想爲無稽之荒誕。彼之所爲。乃求會得科學內體之智覺。而以爲實驗及觀察之實礎也。

十八世紀之哲學理想。則排斥之。目爲虛妄謬誤。福祿特爾尤爲彼之所最輕蔑雖。然拿破崙頗重宗教。以爲可司配人間社會之思想者。惟宗教而已。然彼之重宗教也。非眞個畏神道而信聖靈也。彼以爲是乃統御社會國家之一大方便法

一〇

門耳。故彼雖爲加特力之教徒。而不守宗教上之儀式。不行禮拜。

拿破崙頗有知人之明。凡有可用之才者。則直拔擢之爲己用、又最詳知法蘭西人民之性質風氣。而巧於利用之。彼讀史雖不多、而有聞一知十之才。彼所最追慕之英雄。爲亞歷山大該撒沙爾曼。彼常爲自誇稱其家系之舊。門弟之高。彼之待人也。如土芥。毫無尊敬他人之心。彼在家庭甚質朴而愛眷族、彼之風采頗不揚。口訥於言。無快談雄辯。軀幹短小而無威儀。然彼常欲自顯其身之長也。行步必用足指。彼又欲眩人之耳目。常服壯麗奪人目之美服。或時而忽服質素之服裝。力求出於常人意表之外焉。

拿破崙胸中熖熖之希望。惟在得權勢。不適於此一目的之事物。則彼不費其時間與思慮以等之也。彼一念既起。則犧牲其他之一切以徇之。其決心實可驚。拿破崙誠此時代之大偉人也。彼以爲自己之大功可成就。彼之行事。恰如戰車之進行。車轍所過。雖破碎萬事而不顧。彼對家庭猶不免有同情之淚、至其當國事。則無論如何殘忍苛酷之事。亦冷然忍之。拿破崙不受人所施之仁惠。彼之辦公事也。一依其所愛情而行。不枉正路。當其與敵遇。雖以如何之手段斃之。所不辭也。

拿破侖之所建設。如以獨力成一伽藍。以彼爲柱石。而支持伽藍之全體。其基礎甚虛弱而不鞏固。彼所用之建築材料。不過自其他破屋移來之古石朽木而已。如是之建築。豈能久乎。

拿破侖之氣質風采。爲此寥寥數言之所描盡而無餘蘊。梅特涅之觀察周到。大概如此。蓋歷史家之寫拿破侖也。多見其半面而不見其全面。是以或則漫呈讚辭以崇拜之。或則謂拿崙破爲惡魔爲奸雄。罵詈讒謗。無所不至。惟梅特涅之心。冷靜而不爲感情所搖惑。不流於過激。故彼之批評拿破崙。不陷於偏頗。而能觀察其全面。以下極公平之判斷也。

第五　梅特涅爲墺太利宰相

千八百九年。墺太利與法蘭西之平和復決裂。梅特涅召還維也納。時伯爵司達逭爲墺太利之宰相。司達逭雖非平凡無爲之政府。而才不足以當墺國當年至難之政局。當此之時。墺太利屢爲拿破侖之所破。國力大疲。瘠痍未蘇。今者法軍又來相攻。是豈非危急存亡之時耶。墺帝以爲處此危機。墺國之諸臣中。有防禍亂安社稷之技倆者。惟梅特涅一人。遂擧梅特涅爲宰相。賜位公爵。梅特涅既爲宰相。其對法蘭西之政策。一面設計遲延開戰之期。一面撫恤瘡痍。急整軍備。時拿破侖與其原配如色弗所生之子死。悲以後嗣乏絕爲憂。有娶墺太利帝女馬利亞魯易沙之希望。梅特涅乃乘機說墺帝以皇女勸拿破侖。而避法軍之銳鋒。

拿破侖之迎墺太利皇女。雖爲名正言順之正當結婚乎。實則藉戰勝之餘威。以強奪皇女也。若墺太利之兵強力足。則必憤然排斥拿破侖之要求。無如拿破侖之權勢。當年正達於盛大之極度。赫赫然如烈日之燒萬物。凉凉乎如秋霜之枯草木。列國震慄。無敢抗其命者。夫何求而不得乎。彼既已爲近世之該撒。又以沙爾曼之後裔若墺帝之女者爲配。豈不壯乎。彼所以欲娶馬利亞魯易沙者。非偶然也。魯易沙既嫁拿破侖。配蓋世之英雄。幷車入威爾塞之金殿玉樓。受萬人之仰敬。豈非有福人乎。就此結婚也。終非馬利亞魯易沙之名譽。終非墺太利之光榮。墺帝惟以畏拿破崙兵威之故。勉求其歡心。而送皇女於法國。耳名雖婚嫁。實則與獻貢賦無異。是恰如以漢家之美妃嫁單于。爲塞北之人同類也。苟馬利亞魯易沙具一片涼烈之氣節。彼豈不得潸然淚沾雙袖乎。惟魯易沙輕躁無婦德。不以嫁法帝爲憂。却欣然承諾赴法蘭西。噫。魯易沙生於萬乘之帝室。恬然不辭爲敵國之貢賦。豈不可羞。及拿氏既敗。又翻然改適他人。情好不終。蓋拿破崙與魯易沙本非以正義結婚也。

以馬利亞魯易沙嫁法帝。乃墺太利之恥辱。梅特涅亦非不知之。特彼以爲當時救墺太利危急之道。舍以魯易沙許婚外無他法。故彼不得已赴巴黎。與拿破崙議婚。千八百十年。馬利亞魯易沙遂遣赴巴黎。

第六　拿破崙之末路及梅特涅

梅特涅以馬利沙魯易沙姻婚之事。滯在巴黎。彼以烱眼觀破歐洲之大勢。謂人曰。明年(時千八百十一年)之內。歐洲之平和。其不得不擾亂。當此之時。俄羅斯僻在北歐。未被法軍之銳鋒。而常暗授普魯斯墺太利以敵拿破崙。拿破崙深恨之。有一舉破俄羅斯以席捲全歐之意。汲々修戰備。夫懸軍萬里。以臨北地。此豈尋常容易之事業哉、非用意周到、準備完全、固難期戰勝也。至千八百十二年之始、拿破崙遂終不免於出師俄羅斯、梅特涅之豫言驗矣。

梅特涅以拿破崙之征討俄羅斯為大失策。夫提孤軍深入北歐嚴寒之地、一遇失敗、四面有敵人起而包擊之。法帝征俄之舉、誠突飛無謀之輕舉哉、達裿則、得力諫拿破崙不听、遂斷然有辭職之意、當此之時、歐洲列國已無一國黨於法蘭西者。波蘭、意大利昔雖在法國保護之下、今則深怨之、普魯斯眈眈俟時機、欲一報昔年之怨。英國尤深惡法國。於是法蘭西孑然孤立、四面皆楚歌矣、而拿破崙狃於積年戰勝之成效、轉生倨傲之念、自思曰、余乃立於失敗之軍之外之人物也、而世人猶與余為敵、豈不可笑。噫、以拿破崙之聰明、而抱如是之輕信、其舉止進退、豈非危險之甚哉。梅特涅見拿破崙之倨傲、竊笑曰、梟雄之末路、焉不遠矣。

梅特涅賀與利亞魯易沙合衾之典禮既終、直去巴黎、歸假也納、繕修戰具、以為與國相見於戰場之準備。彼以為第一當合縱列國以當法軍、遂私飛檄於普國俄國及其他諸小國、結合一致、說以抗敵拿破崙曰、拿破崙一日不去法國皇帝之位、則歐洲一日不得保其平和。苟欲克復平和，保歐洲之安寧。到底非傾倒拿破崙不可。英之比得加司處里普之哈爾丁別爾，皆與梅特涅之意見相同。然列國多拘泥往事。連合之議，不易聚成，普魯斯尤躊躇不決焉，蓋普王威廉第三之性情，怯懦優柔。毫無剛毅不屈之氣。徒懼拿破崙之威，而無與之爲敵之意。卻賴有硬骨有爲之宰相思坦因與哈爾丁別爾。秀龍哈司托等。夙夜圖謀。欲舉日耳曼全國之力以當拿破崙。及哈爾丁別爾承思坦因之後爲普國宰相。與梅特涅約緩急相應。於是普墺之同盟遂成。

既而拿破崙果出師伐俄羅斯。而不出梅特涅之所料。絕世之梟雄，大敗於莫斯科之原野。急引兵逃歸法國。於是列國皆振戈起。法帝與之戰於來布錫而敗。絕世英雄拿破崙之壯圖。徒歸於水泡。悽涼脫帝冠。出國門。遷謫於地中海之一孤島，來布錫未開戰之先。梅特涅見拿破崙相語曰。閣下今尚欲舉大軍耶。抑欲平和休戰耶。是在閣下之決心如何。閣下而誠欲休戰也。則宜速去法帝之位。復歐洲列國之舊領地。當是之時。拿破崙尚擁有三十五萬之大兵。戰意勃勃。不能自禁。傲然答梅特涅曰。余寧戰死。不能去位割地以求和也。梅特涅喟然笑曰。是閣下之末路也。余又何言。遂分袂去。臨去。語拿破崙之部將卑爾提爾曰。君之元帥拿破崙大事已去矣。就梅特涅猶姑緩軍期。以冀拿破崙之悔悟。而拿破崙之決意已甚堅而不可動。於是于千八百十三年八月十日。媾和之談判終破。烽火一朝報急。俄羅斯普魯斯墺太利之帝王。皆來會於跌爾布里支。計畫戰事。自十月十六日至十八日之三日間。同盟軍與法軍戰於來布錫。大破之。翌年四月一日。同盟國之君王及宰相入巴黎。同月四日。廢拿破崙。謫之於耶業巴島。五月四日。立路易第十八襲法蘭西之帝位。列國之對法國。非敢破壞法國也。只欲斃拿破崙一人。以復歐洲之平和而已。故列國對法蘭西不要求償金。以寬大之條件媾和。許拿破崙在耶蒙巴島每年受位國支出六百萬法郎之金錢。於是歐洲之天地。始暫歸于平靜。

未完

哲理

論理學重要及其効用（續第三期）

君武

歸納法有常用之數名詞解其講義於下

(1) 事實 Fact 事實二字原於拉丁文之 Tactum。即已作之事之謂也。然其所包之義實廣。事實者理論 Theory 之對面也。有時指某事某物已為人之感覺所觸知。而與臆說 Hgho Theory 乃推知 Inference 之意相反。有時指一特別之事情而與普通之法例相別。質而言之。事實者即眞理 Truth 之異名也。

(2) 現象 Pheuomenou 現象者即某事某物之已顯現者之謂也。由是人之感覺乃可得而觀察之。其字原於希臘文之 φANONEVOV。

(3) 原因 Cause 原因者。事物所從出之處也。故事物為子。原因為母。未有事物而無原因者。其原因或為單純。或為複雜。以鎗聲之爆發言之。鎗聲爆發之原因。非惟鎗机之引擊而已。鎗机之引擊。不過其本原之最後者耳。若夫火藥之適量。鎗身之合式阻力之反應。銅帽之撞擊。天氣之圍繞。莫非鎗聲爆發之原因。數者缺一。則鎗聲爆發之事不成。

(4) 傾向 Tendency 每一原因之產出効果也。有其一定之傾向。傾向者有可逆阻者。有不可逆阻者。苟遇逆阻。則此原因產出之効果。即現變相。例如擲石於空。石之過經。本爲直線。而遇地之吸力。吸石使墜。改其傾向。擲力吸力。二者相抵。經若干時。成拋物線。以墜於地。又如月球。繞地。其亦同。地之吸力。月之動力。二者平均。改其本來傾向。使之繞地。

(5) 前事及連系 Antecedent Aui Consequent 前事者。事境之在某事件或某現象之前者。連系者。事境之與前者異。而與前者隨從附和而出者。是但所謂前事者非原因之謂也。前事固可爲連系之母。而連系不必皆前事之子。例如日光。固可燃物。而夜間燃物。固不因日光也。雖然亦有所謂必要之前事焉。Necessary Or Indispensable Antecedent 必要之前事。與原因無以異。因非有此。則効果無以產出也。

(6) 法則 Law 及自然法則 Law of Nature 法則者効果之規行事之例也自然法則者効果之普通例規也現象之普通例規也二者皆非原因而一切原因不能不依此而行

歸納法常用諸名詞之義如是玆論歸納法之法規Canau of Induction蓋欲定自然之法律以推測宇內之現象非有一定之法不能也舉經彌勒氏 J. S. Mill 所定諸法如下

(1) 合一法 Method of agreement 彌勒謂此爲歸納第一法例如聚諸現象而調查之在一境中獨爲同一則是境者即諸現象之公原因

欲用此法必如吾所能聚積多種現象而比較其前事其諸前事必有一爲原因者其或前事既行効果不見則可斷以爲非原因其後前事既行効果隨之而見則此前事即爲原因無可疑者以事明之有若在水泡中每現光華之七色在浮於水面之曲脂薄層亦有之在雲母石之薄層亦有之在玻璃之缺口亦有之在玻璃二片壓合處亦有之由是諸等現象以考驗其原因則見此七色之光華非他乃一極薄

翳層耳。在固體流體氣體中皆有之。爰知七色光華發現之原因。即薄翳是以光匯 Interference of Light 之說。可證其真。白留斯特 Sir David Brewster 曾實驗蚌殼之七色光華。非由其原質之本性所生。而爲其薄面之所成形。彼置蚌殼於黃蠟中。蚌殼之質已變。而其色不改。後又察知一法。如於金質之面。刻畫爲極細凹線。則金面即現七色光華。與蚌殼無異。於是七色光華之原因定矣。

反之彌勒又有所謂原因之多數者 Plurality of causes 過此別合一法不適於用。原因之多數者。効果同一。而其原因不止於一之謂也。例如熱所以出。有由摩擦者。有由燃燒者。有由電气者。有由壓力者。是固不能以唯一原因考察之也

(2) 差別法 Method of difference 彌勒謂此爲歸納第二法。其言曰。

在甲事情之下顯某現象。在乙事情之下而此現象不顯。於是甲事情與乙事情遂相差別。而甲事情者必爲某現象之原因。否則其原因之一部分也

以化學最淺之理明之。如 $Ag\ No_3$ 遇 Hce。變爲 Agce + Hno_3 顯白色乾酪樣之現象。而易溶解於 NH_3, Kcu, $Na_2\ Sao_3$ 諸溶液中。而 $Ag\ No_3$ 遇 $H_2\ S$ 及他

溶液之現象不同。由是可知 Hcl 與 H_2S 及他諸溶液相差別。而爲遇 $AgNo_3$ 生 Agcl 而顯白色乾酪樣之原因矣。由是法可證摩擦爲生熱之一原因。因二木相摩則生熱。二木不相摩則不生熱也。大衛民 Sir Humphrey daby 謂雖二氷塊。聚眞空中。以相摩擦亦可生熱。因二氷塊皆漸溶解。由是可知摩擦爲生熱之一眞原因矣。又如證空氣爲發聲之原因。實始於火克司比氏。火氏於一七〇五年。於一罩中。充以空氣。位鈴於中。搖之有聲。而不然者。充此罩中。以少空氣。或至於無。位鈴於中。搖之無聲。又如以鈉 Sadium 或其雜質。或七色景。則有一黃色雙線。燦然顯露。苟無鈉者。七色景中。黃色不見。苟有少鈉。投於光。原黃色即見。又如養氣。動物賴之爲生命。原於一罩中。置一動物。抽去養氣。動物即死。凡此諸法。皆名差別。

（未完）

收拾狂名須趁早
發青青漸近中年路

六

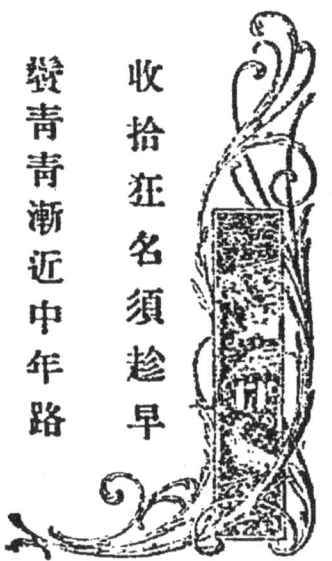

政治

警察精義

唐寶鍔撰

立法行政之要及內務行政之範圍、內務行政之分科及警察之沿革地位、警察之要及其種類區別、保安司法行政三警察之事業、各國警察之現象及日本警察之善、中國保甲之廢弛及治法人之要、中國近年辦警察之無效及其理由、中國當定警察法令、中國警察之治法、

人類相結爲團體團體相集成國家國與國相峙欲圖生存於世間不得不與民共治立法行政發號施令以增進其國運故立法以導民司法以警民行政以衛民國家凡百事業無不歸之於行政外務有政軍務有政財務亦有政立法司法莫不有政外務軍務財務以維持國權立法司法以保護私權示民大公然皆先內務而發達內務行政之得與世之文化相發達者實近百年事其始也國家之制度未齊與各項行政相混附屬各行政其既也行政之機關已備分離各行政使各行政附屬之

內務行政。由其性質上分之。可得(一)人事、(二)保安、(三)衛生、(四)救恤、(五)經濟、利用厚生之謂(六)教育等六科。由其行事觀之。不外乎(一)警察、(二)權利生滅之關行政行爲者、知識業權特許權、(三)行政行爲之須公認証明者、對內外部之事宜及效力及(四)精進改善之事。四者之中。警察爲要。國之於行政。多由警察而進於法制。當民智未開之初。國家之觀念未定。以國土人民爲一人之私產。故警察之旨擁護君權有餘。圖民福利不足。與軍務裁判相混淆。以天下太平國家無事爲政治上一大主眼。小民之安樂疾苦。未爲深計也。及人文既發達之後。政治之識見漸進。知國之存立在於君民國土三者相須而合。始得成統治之關係。欲圖主權之自存。先計國民之福利。故由私心而進公德。由形式而務實質。講民生活。計民利益。定政治之宗旨。分行政之範圍。且也近數十年來。列國交涉往來日以多。外交軍務日以繁。國家於外交內政並重。不倚警察、乃得獨立分科。成國家事業之一部。爲行政權之基礎。於是行政之地位以定。

軍之勝敗。視乎紀律。國之強弱。在於制度。紀律嚴肅。知己知彼。則不待交鋒而勝負

二

可決制度整齊識時識勢則不俟年境而強弱立分法治之國以法爲治律例所以定其綱法令所以須其目法令之中國之安危繫者莫惟警察居內政一大部分主旨以維持治安手段以防止危害形式以限制自由實質以增進國運事業雖多而條理畢備由其區域視之有國家警察（用於一般人民）地方警察（於限一處地方）之別由其事業計之約分三種曰保安警察曰司法警察曰行政警察保安所以維持治安防人爲危害於未萌司法所以搜索犯罪查抄證據爲司法機關之助除人爲危害於既發行政分廣狹二義廣義豫防人民凶害以維持公共安寧凡不屬司法之事隷之即包含保安之意故別立一科稱保安警察狹義不立區域不定範圍附隨各種行政事業保衛凡危害之既發未發不由人爲者如森林之有森林警察鑛山之有鑛山警察也凡此皆視其危害發起之原因如何別以科命以名定以範圍而三者之中尤以保安警察所關者最大故於各警察中又稱高等警察也

保安警察因其危害之所屬及其影響之大小分高等警察普通警察或稱公安警察私安警察如集會結社言論著作等警察凡意思外表安危關於一國之世道人

心者曰公安如設違警罪（違犯警察之罪）、及管束乞食人浪蕩子出獄人等警察凡行爲外作安危關乎個人之身体財產者曰私安凡此皆稱尋常保安警察對尋常保安警察有非常保安警察之稱如國家有事君主得行大權發戒嚴令（嚴爲戒備之意）、及爲臨機應變之事以奪民自由者是　司法警察爲國家司法之助行司法之空以補保安行政而警察之力所不及其應行之事有一辦事細章已足具備不必另設法令也

行政警察附隨各項行政與行政切近故事業最多尋常街坊之警部巡查即專爲行政而設若保安、司法之事不過制爲條理、畧備員數以行政警察兼之者多蓋警察之用施不一因其用施之不同得以命名也（行政司法警察、有時互相爲用、名雖隨事而異、要以行政警察爲常備、而兼保安之事、司法警察爲豫備、此非寔地研究、不足以知其中奧竅也）、歐美各國俱有警察根本法日本有行政警察法定警察權限及其應行之事發爲種種法令如定行政執行方法設違警罪及登錄戶籍清查戶口關乎安寧者也風火水災關乎災害者也管理娼妓遊廓關乎風俗者也豫防傳染病檢驗海港瘟疫及設清潔法消毒法關乎衛生者也因其事而爲之備警察之能事畢矣

東西各國亘古以來俱有治國之策衛民之道中國稱保甲泰西謂警察 Police 名不同而義則一然各國於警察之觀念。其沿革同出一轍。如前所述、上中古爲擁護君權起見。與軍事裁判相混。至十三世紀。伊太利市制成立以來。稍能獨立。至十六世紀封建之制既衰。行中央集權之制。爲張大國權起見。一時以國家之事。悉屬於警察。至十七八世紀。各國交通外交所關國事日繁警察乃先離軍事外交後別裁判財政獨立成國家之事業改善精進漸臻今日之盛雖間有斷電線以行劫乘汽車而殺人或事之偶然不得藉爲口寔甘自暴棄以疵泰西文明謂西法之不可倣行也至近年各國交涉日繁外交軍務之偵探密布各國以訪探機密猶其技之末焉者也日本警察、古時大都與裁判相混幾經沿革。始有今日之盛。自明治初年倣西制。五年八月司法省內設警法寮。七年一月移內務省稱警察局。八年三月、頒發行政警察制度。寔定行政警察之基。十年行政機關。乃見完備。行至今日。雖無道不拾遺男女異途之風然行李稱便百姓安堵有足稱焉至保衛閭里緝捕奸宄其發密捷速方諸泰西無以復加宜乎西人欽服與交通行政監獄制度並稱文化之隆

近亦做各國。遣派偵探至外國。分投密探朝政軍情機密大事。以爭均勢之利而尤 六
以中國朝鮮及俄之西伯利亞鐵路爲最多夫俄之流言行賄日本之游歷考察各
國之設寺布教警察行動之暗施於外者也街道清潔居民肅然百物整齊警察精
神之成功於內者也泰東西各國有之矣今請言我中國之警察。

警察之制中國向美善。周禮司虣一官詰奸察暴以糾四方凡異言異服之人悉必
有禁其於奇衺者更可知此即警察之權輿保甲之良法也逮至春秋戰國管子商
鞅猶能寔行其法以爲治詎秦漢以後代有沿革恆致有名而無寔　本朝沿明舊
制。警察之事。統歸兵部而直隸於按察各省有保甲總局府縣城鎮有保甲分局派
駐委員辦理鬭毆小竊紛爭細故之有妨治安者各鄉并設鄉正保有保正甲有甲
長以襄理其事深得外洋自治之道保安之法也雖司法之助仍歸地方官自理行
政之事未見完備然由此推行寔心寔事即可計地方靜謐百姓安堵而年來游民
日多盜賊加增逆會不解（哥老會等）而災禍常見者何也法久弊生不知因時制宜吏治
不清又乏警勢人才上下相朦敷衍廢事故也可勝惜哉夫治法與治人不可偏廢

亦不可偏重有治法無意人雖聖人之法不見效有治人無治法雖聖人出不爲功中國有治人無治法一語、即是此意、而論者往往誤會之、殊不可解、以不治之人而行不治之法國未有能治者也孟子曰。賊民興。喪無日。此治天下者之憂也。

庚子以後。京師暨各省。慮民敎之不和。地方之多難。知保甲之不足恃。乃倣西制。於保甲之外。創辦警察。設警務學堂。試辦數年成效未收而弊端百出徒爲外人餬口之地安置閒員之所不但有名無實甚而有假警察之名以取財虐民此去年京師之事、濫用警察之權以作威作福者此去年湖北省事、且各國警察。均有根本之法。通行全國。中國設警察。京師與各省。及各省與各省。彼此不相爲謀祇聞假手外人襲用外國一二警察辦事之章未見政府有發一號施一令定警察之制度須示全國改警察之官制視同塞缺者良由未知警察之精神。保安之良法不自籌畫而迷信外人且用非其人故馭夫立法先定宗旨辦事貴乎得人變法而不定宗旨不得其人適足以爲法之累增民害耳是不可以不愼

事當革新法必適時中國沿明舊制法成於數百年前事增於數百年後善治國者

因事而備法或立法以導民維新之初尤賴政府爲之提倡今以未備之舊法包括新增之事業其不適用明矣夫法之根基大綱大法中外一律治國之道大抵不出周官一書頑固者流往往狃於存見固守成法侈周官以自誇不知綱者法之所以目者法之所以然周官僅俱法之大綱至細目缺而無存有其所以而失其所以然歷代亦無相傳之法幸而泰東西各國規制完備數典忘祖禮失求野取彼之長補我之短事半功倍何恥之有如今日之新事業集會結社言論著作關乎治安者也緝捕查證對待外人犯罪關乎司法者也安寧災害風俗衛生關乎行政者也凡此制度泰東西各國釐然可觀不妨按照中國風俗人情廣布律令事事繩之以法導之以政俾民有所遵循庶可以救世道定治安增文化寔爲今日立法上行政上圖統治之第一要着且當人種競爭之世列强爭雄弱肉强食優勝敗劣各國勵精圖治講新學發明新器設法令以保護之獎勵之之不暇而我國民拘成法講舊學業不但政府無提倡即間有一二志士欲創新事業或因無規制轉爲遏止者不可勝數將何以圖存於世間常保其地圖增輝我國旗乎是則致治之道警察之學之不

可不深講求者也。而講求警察。當先定其法令。夫定法令。事有關乎一國者。政府定之。關乎一地方者。地方定之。警察之事。如前所述。區域分國家與地方。事業分保安司法行政。中國辦警察。當因其事業。由政府先定警察法令。作爲通則。頒行全國。以固統治之基。然後各省按其地方情形。再定分則。總期各省一律。可以徵調通用。不宜太有參差。復蹈今日之轍（事業不一致、國家即不能統治、製造局與四局之弊、前車可鑑也、）其官制、當作爲空缺、官暫與保甲分立。而畧存舊制。行一二年。稍有頭緒。即以保甲代之。藉省經費。而免複雜。其事業。當量爲變通。首重司法。以清盜賊。去地棍。絕差役之害。以民爲主眼。一面淸查戶口。脩理街道。防瘟疫。解阿片。禁賭博。凡安寧災害風俗衛生之事。悉心討究。次第施行。再發集會結社言論著作之法則。保安行政之事。已可畧備。其服式。須戎裝。每日操演。有尙武之氣。無事守望。有事出征。以補陸軍之不足。若是則事半而功倍。費省而效多矣。能寔心任事。得人才而爲治理。五年之內。地方不靜。民度不高。我不信也。願當局者勿其忽之。

（完）

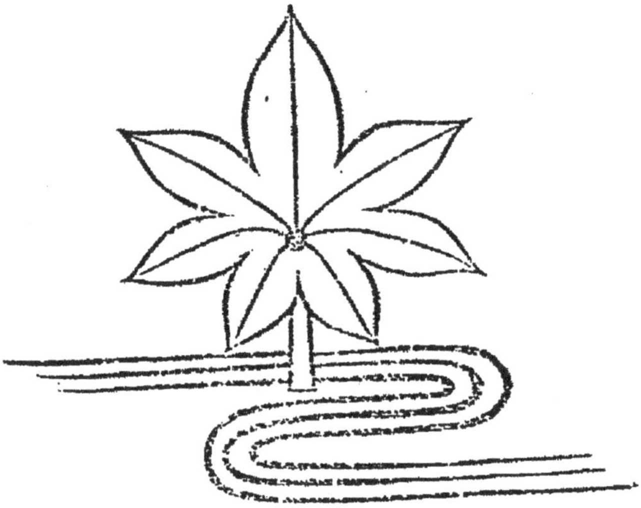

一〇

雜纂（三種）

（一）政法之友

（二）警醒劉鈴錄

（三）歐美雁信

社告

政法學報第一期

再版不日出來

雜纂

政法之友

耐軒

吾國人之無權利思想夫人言之亦夫人信之故對於內而不能主張國民之權利對於外而不能主張國家之權利任人之蹂躪踐踏而漠然不動於心者此其故何哉曰權利者法律之產出物也無法律觀念者亦必無權利思想權利之與法律其猶子之與母乎故欲喚起國民之權利思想必先養成國民之法律觀念聽講之暇蒐集各大家之學說名言是以爲吾邦人參攷之資者或采古訓或證師承間參己意隨筆記錄無取體裁其或有資邦人輿觀之助於萬一而爲愛讀者作一好伴侶乎耐軒自識

人格

學者於人格一語聚訟不一據普通唱道之學說則曰人格者權利主體之謂也猶

言得為權利主體者。乃得為人之資格也。難之者曰。所以稱權利主體者。為其有人格也。若然。必先有人格而後得為權利主體。非謂得為權利主體乃得為有人格也。故人格本也。權利末也。此說固推之論理而不悖。證之事實而信然者也。日本德法派學者。據近世精確之學說。而下一定義曰。人格也者。本乎法律上之意義。為各人分內所應行之活動力也。析言之。則人皆受法律之支配。即當皆有法律上意義。有法律上之意義。即當皆有法律上之界限。能守此界限。各不相侵。以行使其界限內之活動力者。人格之謂也。蓋活動者。人之自由也。人失其自由。即失其活動。自法律上觀之。即不得謂之人。一切法律上之權利。皆禁其享有。若昔之奴隸是也

生理上人與法律上之人

釋人有廣狹二義。自生理上言之。則凡具身體四肢耳目鼻口。能動作言語。而其形異於禽獸者。皆得謂之人。此從狹義釋者也。自法律上言之。則僅具人形者。不得直名之為人。奴隸是也。有雖無形體。而亦獨具人格。能與人生法律之關係者。亦得名之為人。法人是也。此從廣義釋者也。蓋法律之關係。人與人之關係也。法律上人之

所以爲人人與人格之關係也。有人格則非人亦人。無人格則雖人不人。然則人也者必爲生理上法律上俱認乃得爲完全人。否則僅具人形耳。究何異於牛馬奴隸哉。

國家人格說

往昔學者。不明國家與君主之界說。故疑國家爲屬於君主之一體。無獨立之人格。自後無學者發明國家與君主之界說。乃知國家爲獨立之法人。君主則握統治權而爲之代表。蓋國家有一定之組織。一定之領域。以形成集合團體。既不能以國民多數之意向爲意向。又不能以國民各人之活動爲活動。其必自成生存。不附屬於他人也明甚。既不附屬於他人。則與自然人同一資格也。又明甚。且國家對於私人。凡法律上種種之關係。無不爲之主體。其對於與國。凡法律上種種之關係。亦無不爲之主體。設不具人格。其能爲權利主體乎。反對者以德之明恆大學教授塞特爾及柏林大學教授霍兒排克之說爲最。然其持論。認國家爲一其象的物質。無機體之組織。與近世有機體國家之相悖。故其說於法學界甚爲微弱云。

四　法律與道德

西哲有恆言曰。道德者法律之淵源也。然道德之力。祇及於意思之發表。法律之力。則及於意思結果之行為。蓋道德以意思為標準。不合於標準謂之不道德。法律以行為為標準。不合於標準。謂之不法行為。一則制之於內。一則禁之於外。故西哲又名道德為心則。法律為行則。二者互相為用。法律所以濟道德之窮。道德亦所以助法律之欿也。然二者性質絕然不同。當國家主權未曾發達之時。往往易於混視。今之學者。俱主張國家主權之說。主權所在。法律斯存。不若道德之可不依主權而成立也。於是法律與道德區別之說生焉。(一)法律者國家之規則也。故必依一定之權力者以成立。道德者社會之規則也。故不必依一定之權力者以成立。(二)法律者依一定之權力有強人遵守之力也。道德者視良心為從違。無強人遵守之力也(三)法律者支配人間外部之行為。能使之整齊也。道德者支配人間內部之意思。不能使之整齊也。據此三點而知法律與道德形似而實不類也。故有法律上所不許。而道德上所稱道者。復父讐之類是也。亦有道德上稱為極惡。而法律上反為保護者。貸貧人以金而爲之追徵之類是也。

國民外交上之智識

吾國人有恆言曰「國家大事非吾儕所得聞」此語實大背世界立國之公理。吾國之不能競爭。不能膨脹而日就消滅者。其病源皆因於此。夫民爲邦本。古訓云。在立國以民。萬國公理。故其民富於政治能力者。其國勢必強。否則必弱。外交非亦所謂國家大事乎。然各國外交政策。皆以政府爲代表。而以國民爲後勁。其成敗得失。悉視其輿論之強弱。以爲斷。政府一若不過奉行其意者。彼歐洲列國。固視爲成例矣。日本當封建之世。國民固陋。達於極點。於內政外情。漠然無所聞知。明治初年。福澤諭吉氏。諸極力主張國民涵養成外交上之智識。於是日本人始曉然於內外之利害。極力干涉外交。遂收明治三十一年條約改正談判之結果（參觀本報第三期歷史）洎是以來國民愈知外交之不可一任政府。政府亦知外交之必當利用國民。互相爲用。一若政府之爲先導。而國民爲之後備者。設國民短於外交上智識。則利害時機之不知。安望其獻替可否哉。今試返觀吾國。凡與外國訂條約改商稅。全

六

國人民從未有一研究其利害者。然猶曰智識淺薄。不敢與議短長也。若夫今日震天動地中國存亡關係之滿洲問題。萬國人民莫不引領翹首以望其結果。而吾國人則亦如在睡夢中。無所聞知從未聞有人研究此問題之由來。列國與此問題關係及吾國政府對於此問題之態度者。甚者並滿洲之位置而亦未嘗知者。斯眞極天下之不思議者矣。吾願吾國民自此以後。立三大願。(一)養成政治普通智識。(二)攷求列國之大勢。(三)研究內外之關係。然後進而歷練外交之智識。以主張國民的外交。則庶其有孚乎。

Ce n'est jamais impunement qui ne saurait être suspect en pareille matière ce n'est jamait impunement qu' on manque de philosophie, de science, et de celigion.

日俄外交現象之圖

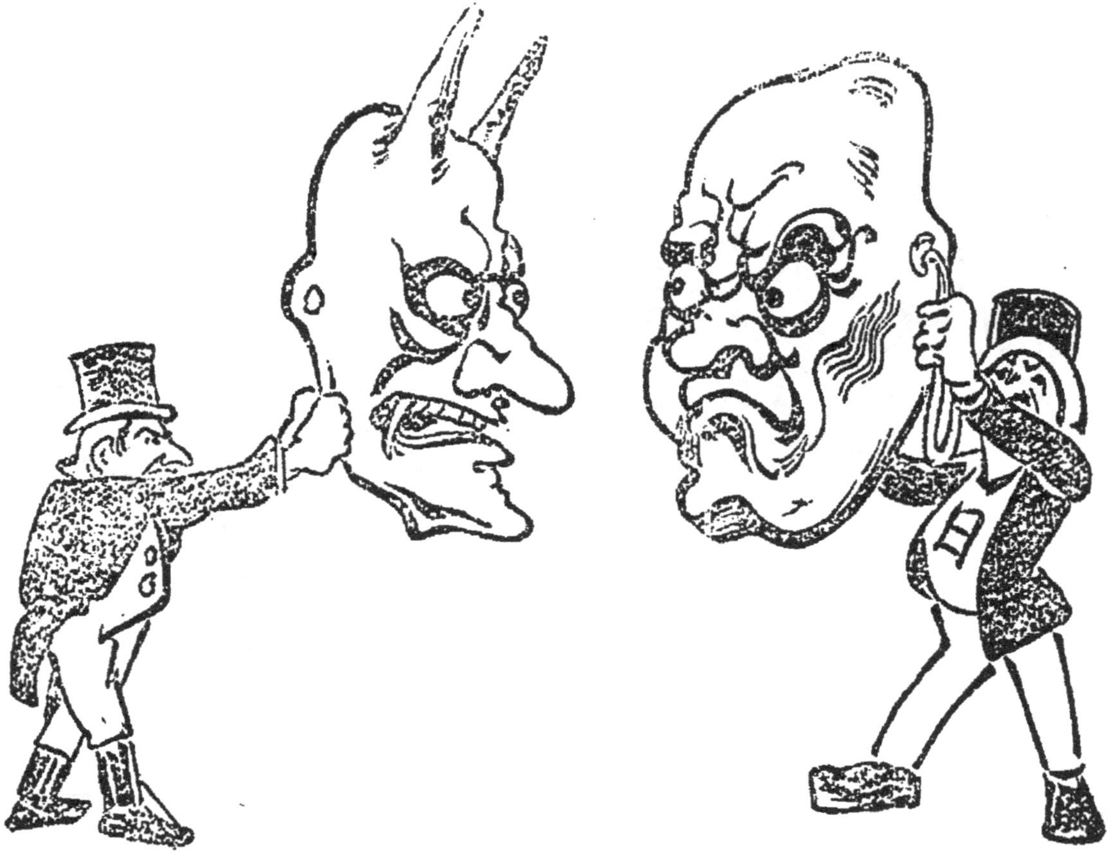

政法學報　譯醒圖插錄

一

俄羅[11]斯外剛內柔圖

俄人脚踏清韓二國圖

此圖載於日本中央新聞其記者曰頭則形容其財貧腹則形容其內亂以如此財貧如此內亂之國而我東亞若清韓二國猶爲其足下之蹂躪嗚呼昏味哉孰過於二國衰弱哉孰過於二國其不亡也幾希中央記者之言如此我支那人其猛省

英人勸日拒俄圖

英人向日本人曰。君速向火之中。拾取栗實。否則被可薩克兵士。所盡食無餘者矣。 四

John Bull (to Japan): "You just pull the chetsnuts out of the fire for us, els the Cossack will eat them all up."

歐美雁信

本欄由本社與在留歐美諸君特約按月通信、所載均爲彼中最之近現狀、足爲吾國觀感者、亦藉資興起之一端也

○節錄菅沚氏來信

來歐不過八月。游歷亦僅英法兩國。細察英法人之性質。及其擧動。略有以區別之。就吾所見如此。未知其當否。法人根性易于感觸。苟一事有不安。即蹶然而起。小則見于詞色。無稍隱藏。大則叫囂奔走。鼓動多人以反對之。或庇護之。殆如夏日晴空。忽然雷雹交作。大雨傾注。瞬息即止。所以那翁去世。而法人無繼之。而十九世紀之革命流血。彼獨先于他國也。自立共和政治以來。無處不宣言自由平等。同胞兼愛。然彼國民性質中。實不具有此三者元素。其國勢將日趨落。而社會之隱象。其腐敗亦將與我不開化之國民相等。所稱爲强國者。政治立法之良善。雖有敗類。亦不得不羈絆于國法之下。故其表面仍不失爲文明之一國。然其文明。皆本原于羅馬。如文學美術工藝建築。實足令人驚歎。彼有此資格。一經那翁出而驅除專制之腐敗。

再經三次革命而立定共和政體。其國體固而聲勢遂盛。此其原因一也。法國地勢二處歐洲中心點。與德英境地交錯。受外來之激刺速。故其人民知識自易發達。非如立國大陸。交通不便者可比。其交通易。其文明之程度亦易增。此其原因二也。有此二因。故其國有不得不文明之勢。所以演成法人此種性質。至于英人。不過島民耳。但此人種向爲純粹之盎格魯撒克遜之一族。具有特別性質。初見之則渾樸無奇。但覺其冷淡無親切之意味。然其沈毅果決勇往不撓。大異于法人。凡事之來。遇之泰然。及其經營布置。循序而不紊。中旨既定。始終不可移。苟自外觀之。或以爲孤冷或以爲傲泰。實則深沈不露。獨立自尊。故能擴張殖民遍滿全洲。豈若他島國僥倖一二事之成。遂矜張不可一日安。而忘其本來之面目者耶。英爲立憲國。而政治社會。實具有共和之槪。不言自由。而實享自由之幸福。此非我一人私言。即法人無不欣羨之也。然則兩國之程度。亦可有所評衡矣。今復以此二國民之性質。反證我國。則我國民彷彿均具此兩種特質。敏慧長于文學美術。則近法。浙人中曾紹溫處等人。尚有樸直之性。且能獨立于商務及農業。法律稍似英。他如湘人粵人頗多沈毅果敢之士。亦近英。惜開化程度尚早。不能發達其固有之特質。而演成社會獨立不羈之概。倘國民教育日進。國勢自必改觀。且可兼英法二國之長而具得之。數世紀後。安見支那人種。不稱雄于全球者耶。苟具遠大之志者。吾願其不尙空言。而以躬行實踐。達其不易之方針。將來國民之興起。不可限量也。（下畧）

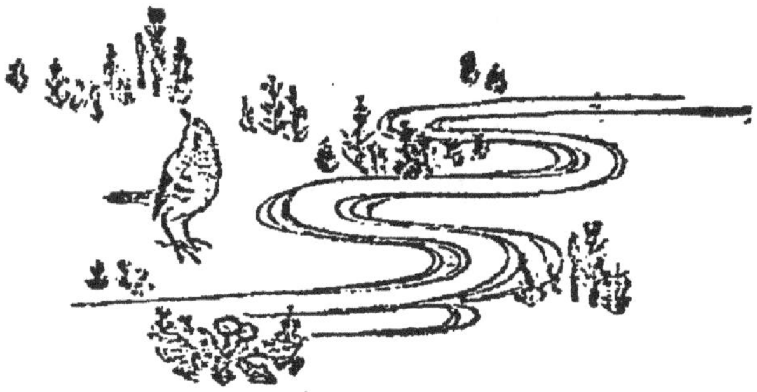

四

附錄（二種）

研究資料

來稿

社告

壬寅年譜書彙編第一期及九十、十一、十二、四期都已再版出來

本社白

閩學會叢書廣告

哲學原理

閩縣王學來譯

定價大洋壹角伍分

是書為日本哲學大家所著詳述哲學研究之法社會發達之由提綱挈要言簡理該譯者以最明達之筆述極高尚之理誠研究哲學者之津逮也

史學原論

閩縣劉崇傑譯

定價大洋貳角叁分

此書為日本史學大家浮田和民所著博引泰西學說加以論斷湖委窮源語語精確尚為不磨之論譯者文筆條暢足達原書之指

人種誌

侯官林楷青譯

定價大洋貳角

現今為人種競爭時代劉陽唐氏始著各國種類考一書然當時致据之書甚歆出於理想者多微諸實驗者少此書為日本鳥居龍藏編纂致證精確故急譯之

西力東侵史

閩縣林長民譯

定價大洋貳角捌分

此書為日本文學士齋藤阿具所著自十四世紀之季至二十世紀初年凡西洋人于東洋如何擴張勢力及吾亞人如何受侮前後五百年歷歷如繪論斷處尤具史眼譯者文筆簡鍊字字經心

泰西格言集

長樂高鳳謙輯譯

定價大洋一角五分

是書博採泰西名人言論如胖力特列 亞破崙 華盛頓 大彼得 畢士麥諸大傑之談論亞里士多德 柏拉圖 梭格拉底 孟德斯鳩 盧騷 邊沁 佛蘭克令 彌勒約翰 京遜 斯賓塞 達爾文 赫胥黎諸大儒之學說凡百餘家都為一編單詞片語皆具精理譯筆簡古雅馴不失原書之意

國際公法精義

侯官林棨編譯

定價大洋貳角

中國開關數十年交涉益棘者坐吾人夙不經心於國際公法故也前此公法譯本多屬陳陳其佳者亦不過羅列條文不足以資講求茲編專闡明國際公法之真理分為二編上編論國際公法之主體下編論國際上國家之權利義務皆本近今名家之說演繹成書博考詳稽折衷至當

侯官薩端譯

社會進化論

定價大洋肆角

社會狀態何日不在進化之中茲于目前之文則不知所以變遷之理則識見之謂隨自不待言是書為日本碩學有賀長雄所著分為三編前二編多據斯賓塞爾之說後一編全出著者研究之心得其於人事之變遷國勢之消長論之

國際地理學

纂譯

海澄楊允昌譯

定價大洋叁角伍分

近今地理學之書大都詳言而於地勢氣候及產業貿易等範圍未免不適于參考之用此書守屋荒美雄所著闡明地理與國際之關係舉近今國運之大勢及領地殖民之沿革言之纂詳論證確鑿解釋順明誠地理學科中之最佳本也

近刊書目

政治學大綱　日本小野塚喜平次著

俄國大政策　日本加藤房藏著

法學通論　日本織田萬著

政黨論　日本梶原保人著

社會問題　日本大原祥一著

進化新論　日本石川千代松著

今世外交史　日本酒井雄三郎著

最近時政治史　日本有賀長雄著

近時外交史　日本有賀長雄著

發行所

日本東京神田區駿河臺鈴木町十八番地清國留學生會館

上海四馬路老巡捕房對面新民叢報支店

福州城內南街黃巷口本會發行所

研究資料

本册擇各國之緊要法令規則條約等足爲吾國前途之助者以資當局之參攷以供學者之研究

◎日本砂鑛採取法（續前稿）

日本砂鑛採取法頒於明治三十六年凡採取砂金砂錫砂鐵皆依此律共二十五條另施行細則十四條余既譯鑛律遂併譯此附以規費章程以備鑛事之不足

早稻田大學卒業　唐寶鍔誌

第一條　凡此律稱砂鑛、謂砂金及砂錫砂鐵、

第二條　凡欲採取砂鑛者、須經由所轄之鑛山監督署長、稟請農商務大臣許可、方得採辦、

第三條　凡欲將採取事業讓與他人、須經經由所轄之鑛山監督署長、稟請農商務大臣許可、方得讓與、

共同採取人中有除名者、須將其人名報知所轄之鑛山監督署長存案、

第四條　凡非日本臣民、不得爲採取人、或爲採取業務中之人、及爲採取砂鑛公司之人、

採取人若係未成年、或瘋癲白痴瘖瘂等人、當立一至親監督人、代其行事、

農商務省鑛業局及鑛山監督署之官吏、在職中不得爲採取人、或爲採取業務中之人、及爲採取砂鑛公司之人、

第五條　凡採取區域內之土地、如屬他人所有者、當經地主及與土地有關係之人承諾、除地主及與土地有關係之人自行稟請採取外、不得拒絕、但承諾時、得索取相當之砂鑛採取費、

第六條　凡認定採取事業者害公益者、農商務大臣不得許其所請、

第七條　凡採取事業有害公益時、農商務大臣得將既與之特許撤銷、（前條謂稟請採取此條謂已在採取）

第八條　凡認定於採取業上有危險之慮、或有害公益時、所轄之鑛山監督署長、

二

得命其豫爲之防、或勒令停止採取之業、
所轄之鑛山監督署長、欲命停止採取業時、除其事礙難猶豫外、須經農商務大
臣認可（以示鄭重顧民利也）
採取業停止之後其事故若息時、所轄之鑛山監督署長、當將其禁令收回、
第九條　凡採取人前條所命豫防懈怠時、農商務大臣得將既與之許可撤銷、
條十第　凡採取人無正當之理由一年以上休業、或自得有採取許可之日起一
年之內、不即開辦採取者、農商務大臣得特許可撤銷、
第十一條　凡察覺因詐僞或錯誤而得採取許可者、農商務大臣得將其許可撤
銷、若其許可有害利關係之人、經其察覺者其有關係之人、自認可之日三十日
內得禀請農商務大臣、將其許可撤銷、
第十二條　凡有不服第七條及第八條第九條第十條等處分者、自受有飭知之
日三十日內、得向行政裁判所出訴、
第十三條　凡被撤銷採取許可之採取人、在同一區域、一年之內、不得再行禀請

採取、

第十四條　凡於左列各件、採取人須用他人土地、請其借貸者、地主及與土地有關係之人、不得拒絕、

一、爲洗鑛起見、

一、爲建設製煉所起見、

一、爲開設洗滌用之水路及溜池等起見、

第十五條　凡採取人於使用之土地、當付與地主相當及地租、對其質入土地之地租、歸質主收領、因使用土地、致地主及與土地有關係之人有損失時、採取人當按照賠償、

第十六條　凡採取人延納地租時、地主得將其土地收回、

第十七條　凡照第十三條之例、採取人使用土地、須至五年所上者、地主得令採取人將其土地買收、採取人不得拒之、

第十八條　凡因採取人之請、將土地分割買與或借與、致殘餘土地有礙利用時、

地主得令採取人、將土地全部買收、或全部借用、採取人不得拒之、

第十九條　凡地主或與土地有關係之人與採取人之間、因借貸土地、採取費、地租、損失賠償費或土地賣買價値、協議不妥時、得請所轄之鑛山監督署長爲之判定、

爲有不服所轄之鑛山監督署長所判者、自奉有判定飭知日三十日內、若借貸土地之事、得請農商務大臣爲之裁定、其餘得向裁判所出訴、

附前項農商務大臣所裁定者、不得再向他出訴、

第二十條　凡禀請所轄之鑛山監督署長判定或農商務大臣裁定、所需費用、照民事訴訟費用之例擔任、

第二十一條　凡採取人於地主或與土地有關係之人、經所轄之鑛山監督署長所判定之採取費、地租、損失賠償費或土地賣買價値等、雖有不服、不將其銀數交付地主或與土地有關係之人、及交而未受領者、將其銀數寄存供託所、仍得使用土地、

第二十二條　凡未得許可、私爲採取、及由詐僞而得許可者、處罰鍰五元至五十元、

附則

第二十三條　凡此律實施以前既得許可之採取人、得照此律、接續爲案、

第二十四條　凡採取砂鑛之警察、其餘有關國土保安必需之規制、及此律施行細則、農商務大臣定之、

第二十五條　此法律自明治二十六年四月一日起施行、

日本砂鑛採取法施行細則（明治二十七年農商務省令發行、三十二年更正、）

第一條　凡關採取砂鑛之稟件、及附呈之實測圖、當照本令所定之書式及圖樣爲之、

前項稟件當照第四號書式、遵明治三十二年勅令第四號所定之規費、附以貼用印花之納稅書、

第二條　凡採取區域內之土地、爲屬他人所有時、當於稟外附呈地主或與土地

有關係之人之承諾書、若不能得其承諾、則附呈不能得其承諾之理由書、採取之稟、不附呈前揭文件者、不受理、

第三條　凡地主或與土地有關係之人、不承諾他人在已地所請採取者、所轄之鑛山監督署長、當限期六十日以上、指定日期、命地主或命與土地有關係之人、具呈自行採取之稟、若至期不呈、作爲不稟請自行採取者、該土地即准人借用、不得無故拒絕、

第四條　凡關採取砂鑛之書信文件付郵便者、均照郵局所蓋圖章、定其發出日時、

第五條　凡鑛律施行細則第四十六條及第四十七條之規制、唱砂鑛採取第十一條之例、稟請撤銷採取之許可、或照第十九條之例、稟請鑛山監督署長判定、或農商務大臣裁定之事、亦準用、

第六條　凡採取人當照第三號圖樣、製成前年中之砂鑛採取業明細表、至每年二月末日、呈所轄之鑛山監督署長察核、

爲採取人罷業、或將採取業讓與人時、當於三十日內、照第三號圖樣、製成明細

書呈出、
照前二項規制、當呈交明細表而無事可載者、則稟知其由、
第七條　凡採取人罷業時、當將其事稟報所轄之鑛山監督署長、
罷業之日、作爲前項稟報到官之日、
第八條　凡鑛律施行細則第十三條第二十一條至第二十三條第二十五條至第三十條第三十二條及第四十八條至第五十條等之規制、於採取砂鑛、亦準用、
第九條　凡左列各項、採取人處罰鍰二元至二十元、
一、不照第六條辦時、
二、照鑛律施行細則第二十五條或第二十六條之規制、當呈交之書類或圖樣、於指定日期內、不呈出時、
三、照鑛律施行細則第二十八條之規制、應在場而不在場、或不爲解說察看之各項事節時、

四、照鑛律施行細則第四十八條第四十九條及第六十條之規制、應禀報而不禀報時、

第十條　及前條規制、於公司之代表人、亦適用、

第十一條　凡本令施行以前呈出之採取砂鑛之禀、雖明治三十二年勅令第四號施行之後、仍作有效、

第十二條　凡鑛律施行細則第五十七條至五十八條及第六十條第六十一條之制規、於採取砂鑛亦準用、

第十三條　本令自明治三十二年二月十日起施行、

第十四條　明治二十七年農商務省令第七號本令施行之即行廢、

（書式畧之）

鑛業及砂鑛採取業規費章程　明治三十二年勅令第四號

凡關鑛業及砂鑛採取業、有禀懇或禀請左列各項者、每件項貼用收入印花、作爲規費、

稟請採鑛特許人變更、　金十元
稟請證明坑內寔測圖、　金十元
稟請認可測量、　金五元
稟請發給鑛業特許證、　金五元
稟請再行補給鑛區或試掘許可圖、　金五元
照鑛律第九十條稟請採掘特許、　金十元
稟請採取砂鑛、　金十元
但在河床、每延長至五里、中里三十里　其餘地方、每六十万坪、作爲一件、
稟請砂鑛採取業讓受人、　金十元
稟請鑛山監督署長之判定、　金十元
稟請農商務大臣之裁定、　金十元

附則

本令自明治三十二年二月十日起施行、

明治二十七年煤令第百號、自本令施行之日廢止、（此令此原定之規費程章、）

摘譯日本九州煤鑛誌

日本煤鑛、以九州爲最多、此誌係鑛師某所著、於鑛務頗有越歷、摘要譯之、以備業鑛者之參攷、

煤鑛財政

煤鑛財政、宜分直接費與間接費兩項、直接費謂直用於採煤者、即採費及運費等、間接費謂間隔用於採煤者、即機器費及辦事人薪水等項、直接費視出煤之多寡、有所增減、間接費不然、煤鑛財政、當先注意間接費、鞏固其根本、然後進爲直接煤鑛各事、乃是一定次序、辦有數之大煤鑛、亦不外乎此方針也、

煤鑛工事、爲與煤之商業混淆、亦爲紊亂煤鑛財政一大原因、煤價之高低、於採煤工事、時有影響者、即其一例、夫鑛業者工業也、爲工業之人、常驅逐於商業之贏絀、伸縮進退、無一定方針、便難望事業之整齊精進、動爲商業界所淆亂、不免有困頓廢頹之虞矣、故欲圖萬全之策、須將販賣之事、委託殷實公正商家、以保全煤質價

値、鑛業人亦得以此爲標準、經營策畫、力圖振興、如近年之祇圖目前煤價騰貴、產額加多、而不顧鑛區之前途如何、不但鑛業人一身之損失、於國家亦屬不利之事。」

附記

煤鑛財政上所當注意者、爲各鑛流行之憑票。(或稱煤劵)筑豐煤鑛之大半、每日計算鑛夫採煤之數、作爲工事、發給煤幾千斤或幾百斤之憑票、每月兩三次、定期換付現銀、其標準以千行作一元、票上所載、多寡不等、或五百斤二百斤五十斤十斤五斤三斤一斤、採煤若干、發給若干憑票、如往時各藩所行之長方形之藩札、其形大者有長四寸濶一寸五分許、表面記載煤若干斤、蓋有發行煤鑛之印、裏面所載如左、

此劵作爲煤炭領收證、計算斤數、換給現銀、但有犯以渡各條者、本劵作爲廢紙、

一、本鑛罷業時、

一、交付本鑛使役以外之人時、

一、有時限定換銀時候、載在公事或廣告、逾時不來取銀時、
一、破毀損傷、及塗有書畫等時、
(此種憑票開平鑛務亦有之)

採煤

各鑛採煤亦法、宜分二種說明之、一開鑿坑口、二採掘鑛內、

第一　開鑿坑口　當分四種說明之爲便

一、亦謂狐堀、不用機器力、專用人工採掘者、頗類狐穴、排水鑿穿三五間至七八間(每間長六尺)之竪坑、坑內外排列人夫、以吊筒汲水、故其坑口每穿鑿煤層、坑道不能完全、左右致多少切藥、(穿鑿處)進掘漸遠、排水逾難、往往有捨此而轉鑿他所者、此種採掘方法最古、爲今有力鑛業家所不取、惟其方法簡便、費用甚輕、資本淺薄之家尙有用之者、加之近年煤鑛價騰、各處小鑛區用此法者甚多、田川郡內自舉地煤鑛至後藤寺之間、凡一英里半、有六十餘狐掘之多、

二、係平鑿之斜坑、除高雄第一坑與下山田坑之外、他無類此者、此雖未必是

襲舊習始息之法、非筑豐國郡間開坑位置、出於不得已外、不宜用此法、

三、稱尋常斜坑、其實係逐煤層之斜坑、筑豐百坑中、十分之七八俱用此法開鑿、

四、即竪坑、從斜走煤層之下部採掘、逐漸昇至上部爲法、但四郡各坑之現在竪坑、以五百尺爲最深、近年報開鑿者、的有七百尺云、其開鑿最難、自坑底逐漸向上採掘、坑口既深、尙有排水之利、若能將煤層盡處開坑、則坑內出水、毫不費事、得一意採掘、此係坑口開鑿法中、費用最巨而最進步者、其規模宏大、可望永遠之利、

第二　採掘鑛內

坑內採掘之法、分長壁式及殘柱式二種、長壁式即謂各字、皆一直線長壁者、殘柱式披坑內坑之土質、留出支柱、從碁盤形採掘、向來多流行者、即殘柱式、今尙有十中之九部、長壁式行於近來大辻坑、鯰田豐國、田川採煤、其餘一二處坑行之、各坑尙未流行、以上二種採掘法、本有一得一失、當視坑內煤層如何、然後定

開鑿採掘之法、不能豫分其優劣也、

擇煤

擇煤實爲維持煤質品位之要法、欲使煤價高、信用厚、當先器愼擇其煤、去其惡硬而留其善者、但現在各煤坑情形、多不留意於此、雖各種用機關之事業、逐漸發達、而擇煤一事、似乎不甚進步、試觀現在擇煤器之種類、可稱最完全之新機械、祇赤池煤坑所用者稍可、其餘各坑多用稱金網大形之篩、以爲常例、鯰田、新入、錐井、豐國等所用者、稍覺應用之機關、略有進步、本未擇煤一事、當視各坑產煤之性質與其用途之種類如何、各有不同、不可概論、但用其機關之不完全、及注意之不足、致採掘不能得法、坐失固有煤層之利、往往有之、欲使各坑產煤出色、不失眞價、於擇煤一事、是不可以不愼、

（完）

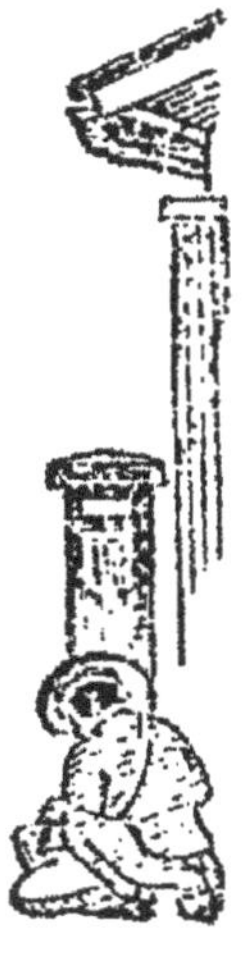

來稿附錄

論學校不可破壞

崇有

西哲之言曰、惡法律誠不如善法律、然猶愈於無法律。惡政府誠不如善政府。然猶愈於無政府。余亦曰、惡學校誠不如善學校。然猶愈於無學校、東西各國所以治平富强。千端萬緒。不能僕數、而教育普及實爲根本之根本。此有識所同認、無可復疑者也、大奧志尼曰。國家基礎、在少年教育。英吉利屬地遍五洲、國旗所建。無日入之時。論者推其所以致此、實由教育完全。養成國民守信忍耐之氣質。普魯士戰勝法蘭西。統一德意志。執歐洲牛耳。威廉第一。不謂其將士之武勇。器械之堅利。獨以不世偉業。歸功於小學生徒。由斯以論。舍教育無以言與國矣。我國古來教育。不可得詳。三代所謂黨庠術序。大綱頗具。然歲逾二千。影響不及後世。其建設支配教程規則。皆闕有間。又無以適於今日之用。通商以後。洋學漸興。然所設學校。不過爲培譯才。其上者稍採取藝學。固未知教育之原理。邇來教育普及之語。始有人道之。公私學校接踵而興。雖復屈指可計。亦不能謂毫無進步。乃學界風潮、忽然而起。衝突之事。無校無之。輕躁者益無顧忌。日日言破壞。不知所底。舊者快意。新者寒心。此誠教育前途之深憂。抑亦過渡時代所必不得免。而維持、補救、之尤不可無術以處此也。

今日學校衝突之原因不一端。衝突之現狀不一類。奇奇怪怪。有出情理之外。而其最重要之事。則教育者之壓制。被教育者之亂暴是耳。教育者之言曰。學生如是亂暴。必不可留也。被教育者之言曰。學校如是壓制。必不可居也。於是而全班斥退矣。於是而全校散學矣。嗚呼天下豈有不可留之學生也。天下豈有不可居之學校也。即曰眞不可留。則取其尤者而去之。何必斥及全班也。即曰眞不可居。則擇其善者而遷之。何必挾以全校也。嗚呼。矯枉過正。循此不已。吾國教育前途。其可問耶。有心之士。方且調護挽救之不暇。奈何又鼓其波而激其流也。

二

學校者教人之地。學生者受教之人。人惟無完全之智識。無完全之道德。無完全之學問。而後入學校。爲學生。則其不能盡善。自然之理也。任教育者以先知覺後知。以先覺覺後覺。學生而不善。教育者方當愧其感化之未至。處理之未周。以學生之罪爲己罪。力求所以改良。必得當而後可。萬不獲已。則去其太甚者。以警其餘可也。奈何以一二人之故。而罪及全校之學生。奈何以一二校之故。而疑學校之不可立也。吾敢正告吾國之教育者曰。勿以學生之亂暴。而破壞學校也。

吾國教育幼稚。學校規則之不良。講師學業之不精。此誠無可爲諱者也。被教育者。旣環顧海內無適當之學校。足以如吾志。又不能棄學不求。則凡校中有一二足取者。不必苛責。以徐俟其進步。以婉求其改良。而祈漸達吾目的斯可矣。奈何以區區小節。激動全體。爭一日意氣以爲快也。吾敢正告吾國之被教育者曰。勿以學校之壓制。而破壞學校也。

雖然學校之衝突。自其表面觀之。在教育者之壓制。被教育者之亂暴。而其中有間接之原動力。則身軀任教育負海內重望。以報章演說。主張破壞學校。而鼓動少年者。實爲之魁。吾敬其人。吾哀其志。而惜其智慮之未周。手段之未善。尤不能不反覆辯之。

四

吾國學校。規則之不良。教科之不完。不自今日始。然昔也相安無事。今也衝突屢聞，則必有任其責者。吾非敢謂前此之相安爲盡善也。夫以不良之規則。不完之教科。區區數校、長此終古。則亦何貴有此教育。然遊學漸衆。成才漸多。海內外人士。究心教育亦漸有人。固可望其徐徐推廣。徐徐改良。雖曰緩圖。終有大效。今一旦主張破壞。萌芽初生。遽從而摧之。則守舊將益有所藉口。視學校爲害物。即稍喜學新之人。亦將以此爲畏途。富者不敢出其財。能者不敢任其事。勢將使全國學校漸歸消滅。不亦可悲乎。

或謂欲建設。必先破壞。政府然。學校亦然。吾以爲非也。政府爲國家主權所寄。可一不可二。不破壞必不能建設。破壞舊政府。建設新政府。其慘劇之狀。苟非萬不得已。仁人君子。猶不忍爲之。學校者多而益善。雖累千萬億不爲贅也。有志之士。果以舊學校爲未善。力能建設一完全無缺之新學校。使我國民多一受教之地。則不必破壞舊學校而後建設新學校也。且新學校果能盡美盡善。可爲舊學校之模型。以促其改良。不此之圖。日日鼓吹少年。以破壞學校爲惟一主義。何其謬耶。況舊學校破壞之後。能建設新學校者。十不得一二。其一二中又未見其果良於舊學校也。今日學校通病。一言以蔽之曰、以不知教育之人、任教育之事而已、求其致此之原因。則亦人才缺乏使。然吾非敢謂今日之教育者、以學校爲利藪。而竊肆威權者之無其人也、然亦有實心辦事、限於才力、孤立無助。而不能達其志者、此等學校。方且哀矜之不暇。敎之誨之。使漸就於良善。乃一概破壞之。而建設新學校、卒之新學校之財力。尤遜於舊學校、所謂規則敎科、平均計其短長。或反不及焉。夫以篤志熱心之士。犧牲其身。冒千辛萬苦。竭蹶奔走。創立新學校、力不從心。吾又何忍深責之。特怪其不必破壞可以建設。者舍而不爲。而所謂破壞不能建設者。反毅然爲之。吾所以不能無疑也。

或者又謂、新學校之規則敎科。誠未必遠過於舊學校。然既有宗旨。即有精神、此新學校之所長也。吾又非之、陸克曰。肉全之精神、必寓於完全之肉體。蓋天下有無精神之形式、無無形式之精神、皮之不存。毛將安附、學校之設、無論普通專門。皆有科學以爲之基、今舍形式而言精神。則亦曰理論而已。曰思想而已。曰宗旨而已、吾非

六 謂斯三者。非教育之要具。但僅有此三。可謂之演說堂。不可謂之學校。完全學校之資格。其精神必有所寄。非可徒藉空言。謂遂盡學校之能事也。

或者又曰。學校以養成獨立不羈之性質。非栽培奴隸也。今之舊學校。教育者既多野蠻。以服從壓制爲事。即使科學完全。卓然成才。亦不過栽培奴隸。非徒無益。且又害焉。此尤非通論也。吾國學校既無處不破壞。宜其無處不壓制矣。然能破壞此學校者。即曾受壓制之學生也。吾謂學校無論如何壓制。學生必不至皆爲奴隸。蓋學校所教者新書。所讀者新書。足以輸進新思想。一學之中。教育者以十計。被教者以百計。必有一二學識過人。在其間。互相觀摩。故凡在學校稍久之學生。其學識志趣。必比受家庭教育者爲優。即今日所謂志士。亦多從學校中來者。吾國學校。既盡用壓制。而結果卒反是。然則野蠻學校可以養成文明學生。可斷言也。又況所謂學校。未必盡野蠻乎。則又何忍一概破壞之也。今更以東京之事證之。東京學生幾千人。叩其自來。則曾受舊學校之教育者十之七八。其進日本官私各校。則在舊學校愈久者。進步愈速。此即所謂野蠻學校之明效大驗。而不可厚誣者也。余去歲東渡。頗思求學。徒以少時未入舊學校。普通學外國語。毫無所知。且性慣放縱。不耐苦讀。迄今十閱月。一無所得。方恨不假我數年。先入所謂野蠻學校。受所謂野蠻教育。然後再遊外國。其或有得也。吾身已矣。竊願吾國上下新舊。協力同心。以振興教育爲首務。擴充旣設之學。校建立未設之學校。多一校必有一校之益。則教育前途。其或有望乎。則中國前途。其或有望乎。

八

新書豫告

近已付梓
不日出版

嘉定夏清貽頌來著
中學地理教科書
內國之部

義烏陳槐樂書譯
中學代數教科書
上下兩册

臨桂周家彥俊甫著
中學幾何教科書
全一册

教科書譯輯社白

教科書譯輯社刊行書目

日本東京神田駿河台鈴木町十八番地清國留學生會館

中學地文教科書

定價 大洋九角 洋裝全一冊

滄海桑田變換不測說者謂造物之妙而不知實因至理日本神谷市郎以最新之學說明地球之構造論證確鑿說理詳明不特為教育上之善本抑亦研究哲理者所不可不讀之書也插圖六十餘幅俱用精緻銅板鐫成尤為燦爛可觀譯筆亦超逸流暢

中學物理教科書

定價 大洋六角 洋裝第一卷全

是書為日本本多光太郎原著義烏陳學郢譯補陳氏於日本帝國工科大學校肄業研究物理確有心得故能說理透闢措詞明達於數學公式尤所詳備洵理科之佳本也至其裝訂華麗繪圖精緻尚其餘事

中學生理教科書

定價 大洋八角 洋裝全一冊

是書為美國斯起爾原著暨陽何燏時譯補說理既精致證尤確每篇悉附試驗方法以供臨時參考插圖數十幅用最精銅板明細可愛洵中等生理教科之善本前此得未曾有者也

中學化學教科書

近刊

是書為吉田彥六郎氏最新之作氏著化學凡三種本編以法國化學名家與世脫貴兒特博士之說為主而參以平昔經驗提綱挈領透闢精深不沾沾於公式而公式自無不賅洽為化學教科中傑出之書

物理易解

定價 大洋一圓 洋裝全一冊

是書為義烏陳幌氏撰旁搜各書博考學說佈圖百八十餘幅說理簡明為物理初步之佳本足與本社前出之中學物理教科書相輔而行

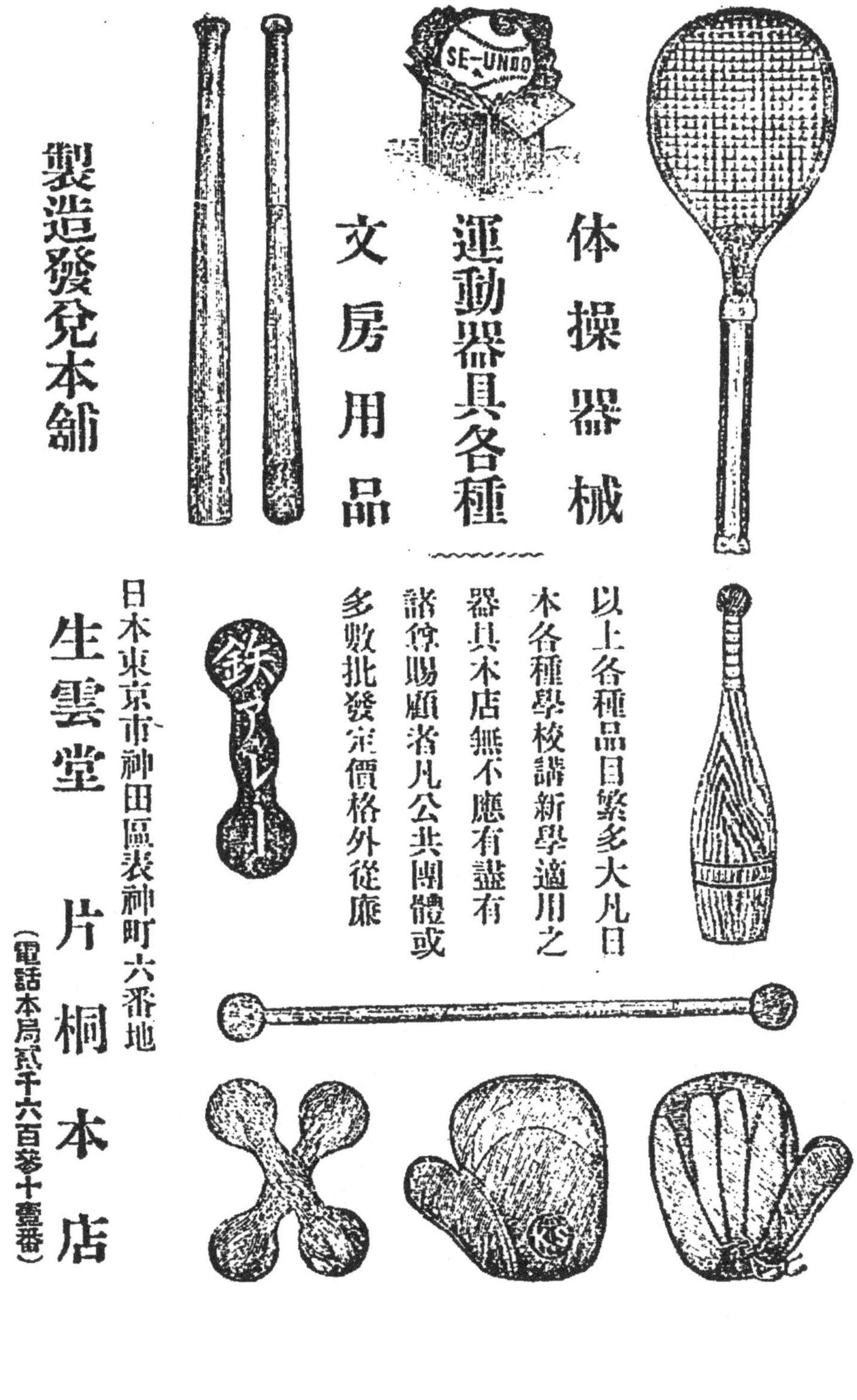
SE-UNDO
体操器械
運動器具各種
文房用品
以上各種品目繁多大凡日本各種學校講新學適用之器具本店無不應有盡有諸位賜顧者凡公共團體或多數批發定價格外從廉
鉄アレー
製造發兌本舖
日本東京市神田區表神町六番地
生雲堂　片桐本店
（電話本局貳千六百參十壹番）

弊店製造之繪圖器今於大坂開設之第五回內國勸業博覽會中受領褒賞執照向來本店之繪圖器馳名遐邇早有定評今得拜領此執照益足爲品物精良之確據今後益當加工求精並廉價販賣伏乞四方君子陸續賜顧爲幸

第五回內國勸業博覽會

受領褒賞執照

繪圖器

各種科學儀器

各國尺度類

一應俱全

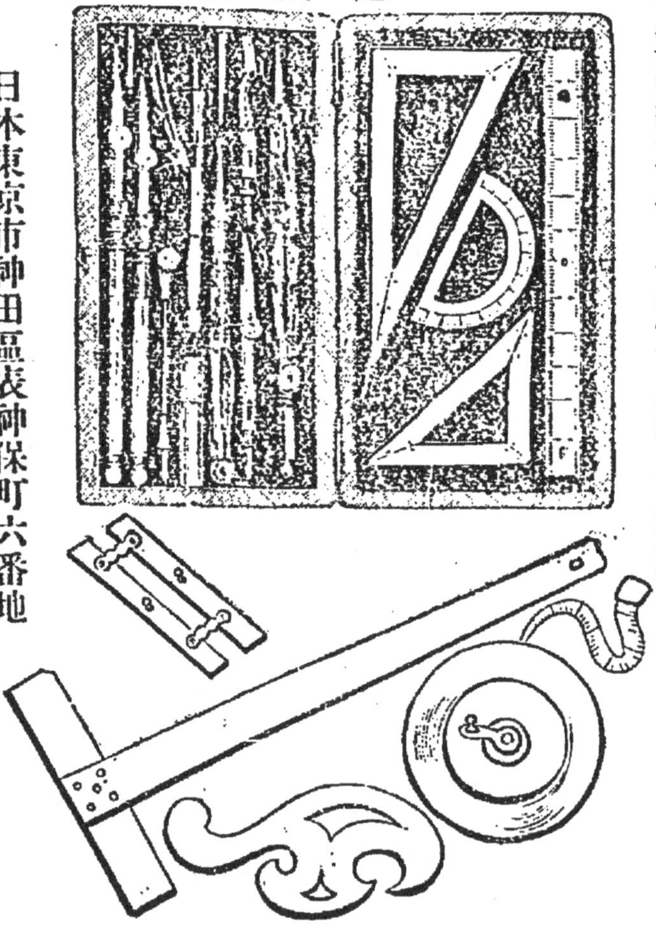

製造發兌本舖

日本東京市神田區表神保町六番地

生雲堂　片桐本店

（電話本局貳千六百參十壹番）

學堂必需教育圖畫告白

天地現象掛圖　第壹輯五枚壹組　價金貳圓五拾錢

同第貳輯　貳輯亦同價
有日月星大形狀及宇宙、雲雷、噴火等之[illegible]

熱帶植物圖　第壹輯五枚壹組　價金貳圓五拾錢
[illegible]

海獸類正圖　五枚壹組完結　價金貳圓
[illegible]

實業教育掛圖之內　漁業圖　第壹輯五枚壹組　價金貳圓五拾錢
[illegible]

腔腸動物圖　五枚壹組完結　價金貳圓
珊瑚○海綿○海月○[illegible]

人體寄生虫及黴菌之圖　五枚壹組完結　價金貳圓
ペスト○コレラ等傳染病[illegible]

世界人種風俗掛圖　第壹輯五枚壹組　價金貳圓五拾錢
エスキモー人○アイヌ人○臺灣生蕃人○北米土人○印度人○南洋土人○其他歐米各國生活狀態圖

海藻類正圖　五枚壹組完結　價金貳圓
昆布○荒布○海苔其他重要海藻二十種之精美圖

人體生理解剖圖　貳拾枚壹組完結　價金七圓
[illegible]之掛圖

日本水産貝殼正圖
本邦貝殼有[illegible]種之美圖　貳枚壹組　價金貳圓

日本有毒無毒菌蕈正圖　第壹輯五枚壹組　正價金貳圓

爬虫類及水陸兩棲動物圖
蛇鰐魚蛙等之圖　壹輯五枚　金貳圓

哺乳大動物圖
獅子虎象等各種　第壹輯五枚　金貳圓

甲殼動物圖
エビ○カニ○ヤドカリ等[illegible]

植物正圖
[illegible]

魚類正圖
[illegible]

鳥類正圖
[illegible]

本邦農業有益有害蟲類正圖
[illegible]

鑛石寳寫圖　金壹張　金參圓

養蠶示教圖　八壹張部　金參圓

前所載之外有餘圖畫壹百餘種

售法　本館圖書目錄定價一據日本法貨，即[illegible]

東京造畫館
日本東京新橋出雲町

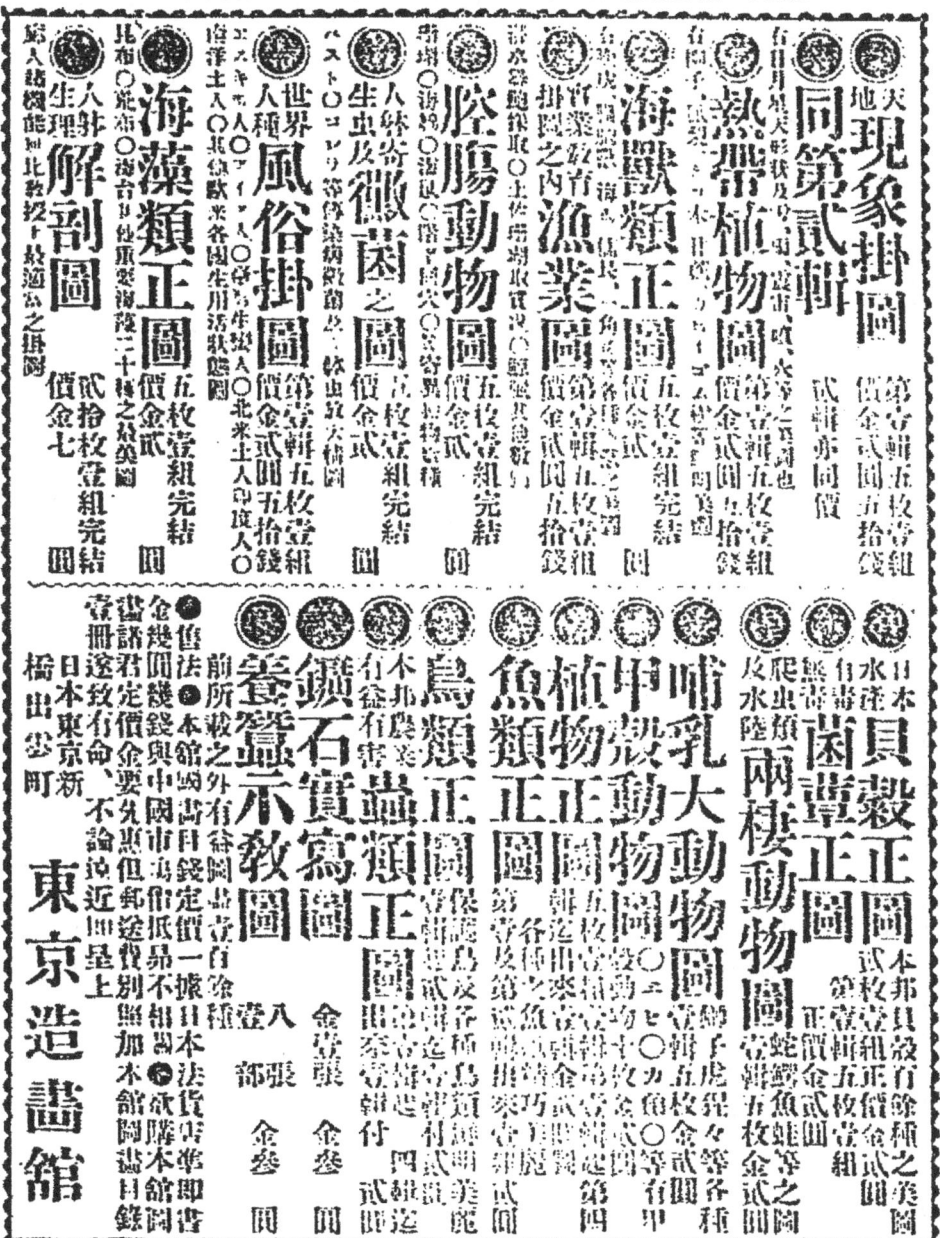

啓者本店專門製造印刷機器歐漢鉛字及各種花邊、電版、一切印刷物件。精緻秀美。堅固玲瓏。雖日久用之。永無。殘。破。模。糊。之。弊。久已馳名中外。媲美歐美。又印刷書籍、地圖、繪畫等。皆極鮮明精巧。版面着墨不多。額外着色。精美無比。本店開設日本東京。已三十餘年。不惜工本。精益求精。內外士商。以及遠地如天津、上海香港等處之大印刷局。皆來采購。交口稱頌。本年大阪第五回博覽會。本店出品比衆。又得名譽銀賞牌。足見本店實事求是。名不虛傳。方今 清國百事維新。印刷出版。實爲啟瀹文明之利器。倘蒙紳商光顧。乞認明本店地址牌號。或親勞玉趾。或寄函定貨。均可。貨眞價實。中外無欺。

再本店之機器字体。及花邊、歐文花字、各種物件。均印有樣本。遠方諸君。欲先取閱樣本者。可函知本店。即當寄上。以圖便利。此白

登録商標

日本東京市京橋區築地二丁目十七番地

株式會社 東京築地活版製造所

本編代派所

總經售處上海開明書店

上海 棋盤街北
望平街
棋盤街
抛球場
二馬路
棋盤街
棋盤街
蘇州 元妙觀西
元妙觀東
察院場西
杭州 銀洞橋
城太平坊巷口
葵巷
三橋址
洄水方橋
回同堂隔間
湖州北門內
嘉興北門內張家街
平湖東門城內大街
寧波日升街
無錫道長巷
常熟城內寺前大街
寺前街慧日寺東
南京夫子廟
[illegible]

廣學會
中外日報館
新中國圖書社
掃葉山房
千頃堂
會文堂
商務印書館
東來書莊
開智書室
知新書宅
白話報館
崇實齋
安定學堂
總派報處
東文學社
史學齋
恒有東典
插新書社
綺春閣
新學會社
梁溪務實學堂
學記書莊
海虞圖書館
明達書莊
啓新書局

揚州舊城太平巷尾
新勝大街
蘇湖當湖觀南岸
江西 石花洲
洗馬池
湖北 武昌察院坡
武昌省城府街口
漢口鎮法通巷正街
[illegible]
[illegible]
廣東 廣州府前大馬站北
廣州雙門底
廣東雙門底
廣東省邊街觀音第
河南開封省城北書店路東
[illegible]
四川成都杵王橋北
成都省城成平街
成都省城青石橋
[illegible]
紹興城日倉橋街
北京琉璃廠南
保定府北大街
[illegible]
山西太原府

王毓仁先生
華瀛公社
晉康煤炭公司
廣智書莊
嘉惠書莊
文明書室
新政書局
政新薛書局
資石山館
鄂章孫先生
林裕和堂
發民書社
樂教樓
蔡蓮君先生
開封派報處
日新學社
成都圖書局
輸文社
廣業書局
二酉山房
萬卷書樓
公慎書局
直隸官書局
吳譜展
機器印書局

明治三十六年九月十三日第三種郵便物認可
政法學報原名譯書彙編癸卯年第四期明治三十六年十月十五日發行（每月一回發行）

Third No. 4.

THE TSEN FAH SHUI PAO,

A MONTHLY MAGAZINE OF POLITICAL AND LAW WORKS.

OFFICE:
No. 18, SURUGADAI-SUZUKICHO, KANDA;
TOKYO, JAPAN.

SOLE AGENCY
KAI-MIN BOOK STORE.
SHANGHAI, CHINA.

譯書彙編

一九〇三年第三卷第六期

明治三十六年九月十一日第三種郵便物認可　明治三十六年[illegible]月[illegible]日發行（每月[illegible]十五日發行）

國民必攜

政法學報

原名譯書彙編

目次

寫眞（一）（二）[illegible]香港全景

社說……一

學術……一三

雜纂

歐美雁信

研究資料

癸卯年第六期

前號目次

明治三十七年[illegible]月十八日印刷
明治三十七年[illegible]月二十日發行

編輯兼發行者（日本東京[illegible]）　[illegible]社
發行所（日本東京神田區[illegible]）　譯書彙編社
印刷人（日本東京[illegible]）　酒井[illegible]郎
印刷所（日本東京[illegible]）　東京並木活版所
總發行所（[illegible]四馬路[illegible]）　開明書店

本報價目表

全年十二冊	半年六冊	每冊
二元五角	一元三角	二角五分

外埠郵費視路遠近照加

廣告價目表

一頁	半頁	一行（四號十七字起碼）
五元	三元	二角

凡欲惠登告白者須於本報定期發刊之前五日交到價須先惠欲登長年半年者價格當外從減

海參崴軍港之全景

THE WHOLE VIEW OF VLADIVOSTOCK NAVAL PORT.

第一 一等巡洋艦 忒諾耶晉 (最近四本烟筒)
第二 一等戰鬪艦 塞排司脫波爾 (在右後方二本烟筒)
第三 一等巡洋艦 魯西亞 (後方四本烟筒)
第四 一等戰鬪艦 皮而蒲爾批脫 (在左傍三本烟筒)
第五 一等巡洋艦 魯利拉克 (在第三第四後方二本烟筒)
第六 一等戰鬪艦 希遼忒皮而基 (在第四左傍二本烟筒)
第七 一等巡洋艦 郡露毛夫 (在第六後方一本烟筒)
第八 浮船渠 (似最後艦者)
第九 船渠 (第六艦前面突出之島)

本欄注意於中國政法界之前途、取種種時事上之大問題、全憑學理以解決之、本報主義綱領之所存全在於此、

社說

日俄戰爭及於中國之影響

守肅

戰爭之原因　日俄兩國對於中國之政略　開戰當時中國應立之地位　自衛策

噫嘻吁、何日以來昏黑慘淡之戰雲。起於亞東。而震動夫全球。非所謂日俄戰爭者乎。夫戰爭爲外交最後之手段。稍有餘地。必不出此。乃庚子之役。八國聯軍。殺伐之氣。遍於大陸。僅經二年。瘡痍甫定。而日俄交涉之破裂。復接於吾前。質而言之。日俄戰爭即庚子之餘禍醞釀浸漬以至於今日也。蓋辛丑和約。於東三省方面。限俄以撤兵時期。脅以公議。戢其野心。顧事定之日。而彼即毀約不顧。恣睢以逞。每屆撤兵之期。或僅減其額數。或移此以實彼。甚至盤踞之範圍。且日以膨脹也。至是而吞併滿洲之心。路人皆見。彼日本者。寧有愛於滿洲乎。甯有愛於中國之滿洲乎。彼其所

志在根據朝鮮為飛躍於大陸之發軔。滿洲者實朝鮮之屏障。滿洲入於俄。則朝鮮之勢孤。脣亡齒寒。灼然可見。故日政府之於滿洲問題。不惜竭其全力以應付之。見我國之委葸畏懦。不足與謀。乃直接交涉於俄。自陽曆去年七月以迄今日。往復談判。凡十餘次。其初為滿韓交換論。而雙方之提議各有畸輕畸重之勢。相持不下。遂無復平和解決之可望。夫兩強相遇。利害稍有不均。則不免於衝突。其勢然也。俄羅斯自彼得以來。南下之志未嘗稍渝。一試於黑海。再試於阿富汗。皆不得逞。乃變其政策。挾莫大之希望。以奔注於東方。而日本以新造之國。方欲高掌遠蹠。執東亞之牛耳。還遼之事。引為大憾。重以斯役。寧復能忍。則日俄戰爭之危機。固已伏於十年以前。滿洲問題。適為其導綫耳。特不知處受動地位。為衆矢之的者。脅亦知人之謀我者已非一日。審處其利害而預為計焉否也。嗚呼吾能勿悲。

雖然、是猶日俄交涉未破裂以前之情形耳。既破裂以後。則彼二國對我之政畧。自不得不變。而所以遺禍於我者。亦較近而較鉅矣。夫今日衆口之所喧嚷。報章之所騰播。孰不曰日俄戰爭。日俄戰爭。日勝則俄敗。俄勝則日敗。兩虎相鬭。必有一傷。而孰知有大謬不然者。交戰者日俄。而立於必敗之地者。乃吾中國耳。謂予不信。請揭虎俄狐日至巧且毒之政畧。以正告於天下。

今夫俄而敢出於戰。豈必一朝之忿。逞身而鬬。其胸中之成算。固操之已熟矣。以爲吾之於滿洲。累年經營。煞費苦心。彼日本者。常窺伺其間。防吾自由之行動。不屑懲之。無以警其餘。故是役也。幸而勝。則繼今以往。惟所吾欲。莫敢誰何。即攫滿洲以去。亦反掌事耳。不幸而不勝。固受大損。而吾之軍費。仍可取償於中國。吾何懼焉。

今夫日本而敢出於戰。亦必非賭生命卜存亡。爲僥倖萬一之計。其躊躇布置於未戰以前者。固較俄而益周。以爲俄之侵略滿洲。危吾朝鮮。吾可借保全支那爲名。標明公義。以聲討其罪。故是役也。幸而勝。雖不併吞滿洲。然可挾滿洲爲質。以要求特別利益於中國。吾志既遂。然後再舉各國。以開放爲請。彼中國者。當無不唯唯諾諾。惟命是從矣。不幸而不勝。則吾且退嬰朝鮮。圖將來之再舉。而虛擲之軍費。仍可取償於中國。吾何懼焉。

嗚呼、吾豈樂斯言之果驗耶。然默揣二國之用心。聆其言論。察其舉動。有令人澆汗泱背懟焉而不能自安者。果如吾言。日俄之戰使俄勝而日敗則滿洲既非我有其他諸强援均勢之說乘機幷起分裂之禍可以立見使日勝而俄敗雖不遽失滿洲而彼所要求於我以爲報償者豈有厭足餘毒所被行不可測且無論其孰勝孰敗自彼二國開戰之日始中國即宜悉索敝賦爲賠償兵費之地俄勝則輸之於日日勝則輸之於俄即勝敗未決中立諸國出而調停而中國尤須償兩國之兵費無論庚子鉅創元氣未復之今日中國人民必不堪命抑亦外交史上獨一無二不可思議之創聞要不過他國藉此以脅迫中國使不聊生耳總而言之俄勝日勝俄敗日敗俄日兩國均未勝而均未敗而中國所被之禍害皆無可逭誰畫此策使吾中國束手待斃而必無一綫之可以自全者雖然天下其遂無公理乎弱國對於强國其遂無可以主張之權利乎要亦視吾國當局者之處置爲何如耳。

今且勿論戰後之處置第即今日日俄戰爭之問題吾國人當如何應付之是爲可以不研究。方日俄開戰之初吾國上下主戰主中立發言盈廷莫衷一是今則布告中外。嚴守中立之責任矣。夫中立亦豈易言哉。從國際公法上而論守局外中立者於兩交戰國之間無所偏袒不偏與利亦不偏與害交戰國之軍隊有闖入其境土者有防遏之義務故非有相當之實力雖宣告中立終歸無效朝鮮之所以見拒於諸國者職此之故今吾滿洲旅大而外凡十四處（青泥窪、皮子窩、安東縣、鳳凰城、金州、營口、海城、遼陽、奉天、吉林、甯古塔、哈爾賓、齊齊哈爾、海拉爾）無不有俄兵之足跡今而曰中立彼日本豈不以違反國際上之責任相責其法學博士某君至謂中國如能割棄滿洲斯爲完全之中立國矣雖然吾猶有說滿洲之俄兵陸續布置已非一日然皆爲日俄戰爭以前其需此之目的人莫能測雖其以戎服兵士擅入人國於中國主權固有大礙然尚無涉於國際故一旦日俄啟釁前此散處各地之俄兵固皆有健全之戰鬬力而不得謂中國對於交戰國一方之日本有不利之行爲也且公法上中立國須防遏交戰國兵士侵入其境否則違反中立之責任斯固然也若開戰當時已無防遏之餘地則其爲違反與否不能無疑吾謂各國必有至公至正之輿論以解決此問題也至日俄開戰以後之中國自不得不一變前此之因循政策吾守中立滿洲吾土吾其謹防之以保固有之權利以完國際之責任苟有相犯雖至用兵亦所弗辭蓋勢出於萬不容已者也」

然此猶第就爲普通中立國者而言。彼日俄之啓發未必不視滿洲爲其目的地之一部分日俄戰爭了結之日或即滿洲運命定奪之日而其所影響於全國者且不可測則吾必不能以中立國自安也明矣昔日之誤致今日之果今日之誤復爲將來之因往不可諫來猶可追彼二國之戰方酣成敗未決乘此時機其急思所以自衛之策從容布置或可補救於萬一若謂日俄戰爭爲外國與外國之戰爭吾國之人可以坐觀成敗是則非吾之所敢知也自衛之策。千端萬緒。而挈其要領。不過四事謹縷陳如下。

一、爲交戰國之準備也。滿洲者。中國之滿洲。滿洲之問題。中國須自解決之日俄之戰因滿洲而起事定之日日俄相互之關係可以解決而日俄兩國對於中國之關係仍難解決也然其所以解決之者固視中國所執之方針以爲轉移也吾國以柔弱聞於天下無尚武之精神無奮鬬之決心故其於外交事宜亦第以堅拒軟磨四字爲無上之秘訣萬不獲已甯擲莫大之權利而必不忍稍失與國之歡嗚呼、此豈謀國之長策乎。吾今敢正告一語曰。今後之外交必非一片空談之所得解決今日之中立即後此交戰準備之時期其勿荏苒遷延致貽無窮之悔於將來也。

一、慎選折衝之才也。外交官爲代表一國之機關。一言可以興邦。一言可以喪邦。値此國家多故。荆天棘地之時。樽俎之間。尤不可不慎重其人也。吾聞日俄未開戰之先。各向吾外部言。滿洲之役。勝則吾國之幸。敗則中國須償吾兵費。兩國之言。如出一轍。吾國外交官。唯諾而已。曾無一言之辯。以俄國所索。較重於日本。故唯冀俄國之勝。而已之負擔稍輕。他非所計也。嗚呼、斯言之確否。雖不可知。而吾國外交官之性質誠有如此使今日全局之交涉仍聽彼輩之因循敷衍得過且過毫不謀所以改良之則中國前途其尚堪設想乎。

一、防各國之干涉也。日俄之戰。密接吾境。影響所及。聳動全國。設不逞之徒乘機竊發國內糜爛已屬可哀而各國之以保護利益爲名紛來干涉或勒令擔保或代吾平亂皆意中事也則是一波未平一波又起奄奄一息之中國其何以堪此層層之斲喪乎。日者上海各國總領事。懼日俄開戰以後中國內地。或有騷動之虞。乃公同議定臨時處分之法。彼之先事預防固應爾爾顧吾中國能不爲之寒心乎。

一、促國民之注意也。中國國民。無國家思想。此數千年來專制覇者愚民之結果。夫人能道之矣。今且勿問政體之良惡。與合乎現今之大勢與否。第當此國種存亡之關頭。彼芸芸者猶不使之稍有知覺。早自爲計。烏乎可也。且國家之盛衰。視民氣之強弱。與人民國家思想之厚薄以爲比例。故夫培養民氣。使人人有國家思想。有敵愾之心。緩急之際。政府可恃爲奥援。國家可資爲屏障。此固東西諸國屢試而屢驗矣。獨吾中國事事乃與彼相反。馴致今日不痛不癢之世界。推原禍始。彼蒙蔽吾民苟以自私者。豈得辭其責耶。嗚呼、往者已矣。及今圖之。則日俄戰爭。未必不爲振動民氣之一動機。而爲吾同胞之國民者。亦從茲可以自新矣。「國家大事。肉食者謀之。吾儕小人。不敢與聞」。此乃亡國滅種之謬習。其芟夷蘊崇之。使無遺類。則中國其庶乎有豸矣。

嗚呼、日俄之交涉。易玉帛爲干戈。變友誼爲仇敵。爭雄角長。惟鐵與血。壯哉烈哉。吾徘徊其間。察東亞之大勢。念祖國之前途。憂心忡忡。不能自已。爰據所見。告我國人。嗚呼、可以興矣。

論日本定台灣笞刑兼及在留華人事

黔僧

嗚呼孱國之民其賤不足齒於文明國際間哉無政府保護之民其前途之慘黯真有不可思議者哉吾觀外人待我之不平等而愴然有種族淪胥之感也外人與吾締約通商以來六十年於茲矣而其對我之策則恆始終如一焉其來中國也必揚己使高一級吾之往外國也必被抑使低一級處地既殊擇術亦異而處我於不同等之地位則一也雖然此猶事實上之待我如是固猶未張明較著立一法施一律措我於奴隸賤種之地也美人之燔華市也猶籍口於偶衛之防疫而未嘗設一永久厲政以梏我華人也澳洲之禁華工也尚託詞於傭民之保護而未聞出一酷虐法令以待我僑民也而不意其始作俑者乃在吾同洲同種同文之日本

日本明治三十七年一月十二日台灣總督府律令第一號

前四條曰。

一 本島人及清國人之犯主刑三月以下重禁錮者。得依其情狀。以罰金及笞刑處之。

二　本島人及清國人犯主附刑罰金百元以下之罪、而與左記二項之一相値此。得處以笞刑。

甲　在本島無一定之住所者。

乙　確認爲無資產者。

三　本島人及清國人犯拘留科料之罪者。得依其情狀。處以笞刑。

四　本島人及清國人犯主附刑罰金百元以下、暨被處科料而不能完納者。得依其情狀。以笞刑易之。但笞刑執行中、能將與未執行笞數相當之罰金科料完納者。其未笞之數。可以豁免。

嗚乎、此日本所以待其台灣島民之特例。而即將以處吾中國寓民之刑章也。不觀其條文乎。一則曰本島人及清國人。再則曰本島人及清國人。其詞意若以爲台灣人即清國人。清國人即台灣人。台灣人清國人。清國人台灣人。固同物而異名也者其趣旨。又若以爲台灣人非笞刑。不爲功。清國人。亦舍笞刑。莫由治。治台灣人而逸清國人則刑不立寬清國人而重台灣人則法不行清國人台灣人台灣人清國人其間殆不容稍有軒輊也者噫我不意我國土尙存而吾民已見屬於隷地附庸之下也我更不意我國旗猶在而吾民已被置於奴隷生番之列也是可忍孰不可忍吾於是不能不歎日人之蔑視吾國而吾民之無復見容於天壤間也

且同胞亦知日人此舉顯干國際公法乎吾請决之以法理夫吾國之與日本對等國也日本之法律又號稱內外平等主義緦緦然自詡爲文明者也按國際原則一國法律之効力常支配其領域中一切之內外人民人之旅於其國者國無大小強弱胥不能不守同一之義務亦即國無大小強弱胥不能於同一義務之外更使有特別之義務也今日本以笞刑加吾民而不及其他(雖朝鮮亦在所不及)是使吾民有特別之義務也又同一外國人民不得於同國內使負兩種牴觸之義務(戰爭域內當別論)今吾民之旅日本內地者以內外平等之故得從其通常刑法不致受此奇辱一旦至其台灣屬島則人格頓賤將不免有血肉之災是同一中國人民在同一日本國內因處地之偶異遂判然有兩種不均之義務也且法律內外平

等云者。謂以其通常一般法律。爲外人權義之標準。非謂於通常一般法律之外。又有所謂當準之法律者。今同時使我受二種不平法律之拘束。是任意予奪吾民之權利也。且此處分例之性質。爲國際刑法乎。抑爲國內之特別刑法乎。使其爲國際刑法也。則吾國之外。胡以未見附有他國。是專辱我爲未開之國也。使其爲國內之特別刑法也。則胡以吾國人民竟與其台灣屬民相提而並論。是公然儕我於藩屬之列也。抑外國人民即眞有反公安而紊風俗之可慮。逐之境外可也。禁其入國可也。立苛法以苦之則不可也。今日人所爲悉反乎此。彼雖身有百口。口有百舌。能巧釋其違反公法之罪哉。

以利害言之。則吾民之見鄙於外人也。非一日矣。澳大利有拒我移民之條。美利堅行限制華工之律。防災則燬其財產。檢疫且裸及婦人。甚至使臣有治外之法權。而從者不免警官之毆辱。租界猶內國之領土。而居民已奉外人之刑章。凡此皆擯我於國際平等之外。爲稍有血氣者。所大可寒心者也。今吾同洲日本。復創此新例以待台民者。待吾民。是不啻以支那民族之野蠻。昭然揭示於天下。吾恐日本作俑於前各國效尤於後此風一開將舉吾國在外人民悉聚而納諸峻法嚴刑之內吾四萬萬支那民族將無往而不爲人所擯擠矣同胞慎勿謂此法爲限於台灣一隅也此而悍然引受援假而日本內地可特立一支那人犯罪科條矣更援假而各國各地皆無不可特立一支那人犯罪科條矣涓々不塞將成江河皐然闇之前途又不禁爲吾民衆且懼也

由上所述日本此舉論法理則彼爲不法言利害則我在必爭蓋無論自何方籀面之皆有萬難默過者願吾政府據條約與之爭駁（光緒二十九年八月十八日新訂通商條約」第九款有云「中國官員工商人民之在日本者日本國政府亦必按照律法章程極力通融優待」責其無視邦交務要其側去清國人字樣而後已彼雖崛强未有不守公法者此交涉或不爲無效也若以笞刑爲吾國所固有遂可置之不論是則昧於國際平等之義自棄條約利權甘受侮蔑而不辭者況吾國之有笞刑實由來國法所制定其變更廢止猶有自主之權此則權屬外人過此不爭他日將指我爲默認雖費倍徙之力莫能挽回矣且此事在所必爭者以其違反

國際不等之故非其立罰太嚴之故也故罰即不爲笞刑而吾之爭仍有不敢或已者焉有外交之責者幸勿諉爲細故晏然坐視其成也

終更一言以告當道者曰。刑章一日不改良則治外法權一日不可復即國際平等一日不可見吾今論笞刑吾即請言笞刑在刑罰中之階級。玆畧示刑罰之種類如左，

一　生命刑。　斷絕其生命之謂。凡屬於死刑之斬絞等類皆是也。

二　身體刑。　亦曰肉刑，如笞杖拷烙之屬。凡使人體膚有直接痛苦者皆是也。

三　自由刑。　剝奪其一身自由之謂。徒流懲役禁錮等刑是也。

四　財產刑。　強褫其私有財產之謂。罰鍰沒收科料之類是也。

五　名譽刑。　如剝奪停止公權之類。謂褫其對於公衆之名譽也。

六　道德刑。　近唯戒告及假處刑二種。意在使其質諸良心翻然自悔。今各國刑法中尙不多見。

以上所舉刑罰六種。皆用以懲治罪人。使受創者有身心痛苦之感。其棄取輕重之

間則一視社會文明程之高下以爲衡而目的要不外使未犯者知懼旣犯者知悔屢犯不悛者不致貽害於社會而已其在文化童蒙之世人民利害之見未遠其所謂快樂也肉慾之外無所知即其所謂痛苦也切膚之外無所感則懲之之法肉刑尚焉稍進而痛惜生命之念起稍進而痛惜財產之念起更稍進而痛惜自由名譽道德之念亦相繼以起至是所以懲創之手段亦不得不略變故向之以箠撻爲不二法門者今則或易以罰鍰焉或易以禁錮焉或易以褫權告戒焉而人民之受罰鍰禁錮褫權告戒者亦猶加夏楚於其身惻然有切之膚痛是刑雖易而効力未嘗稍減也故國家刑罰之進化、可略分爲四期。

(一)重身體生命刑時代。

(二)重財產自由刑時代。

(三)重名譽刑時代。

(四)重道德刑時代。

然則今日果何時代乎。以實際觀之。則重財產自由刑之時代也故世界文明諸國現行刑法徒流懲役禁錮拘留罰金科料沒收等刑常居其大部分生命刑之適用已大縮其範圍近且廢死刑之說騰諸歐美故生命刑不久亦當見廢至身體一刑則早絕跡於文明國間矣由是進而益上人民名譽之觀念愈切則財產自由刑可以滅道德之觀念愈切則名譽刑可以廢夫至專重道德刑時代則法律與道德復合而刑可期於無刑矣此雖哲學家言其事或在千百年後然驗諸既往其效要不難豫期也

夫刑法之趨勢既如彼各國之棄取又如此返觀吾國能無赧然自恧乎公庭之上血肉橫飛三尺之下何求不得死有淩遲之重罰生罹梏夾之非刑甚至民刑不分一銀錢借貸之是非輒受鞭箠數百一田產婚姻之細故動遭縲絏經旬國家以待犬馬者待人民人民亦即自居於犬馬以對國家刑愈酷殘民愈偷賤百度廢弛四維不張語曰君子觀於一國之刑章而知其國文野程度之高下吾味此言而知外人之犬馬我奴隸我詎非無故於其間也

雖然使今日而猶爲閉關自治之日乎則長此黑闇沈迷以往不過作法自斃無補

郅隆余亦可以無言乃今非其時也世界之交通日闢國民之交際益繁一國之刑章動關國際法權之不振時損國威我稍有一例之未符彼即曰利益之相反歷觀領事裁判權之發生未有不藉口於主國刑法之野蠻者朝鮮也暹羅也波斯也土耳其也埃及也摩絡哥也皆以刑章之不善致司法主權爲人爲除外者也吾國之受領事裁判權亦然其原因雖由國勢之不均而實亦刑法不良使人萬難遵守階之厲也暹羅之於吾國也其國勢不加盛而近以改良刑章之故各國與其所締條約且附一「暹國新刑法發布後領事裁判當即撤回」之條件焉則領事裁判權之設不盡因國勢弱弱可知矣故吾今日不欲收回治外法權則已今日而欲收回治外法權享國際平等之實益也則除改正刑法廢止苛律無他策而改刑法廢苛律尤在首除肉刑普林司（比利時刑法大家）曰『身體刑者蠻獷而最示辱之刑也。絕不適於開化人民對彼下等社會之墮落者有時或不可缺然亦毫無效力反生惡劣之結果故除處獸類外不可用此苛刑』誠哉仁者之言吾又何必留此苛刑以自附於野蠻開未之類也或曰中國敎育未興民鮮廉恥刑法但求寬大益生奸民玩法之心。且如吾子所言。社會文明猶穉。則笞刑亦難遽廢。不知吾民之慣於作奸犯科非盡由廉恥之不立行政機關之廢弛警察制度之未行皆其絕大原因而何得專諉於無教育若謂嚴法遂可以治天下則吾國刑章可謂嚴矣酷矣而何以盜賊之橫行如故胥吏之貪暴如故以視刑寬法簡之歐美殆若呈反對之象者可知法貴公允不在專事酷厲也且即以今日中國之社會程度論。則亦由身體刑時代將進於財產自由刑時代之交也。在上者苟順其勢而利導之。則他日結果之良。正未可量。豈僅收回治外法權已哉。至改正刑法之事。條緒萬端。他日擬專論之。茲姑揭其大綱如左。

一　定民刑之分律。
二　行監獄之改良。
三　減死刑之範圍。
四　廢淩遲之重罰。
五　立犯人之教誨。

六　增囚徒之役工

以上六事或沿或革或增或減皆改正刑法所最切要者今吾國苟能取人之長補己之短毅然改訂新律昭示大同則從來外人在吾國之自揚一級者不難抑之使下吾民在外國之被抑一級者亦得揚之使上而國際平等之實乃見矣苟不爾者治外法權之不撤領土主權之難行吾將永遠沈淪於波蘭印度之流而百刼不復矣刑法之不改良其結果乃至於此極當道者所宜加之意哉

三

社告

政法學報第一期第二期再版出來欲補購者請知照本社或上海總發行所均可

本社白

新刊廣告

日本警察法提要

洋裝一冊 大洋四角

警察爲吾國至急先務固不待言各省剏辦未臻妥善固由於剏始之艱亦資料缺乏無足以資參攷也著者唐君寶鍔爲日本早稻田大學卒業生有等於此特譯成日本保安司法警察法提要加以註釋辦以序言抉書中要點爲吾國現行警察痛下針砭詢當局者及學者所不可不讀之書也現已出版

再版廣告

訂正外交通義

洋裝一冊 大洋八角

此書久已風行海內爲外交家研究家不可少之珍本其搜羅之精富譯筆之雅潔久有定評無容再贅

壬寅一期 譯書彙編

壬寅九期 譯書彙編

壬寅十期 譯書彙編

壬寅十一期 譯書彙編

壬寅十二期 譯書彙編

價例仍照前例

發行所 日本駿河臺鈴木町 譯書彙編社

發賣所 上海四馬路東首 開明書店

法律

日本改定法律沿革攷

攻法子

緒言

國何以治治於法故其國之法愈美善愈完備者則凡事皆有秩序人民得法之保護其信任國家之念必愈深而國勢亦因以强固反是者則國家之法不足爲保護人民之具人民咸有不安之心國勢未有不衰弱者也是故今日文明各國無不採法治國 Reehtslaot 之主義一法之未善未備則聚全國之學者政治家討論而研究之不憚再三修訂務期適於公理足以應用而後止無他國非法不存無法即無國家而不良之法又等於無法故也歐美各先進國無論矣日本自明治維新亦亟亟以改定法律爲首務今日視之但見其「法規大全」（日本法律全載此書）一書裒然成册而不知其當日改定時之幾經籌畫幾費經營而後始得此結果也又况日本法律在今日雖大致已具而每年議會猶時時提出改良之案則法律之爲物實與國家同

其進步從可知矣。跡其已往。後進者又爲後進者之師。蒙是以願吾國從事於法界者一識日本改律之歷史也

第一節　日本法律沿革之大畧

日本自開國以至今日。其法律之變遷殆不能以次數計。而大別之可分爲三期。請述如左。

第一期。日本固有法時代　此時代自上古神代至「近江令」之編纂爲止。（近江令爲日本古代法律之名、其詳不可考、其時約當中國唐高宗守治元年至中宗嗣聖二年之間即西歷紀元六百六十八年至六百八十六年之間）是時無所謂法律。惟習慣與官制而已。故所謂成文法者（成文法即法典之謂謂法律之編纂成文者也反是者謂之不成文法又謂之習慣法）尚未萌芽。無足深考也

第二期。中國折衷法時代　此時代自近江令編纂後。至實施「改定律例」爲止。（改定律例爲日本舊刑法之名其時當中國同治十二年即西歷千八百七十三年）自第一期之末中國之文物輸入日本。於是一切制度。大都模仿中國。近江令之後。未幾「大寶律令」出焉。大寶律令。分律令二項。律悉依唐律。令則參酌日本古代之風俗習慣者居多。此律令至德川幕府盛

時。尙沿用之至明治維新。百度更張。以幕府之法。失之過嚴。三年。遂定「新律綱領」一六卷。其內容大都參酌唐明律及大清律例而成。故可謂純然中國法系（法系者法律系統綱）之刑法。然是時與歐美各國交通日繁。漸知新律綱領之缺點甚多。於是明治六年。遂有改定律例之發布。而第三期之機啓矣。然此時代之法律。其得稱爲成文法者。惟刑法一種。其他各種法律仍散存於習慣與官制之中。故所謂法律者。尙在幼稚之地位也。

第三期。歐美折衷法時代。　此時代自明治十三年至現今爲止。日本現行刑法。即於是年發布。先是明治六年後。政府已從事於改律之事。至此時代。各種法律。如憲法民法商法等類。均先後分類編成法典。（即成文法）非復從前之含混而不統一。而各種法典之根據。大抵本於歐美之法理。其法理之善者。則不憚舍已之習慣而從之。故日本之法律。以此時代爲最發達焉。

以上所述。爲日本自古至今法律沿革之一班。至於改律時之如何情形。請以下詳述之。

第二節　日本編纂各種法典之次第

日本各種法典。蓋非一朝一夕所成。其種種單行法及其附屬法。姑置不論。茲請就其六大法典。考其編纂之次第如左。

(甲)刑法(明治六年。由法人鮑亞沙那特氏起稿。十三年公布。)

(乙)刑事訟訴法。(同上由鮑氏起稿。初名治罪法。後改今名。二十三年公布。)

(丙)民法(明治八年。政府命民法編纂委員起稿。十一年成。十二年復命鮑氏起稿。二十九年公布)

(丁)民事訴訟法。(明治九年由元老院起稿。二十三年公布。)

(戊)商法。(明治十四年。由德人洛愛司蘭耳起稿。三十二年公布。)

(丁)憲法。(明治十四年。發布勅諭。十六年設憲法取調局。二十二年公布)

右所述日本六大法典。觀其着手編纂之次第。均非無故。刑法為一國人民生命之所繫。且由來最舊。故最先編纂。然無訴訟法(訴訟法擬名之為聽訟法)則裁判仍不能期其公平。故關乎刑事之訴訟法與刑法同時編纂。民法為定個人相互之關繫。凡法律稍發達之國大都均別於刑法而自成一法典故亦先後編纂關於民事之訴訟法亦然商法本為民法之一部然自世界交通商務發達則關乎商事之法規愈繁故民法之後更須從事商法憲法為立國之大本故自諸種法律稍有端倪則自不容一日緩焉此其大較也

第三節　日本改律所取標準之變遷

當日本之王政維新也銳意以仿效歐美制度為急務其時最先翻譯者為法國法律且司法省所聘之顧問鮑豆沙那特氏及亞里白司克氏均為法人留學生派遣外洋者亦均至法國故當時之從事法律者大都以法國為標準此為第一期（自明治二年至十四年）其後大學開校偏重英國法派文部省之留學生亦分遣英德法各國歸後各張其說故一時法界三國之主義儼若同時並呈而實則以英德為標準此為第二期（自明治十四年至二十二年）自是以往法英派之勢力漸衰德國法派日盛以德國法典最為完備法理亦最為精深故近今日本言法律者無不宗尚德國凡法律草案除本國可尊重之習慣以外大都以德國為標準此為第三期（自明治二十二年至今日）其所以有此

變遷者。蓋法律必期其盡善。效法他國。必求其與己國最相宜者。然後得爲上策。且其變遷之跡。本隨學界爲轉移。非偶然也。

第四節　日本改律之機關

觀日本改律之機關。可以知日本改律所以成就之由。何也。使當日機關不備。或備而不得其人。則如今日法典之美備。未可期也。故考日本改律之歷史。以注意於機關。爲第一要義。其隨創隨廢。或僅爲一二法律而設。而無預於法典之全體者。茲姑從畧。於日本法律史上。占重要之部分。而實爲今日法典之所從自出者。先後蓋有二大機關焉。請以次述之。

其一爲法律取調委員會（取調猶調查之意）此會創於明治十九年。外務大臣伯爵井上馨爲委員長。辦理公使陸奧宗光副之。委員分內國人外國人。內國人如特命全權公使侯爵西園寺公望等諸氏。外國人爲內閣法律顧問鮑亞沙那特及司法省法律顧問格克特等諸氏。共十餘人。二十年井上馨免委員長。以司法大臣伯爵山田顯美代之。山田氏主政後。復增任大審院長尾崎忠治等二十餘人爲委員。而使外國人專主起稿。不與會議。尋復定完則十條。以示編纂法典之方針。今錄如左。

第一條　法律取調會之宗旨。在審查民法商法及訴訟法之草案。有無不能實行之條項。或與其他之法律規則有無抵牾。故勢之得失。實施之緩急。以及文字之當否。不在論議之列。

第二條　前條所舉之法律草案。及與現行刑法治罪法中裁判所搆成法之草案有抵牾者。委員均有改正之責任。目下外國委員所起稿之刑法治罪法改正案。俟審查民法商法訴訟法告終後。再付委員調查。

第三條　法律取調委員之外。更置法律取調報告委員若干員。使預備應提出於委員會之法律草案。

第四條　報告委員分爲數班。分任豫備民法商法及訴訟法之草案。而於委員會說明之。但不得加入議決之數。

第五條　報告委員班長。以委員充之。使整理議事。

第六條　凡法案之起草者。悉以外國人充之。故須起草者說明之時。應使列席於委員會。

第七條　設翻譯局。掌譯外國文起草之法案。對於各會議。應有章句文字之責任。

第八條　委員長爲委員會之議長。整理議事。又隨時臨報告委員會而指揮監督之。

第九條　委員長應使報告委員中之一名或二名。掌理委員會之議事錄及委員會一切之事務。

第十條　委員會置書記若干員。掌文書記錄會議出納之事。

右所舉爲當日所定畧則十條。自此規則實行後。法律取調之事業。進行甚速。如商法之告竣。視豫定之期早八閱月。他種法律亦踵跡而成。凡此皆機關搆成之善有以致之也。

其二爲法典調查會。是會創於明治二十五年。以內閣總理大臣侯爵伊藤博文爲總裁。司法大臣侯爵西園寺公望副之。委員大都爲帝國大學法科教授。及裁判官。

辯護士（即律師）各省局長。參事官等。凡三十餘人。蓋全國之法律專家。與凡有法律上之經驗者。無不薈萃其中。其總章及分部規則甚詳。今錄如左。

（一）法典調查會總章

第一條　法典調查會屬於內閣總理大臣之監督。審議關乎改正或制定法典及附屬法令之事項。並調查實施條約之必需事項。

前款之外。凡關乎法令之事。內閣總理大臣有諮詢時。則宜陳其意見。

第二條　法典調查會以總裁副總裁及委員三十五人以內構成之。

第三條　總裁副總裁。由內閣總理大臣奏請任命之。

第四條　委員二月以上。會議不到者。由總裁上陳內閣總理大臣。

前款之時。由內閣總理大臣奏請。免其委員。

第五條　法典調查會議事及整理會務之規則。由內閣總理大臣定之。

第六條　總裁掌整理議事。以其決議上陳內閣總理大臣。

第七條　副總裁承總裁之指揮。管理會務。總裁有事時則代理其職務。副總裁於前款之外與委員同一資格列於議事。

第八條　法典調查會置部長四人。起草委員及主查委員若干人由總裁於委員中命之。

第九條　總裁副總裁及委員。每年給津貼千圓以內。但起草委員及主查委員。得給二千圓以內。

第十條　法典調查會置補助委員八人以內。使補助起草委員及主查委員之職務。

第十一條　法典調查會置書記若干人。使從事議事之筆記。及一切庶務。

第十二條　補助委員。每年給津貼六百圓以內。書記五百圓以內。

(二)法典調查細則

第一章　調查規則

第一條　修正法典。用單獨起草（一人主稿之謂）。合議定案（會議決定之謂）之方法。

第二條　主查委員中。置起草委員三名。使專任修正案之起草。但必須之時。得置協議委員。使協議定案之事。

第三條　主查委員中。別設整理委員及報告委員。

第四條　整理委員掌審查法典修正案各部之關係。及法典修正案與其他法律命令之關係。

第五條　報告委員。掌左之事務。

(一)查閱帝國會議事錄。法律書。雜誌新聞紙等所載實施法典延期之理由。及法典之批評等報告起草委員。

(二)審查委員以外。所提出之修正意見書。其足為參考之資料者。摘其要領。報告起草委員。

第二章　委　員

第六條　法典調查委員會。分為主查委員會及委員總會二種。

第七條　主查委員會。分定期委員會及臨時委員會二種。定期委員會。每星期舉行一次。臨時委員會。有必須之時。由總裁召集之。

第八條　委員總會。有必須之時。由總裁召集之。

第九條　起草委員。應於定期主查委員會。報告其起草事務之進行。且問其意見。

第十條　凡須豫先議定之重要問題。起草委員。應提出於定期或臨時主查委員會。問其意見。

第十一條　總裁於起草委員。及其他主查委員提出之問題。認爲必須之時。可付委員總會會議。

第十二條　法典修正草案之議決。以主查委員會之議決。爲豫定議決。以總會之議決。爲確定議決

第十三條　法典修正草案。必須經豫定議決。及確定議決。

第十四條　總裁認爲必須之時。於已經豫定議決之草案。得數次付委員會審議。

第十五條　已經確定議決之修正案。若認有缺漏錯誤。或與其他法令有牴牾

之時。總裁得付委員總會再議。

第三章　議事規則

第十六條　委員會以總裁爲議長。議長有事之時。副總裁代理之。

第十七條　議長掌整理議場。

第十八條　委員會之議事。及分配之議案。均應秘密。

第十九條　委員會以委員半數以上之列席爲多數。

第二十條　委員會之議案。自會議三日以前。分配各委員。但緊急之事件。及法案外臨時之發議。得議長之許可者。不在此限。

第二十一條　凡發言須得議長之許可。並須起立。

第二十二條　一委員之發言中。他委員不得發言。

第二十三條　法案之會議。議長以每條均作爲議題。但有時得併數條爲一議題。

第二十四條　凡爲議題之條項。議長使書記朗讀之。但由議長之意見。有時得省則誠。

第二十五條　一議題之議事終結以前。不得論及其他議題。但他種條項有與討論中之議題相關聯者。不在此限。

第二十六條　凡欲修正法案者。必先提出修正之成案。

第二十七條　修正之發議。非有贊成者不得爲議題

第二十八條　議長於議題之事項。得在本席述其自己之意見。

第二十九條　同一議題。而提出數個之修正時。其決定之次序。由議長定之。

第三十條　會議之可否以過半數決之。可否同數者。由議長決之。

第三十一條　凡出席員。不得不加入可否之數。

第三十二條　決定之際。不在議場之委員。不得加入

第三十三條　此規則於主查委員會及委員總會。均通用之。

（三）法典調查會部長事務規則

第一條　定會議之時日及議案。整理議事。以其決議上呈總裁。

第二條　起草委員、主查委員、及補助委員之任免。與增減律貼等事。陳其意見於總裁。

第三條　監督書記以下之職務。凡任免及增減律貼等事。宜陳於總裁。

第四條　購買必須之書籍。

第五條　從前之庶務規則。與此規則不相牴牾者。仍有實行之効力。

第六條　關於應議前數條事務一切必須之事件。

（四）法典調查會幹事事務規則

第一條　法典調查會。置幹事一名。由副總裁於委員中命之。

第二條　幹事掌整理各部之庶務。

第三條　幹事受副總裁之指揮。監督書記以下之職務。但關乎任免黜陟及增減律貼等事。應與部長協議。

上所舉日本改律之二大機關。其取材之宏富。立法之周詳。於此可見一班。其所以必如是者。誠以法律為維持國家之要具。故編纂法典。不能不鄭重其事也。至此二

會以前非無種種機關如制度取調局民法商法編纂局之類足爲參考之助然無如此二會之完備者故從略焉

結論

日本改律之歷史如上數節所述其大畧蓋盡於是蒙不能無感焉日本古代之法律無論矣中古以來習用中國法系之法律乃自歐美交通以來遂毅然一變其主義其理由果安在哉蒙嘗思之法律之爲物有與時並進之義今日之世界不能以古代法律治之殆有至理存焉是故日本之法律蓋有二大原因試列舉之

其一時之變遷　凡時世不能終古不變時世推移則與時世並存之一切事物一切情狀無不相因而俱變法律者所以濟時世之用故與時世相背馳之法律勢不能存今日之時世其種種事物情狀有出乎往時法律之範圍者甚多綜而言之可得二種

(甲)國際（國與國交際之謂）　關係之密切是也鎖國時代雖墨守舊法尚未見其大害迨至世界交通則法律完美國之人民必不甘受治於不完美之法律歐美各國

在我東亞往往主張治外法權日本初亦不得不認中國則至今不能收回且更有進無已侵及立國之主權者不鮮此無他中國之法律與歐美之事物情狀太相懸殊故也此其一也

(乙)新事物之發生是也世界愈進步則事物之新發生者愈多古代之事物簡故其法律亦簡反是以觀以今日事物之繁其不能以最簡之法律賅之明矣且新事物有時而發生則舊事物亦有時而廢止故往日之法律在今日徒爲具文者亦復不少由前之例如公司銀行等盛興則關乎商事之律宜增由後之例如火車輪船等大行則關乎驛遞之法可廢此又其一也此外如人之知識發達眞理日明與法律變遷相關緊者甚多

其二、法理之進步。　自歐美科學日進法律一門學者亦羣以科學之道研究之於是法學興焉法學日盛斯法理日精故往日之所謂良法者以今日學者研究之結果視之其與法理相矛盾者殆不可勝數夫法理者法之原理是律也於此有法律焉與原理不相符合則其不足存在有斷然也如刑法以除暴禁姦而止乃故設種種苛虐之刑則與立法上好生之原理背戾孰甚又如民法商法皆所以定個人相互之關係乃亦併入於國內公法之一種即所謂刑法之中（如大清律例包括吏戶禮兵刑工各類日本舊時新律綱領等亦然）則與公法私法分類之原理相反孰甚凡此皆由法理進步於是舊法之種種缺點漸由學者與實際家發見而其影響遂足以促法律之改良此亦當然之事也

日本改律之大原因大都不出此二端蒙重有感焉日本之舍古代法律而從中國法律也以中國法律勝其古代法律耳及其舍中國法律而從歐美法律也則其以歐美法律勝於中國法律不待知者而明者也夫中國法系之法律當歐亞未通之日在日本治在中國固治而今則何如今日本已知其不足恃而更張之矣反而觀之法所從自出之中國果將如何也蒙是以不能無望於中國之從事法界者也至日本改律史上尚有足注意者二事一爲定標準一爲設機關日本改律所從之標準凡經三變首法國次英國次德國此非其宗旨不定所致精益求精故不憚再三之變易而已要知當新舊交換之時必擇一國爲標準此不易之理也若夫日本改

律之機關其構成之者大都爲客員（即外國學者在日本爲大學教授及內閣司法省顧問者見前）及留學外國卒業之人（或爲大學教授或爲法官等見前）蓋以法律爲專門之業欲採用某國之法不能無藉於熟知某國之法之人故即客員亦大足以效用此明明有證者也蒙叙日本改律之沿革乃更重念中國今中國修改律例之議已與他日者日本已往之歷史或爲中國他山之助則固蒙之所深願者也

經濟

日本鐵路政策

秀峰

國之强弱視乎交通之便否我國風氣未開人安固閉出門百里言語已殊越省旅行如適異國燕趙齊楚老死不相往來者蓋數千年於玆矣自通商以來外人沓至租界遍於內地航路且達港渠昔之閉塞不通之地藉外人而通之者不至凡幾迺者乘涎極東大陸者莫不藉鐵路以行其侵略主義俄之於北英法之於南其尤著者矣要阨線路盡屬外人橫貫腹地盤拔要塞及今不注之意恐再越數年吾全國之交通權不盡入外人手者幾希矣夫國之有交通機關猶人之有肢体脈絡也肢体脈絡失其自由則人瀕於死交通機關操之外人其不制其國之死命者未之有也我國人其亦可以興起已乎逃日本鐵路政略附日本鐵路會社參觀記以爲我國人前驅之導焉。

日本之地勢與鐵路之關係　日本地勢如樹葉。東西長而南北狹。如歐之瑞西。國內多山而高。惟山高故水多。水多故川流急。不向東西流而向南北流。計全國平地祇三分一。而山河居三分之二焉。

脩築鐵路原則　鐵路以從沿河脩築導水陸之利為原則。由日本之國是而論。當於國中間設一幹線。然後向東西橫貫南北縱橫脩築枝線如樹葉狀。是為理想上第一計畫。但日本河流向南北狹處流。沿築鐵路甚難。其國道又出於自然。南沿太平洋。北沿日本海。國中山多、川流急、平地少。有此三困難。為地球上設鐵路最不宜之國。前項理想之計畫。於事實不合。十四五年前、松方伯至法國、訪大統領卡路諾、問以日本鐵路計畫、且云泰西文明實賴鐵路以開通之。卡路諾拍手稱贊曰、鐵路與文明之有關係、大抵文明不生鐵路。實鐵路生文明。可以美國為徵。日本亦當以鐵路開文明為第一策。伯請教設法。卡路諾乃教以理想之法

二

明治二十一年。澁澤榮一男爵為首。及有志之士。設東京經濟協會。考查日本鐵路事宜。二十四年查有頭緒。其略云、

按日本地勢。當於中部兩傍設梯子形鐵路。避中部之阻礙。利用兩傍土地。南北岸各設一大幹線。南北各要地多設橫線。枝線用以連絡幹線、最為緊要、免迂迴之路、琵琶湖之疏通工事、亦為緊要、以其近西伯利

亞故也、

當時鐵路港灣之調查委員如左。

男爵 澁澤榮一　法學博士 田口卯吉

工學士 渡邊嘉一　北越鐵路公司總理 工學士 佐分利一嗣

武田鐵路公司總理 工學士 山口俊太郎　前三井物產公司總理 末廣重恭已故

黑川九馬

鐵路之目的及中國鐵路之設法　鐵路之目的。是在發內地之藏。故不宜築於沿海。宜築於內地。以中國地勢而論。當造一圓形大幹線。中間設十字形幹線。再爲縱横枝線。如井田之法。現在鐵路利權。雖有損失。國家可築者尚多。此宗旨既定。血脈自可流通。言語自可一致。風氣一開。百事即舉。故設鐵路。尤爲中國今日集民心開風氣與實業之要着也。試言日本鐵路之沿革

日本鐵路之沿革。可分五期。中間幾經變遷。始得臻今日之盛。試分期說明之。

第一期　鐵路創設時代

日本鐵路風氣之開。創於岩倉公、大隈伯、伊藤侯自明治三年至五年。大隈伊藤盛倡此議。藉開民智。岩倉贊成之。欲先築京濱。東京至橫濱、計十八英里、 後築神阪之路。神戶至大阪、計二十英里、 惟時反對者衆。以鐵路爲危國之具。不利於戰時。幷誣諸公以賣國之名。屢屢被刺。幾遭毒手。前島密男爵承大隈伯之囑。作爲京濱鐵路豫算表。前島男惟估材料工貲等費、故又稱鐵路體測費、 計需三百萬元。及至築成。費亦相若。高島者總其成。經外人手爲之。費由政府支出。此實大隈伊藤勸岩倉公贊成之力。七年接連設神阪鐵路。事稍緊。政府乃設鐵路局經營其事。井上勝爲之長。

第二期　保護計畫私設鐵路時代

岩倉公既築成前二路。鐵路利益。爲衆所公認。遂有擴張之意。當時政府貧而諸侯富。有三百諸侯 其中最富者。爲前田侯。岩倉公利用之。乃與計畫東北鐵路。由京都經琵琶湖過敦賀金澤至富山方面。作爲私設。以前田爲富山人。再勸本願寺中人入股。在北陸道 欲以二者勢力集成之。當時井上伯亦極力運動。惜因事中止。此明治十四五年時事。公又思集衆華族之力。利川彼等之財。設第十五銀行。（又稱華族銀行、）一面計畫鐵路。即今之日本鐵路公司。華族之股較多也。

第三期　鐵路局專制時代

政府爲擴張鐵路起見。於明治十五六年時。發行鐵路公債。集平民之財以計畫鐵路。乃發布中山道鐵路公債條例。（中山道鐵路自高崎經深川松本木曾街道至京都）脩築中山道鐵路。及鐵路局測量中山道路程。因工費太巨。乘客未必見多。將股移築東海道鐵路。反對者雖衆。而局長井上勝排衆議力制之。時明治十七年事也。（井上專横、不納人言、黑川等稱之爲鐵路羅馬法王、）然政府之信一失。因此而阻碍鐵路之進步不少。

第四期　鐵路方針調查時代

黑川等見政府於鐵路過於專制。知鐵路之不能專賴政府。乃圖集合羣力。私設鐵路。託技師佐分利測量甲信鐵路。（由東海線分御殿場經甲州之甲府至信州之松本）山形鐵路北陸鐵路。私設鐵路漸盛。鐵路局不允。於十九年發私設鐵路條例。設有種種限制。凡私設鐵路。皆令依此律例。專制既極民間。乃請俟議會開設後。

定其方策。於明治二十三年。先設實業協會。行調查方策之事。內有上下兩議院之議員。黑川等爲調查員。作鐵路方策調查案其略云、

政府鐵路局過於專制。不治輿情。苛刻民間私設之路。有碍鐵路之進步。自明治十五年。鐵路之進步太遲。政府於脩築鐵路。應築而不築。不應築而築。誤國家之需。人民之望云云。而鐵路官設私設之論。亦於是定也。

是年十二月第一次議院開會。以此案當參酌泰西制度。始得提出。乃再脩正。二十四年第二議會提出會議會解散。未得議決。民間乃設鐵路期成同盟會。黑川爲理事長。通檄全國。請各地方總代。至東京協議鐵路之事。黑川幷發同會之報告書。內有進步黨首領大隈伯意見書。松方總理大臣代表政府之意見書。會中幷調查鐵路與港灣之關係。以圖水陸運之聯絡。定其交通機關之方策。配付全國報告衆人。定全國人民鐵路之宗旨。時明治二十四年至二十五年事也。

第五期　鐵路敷設法制定時代

二十五年第三議會。上下兩院議員皆鐵路期成同盟會員。黑川主稿鐵路敷設法。

於六月五日通過下議院。十四日通過上議院。二十日得旨親裁立爲法律。於是民間私設鐵路。皆有所依據矣。玆請言黑川氏鐵路敷設法之綱領。

(一)政府調查及敷設帝國緊要鐵路。

(二)豫定線路。分第一二期脩築。

(三)第一期敷設鐵路線。

(四)募集鐵路公債脩築之費。

(五)鐵路會議做德國鐵路高等會議之制。

公債募集之法、工事着手之順序、

會議會員、不限官吏、凡大學問家及經驗家、亦得充之、鳩山博士、即其一人、

第一期第二期線路。經議會協贊。政府築之。現當依此方針。遞信省之鐵路局。實當其任。內有作業局。任其工事。鐵路局僅爲監督各鐵路工事及營業之所。當其專制時代。脩路及監督之事。盡歸鐵路局爲之。故弊端百出。近來事有專責。業有分任。稍見整理。實當時有志者攻擊所致。乃有今日之成功。然尚未得謂完全也。

凡鐵路行政機關分(一)工事及作業、(二)運輸營業、(三)監督、(四)管理私設鐵路等項。茲不多贅

鐵路分類　因鐵路之性質。得分為(一)貨物鐵路。(二)旅客鐵路。貨物鐵路。便於殖產工業。旅客鐵路便於旅行。因其性質之不同而鐵路之作用有異焉。日本第一期鐵路。旅客六成。貨物三四成。歐洲鐵路反此。蓋日本貨物多由水運。故鐵路貨少而客多。沿岸沿河之鐵路更然。信州鐵路及北陸鐵路傍山則貨物七而旅客三。因鐵路敷設之位置。貨與客之成數。有多寡之別焉。其實鐵路之功效。須貨物常多於旅客。乃見殖產興業之利。否則雖云便商利民。徒為國家奢侈之物而已。

鐵路工費　工費分官設私設。略有不同。大約每日里(一日里合中里七里)約需八九萬元。有隧道處則有費至數十萬者

附參觀日本鐵路會社記要(日本鐵路會社之名非指日本全國也)

公司之創始

鐵路與政治之關係　日本各項公司中。此公司最大。設立亦最早。其所以得設立

早而致盛之故。豈得於政變之力。蓋國之文明。專賴交通以進步。無交通則情形隔膜。雖圖統一。而交通之機關。尤以鐵路爲先。明治初年。伊藤大隈見舊政不革。國多愚民。乃倡敷設鐵路之說。用以醒國民之耳目。改向來之弊政八百年之積習。得一旦洗刷淨盡者。實鐵路之力也

鐵路改促政治之革新。政治整齊後又促鐵路之致盛。與各項實業同爲進步。當時三百諸侯。售去公債。爭脩鐵路。此鐵路之設。實得各諸侯之力。故有華族鐵路之稱。占股票十之八九也。

沿革　此公司之股票。華族既十居八九。其發起人即爲岩倉公等十五人。於明治十一年五月計畫。十四年五月稟請政府。十一月得蒙允准。始行開辦。十六年七月二十六日。由上野築至熊谷。十七年六月二十五日。上野高崎間之鐵路落成。行開通式。明治天皇行幸。頒詔嘉獎。詔曰

朕以日本鐵路會社。協同効力。得上野高崎間線路告成。玆舉開業之式。都鄙通便。遠近稱利。朕所嘉獎也。

當時公司之設立。係紳商獨辦。後經種種變遷。政府爲保護公司起見。商定改作半官半私補給之制。即官紳合辦之法。受政府保護。與政府立有鐵路特許約欵。即保護條規共二十二條。此約既成。乃得上免政府壓制。下開全國風氣。中國今日開風氣。以鐵路爲第一要着。民間有願集股設鐵路者。政府略爲提倡。加以保護。其効必速。當時本公司稟請政府之線路。共分五區。均邀政府之特別保護。其餘增設之支線。不在約線欵之內。故無此特權。

一、自上野至前橋爲本線第一區、

二、自大宮至白河爲本線第二區、

三、自白河至仙臺爲本線第三區、

四、自仙臺至森岡爲本線第四區、

五、自森岡至青森爲本線第五區、

權利

公司之權利義務 中國刻下倡築鐵路尤可取法者也、

一、官地及政府之倉庫物件等。公司設鐵路應用及者得隨時借用。不出借租。政府房屋有礙鐵路得即撤讓或借用。無用賠償。
二、民間之土地房屋有碍鐵路。亦以法律定其收買之事。
三、鐵路所用土地。一切免稅。
四、股主股銀付入後。自下月爲始。至每一區告成爲止。每年政府付與八厘息。欵由國庫支出。線路告成後所得利益不及八厘政府亦予補足至八厘利爲止。但政府補助之銀、立有年限、各區不同、自上野至仙臺以十年爲限。仙臺至各區以十五年爲限、均由鐵路開通日起算。計政府補助之費。設鐵路以來。已支出七百餘萬元。皆歸政府津貼。既不作股。又不須公司償還。

現在一二三區保護之年限已滿。餘四五區當在年限之內。所取利益不及八厘。政府仍保護之。每年多則六十萬元。少亦二十五萬元。去年共付保護銀三十七萬元。此二區保護年限。至明治三十九年爲止。屆時全路乃得獨立營業。當事之用心良苦。政府之保護亦厚矣。

義務　政府於公司既保護之。又監督之。除照尋常公司一律干涉外。再有格外干涉事項。定其種種義務。所以取償於補助銀云。

一、政府官吏得隨時巡視日本鐵路局及停車站。查看帳薄。雖分毫有疑。亦得駁詰。

二、本公司會計長在政府檢查官之下。國家之上下議院及會計檢查院。亦得提取公司帳薄查閱。此等嚴密干涉。無政府特別保護之他公司則無之。

三、郵便信車遞送國家公文書。不收運費。政府官吏因鐵路公事乘車者。不收車費。陸海軍人軍需之物及警察官吏乘車者。概收半價。

四、解送犯人不收費。凶年饑災。政府有命令時。則收半價。

公司盛衰及總班沿革

盛衰　公司之盛衰。雖與政治大有關係。又須總班(社長)得人。此公司開設以來。總班凡五易。總班稱職與否。公司之盛衰因之也。其沿革如左。

第一總班爲吉田淸成氏。辭宮中顧問官之職爲之。此公經任農商務大臣者。公司獲益良多。

第二總班爲前靜岡縣知事現任冲繩縣知事奈良原繁氏。當時公司之業未昌。而政府之干涉正甚。技師及事務員由政府之鐵路人員來充者居多。

第三總班爲小野義眞氏。氏起於民間。得以收民間信用、當時官尊民卑。鐵路之信用尚未發達。事事賴官虛張聲勢。故總班皆用經任大官之人。自小野氏爲總班。民間信用更增一倍矣。

第四總班爲毛利重輔氏。當公司創設之時。政府設鐵路以來。即爲副總班。升至公司正總班。長於藝術。（此鐵路測估時、深得其力、定爲日本鐵路家之祖、）以之充總班。似非勝任。到任未幾、在碓水嶺阿布託式（此鐵路十七分之一之勾配、）鐵路上礫死。朝廷贈以男爵。

當第三總班末年。此公司辦事人。通同作弊。利益分潤。逐漸減少。年祇五厘。股主嘖有煩言。現任總班正三位子爵曾我祐準氏爲首。現庶務課長山田英太郎附之。於三十一年大加改革。至今六年。積弊掃淸。自總班就任以來。每年利益分潤、至少有一分五厘。或一分之多。辦事人皆精勤。政府即有干涉壓制。亦敢抗議。始見鐵路獨立。精。神。三十三年政府爲定法律。有私設鐵道法。鐵路營業法。是年總班。將公司定款改正。成一法制。公司規模。始稱大定也。

公司之擴張

現在線路逐漸延長、除前所述五區外。再有七線如左。

一、秋葉原線
二、山手線
三、海岸線
四、日光線
五、鹽谷線
六、八戸線
七、両毛線

計總延長線八百五十八英里三十六鎖。在建築者尚有六十鎖。複線爲上野田端間已成。白河白川間尚在脩築。大宮小山間。尚未開工。其幹線最長者。自上野直至青森沿東山海道。其上野至小山白河。經福島合於岩沼者。稱外廓線。縱立東北中路川以增全線之盛。行李貨物。兩得其便焉。

公司之組織

司公設取締役十二人。如總管。監査役三人。如監督。皆稱重役。(要職之意也)總班即由締役中互選。其下辦事人。有幹事數人如値理。主事卅人參事四人即由主事兼充。事務分三課。一部。庶務課主計課出納課。及營業部。課各有長。由幹事兼充。辦事人共萬一千人。中由早稻田大學出身者六七十人。帝國大學出身者二三十人。此外有技師三四十人。技手百數十人。公司之事。不能專顧技術。尤重行政。即辦事人。須有節制調度技師之能力。技術家當其先。經濟家承其後。公司之事。乃有濟。每見中國設鐵路電線。專賴一二工程師爲之辦事人。均門外漢。工程師勢必不受約束。公司仰其鼻息。任其驕橫。事業之不振。良由此。故日本小公司能力不足者。亦坐此病也。

公司之資本

總資本六千六百萬元。現已付入者四千六百五十萬元。每股五十元、共百三十二萬股。股主總數四千七百人。每年分上下兩期。開股主總會。報告公司之事。分定利益。現股票有漲至七十八元至九十元者。

附日本各大鐵路公司資本如左

政府鐵路公司	一億一千萬元
九州鐵路公司	四千九百萬元
山陽鐵路公司	二千四百萬元
關西鐵路公司	二千百二十萬元
北海道炭鑛公司	千八百萬元

公司之財產

公司以八百六十英里之鐵路。日行萬七八千至二萬英里。年行六百五十萬英里左右。上野火車每日發二十二次。有機器車三百輛。客車九百輛、貨車四千三百輛。日收三萬三千元。年收千四百萬元左右。每收入百元。營業費約居其半。股主分利有一分之多。可謂厚矣。

辦事人俸給

總班年俸六千元取締役三四千元。課長部長二三千元。技師技手俸給有高下。技師年俸最高者自千六七百元至三千元。最低者祇六七百元。技手月俸最高者七十元。最低者二十五元。各員於俸給之外。有賞與金。約居俸給之半。退職尚有給與金。如恩俸。公司平日存之。其技師年俸在千五百元以上者。有獨立辦事之能力。中國將來如聘日本技師。當愼選其人焉。

鐵路學校章程

日本鐵路公司之傍。有鐵路學校。專爲造就鐵路技術家及辦事人之所。爲岩倉公之子所設。故又名岩倉鐵路學校。其學校獨立不屬公司。學科分普通二年。高等一年。科目有四。機械科、建築科、業務科、電信科。額定學生千人。有政府及日本鐵路公司人爲之教習。卒業者已數百人。內朝鮮人二名。本年學生卒業者三十五人。各公司爭聘之。須有卒業生三千人。乃得敷用。幸資本充足。有十五萬元。堪以擴張。政府補助之費。亦有五千元。

附美國大鐵路公司規模

美國便希路拔尼阿鐵路股份公司

組織

總班

第一副總班

第二副總班

第三副總班

取締役

總班

副總班

財產

線路　四千八十四英里

機關車　二千二百八十一輛
客車　五千六百零九輛
貨車　七萬五千五百三十六輛
輪船　六十艘
美國紐約中央巴士遊河鐵路股份公司
組織
總班
第一副總班
第二副總班
第三副總班
取締役
會長
總班

第一副總班
第二副總班
第三副總班

財產

線路　二千三百九十六英里
機關車　一千一百十一輛
客車　千四百八十八輛
貨車　三萬九千三百零二輛
輪船　若干艘

參觀日本鐵路公司大宮工場略記

總論　公司工場有二、一在大宮。主製造。一在盛岡。專修理。工場未設以前。鐵路車輛等。均賴政府鐵路工場爲之修理。政府之鐵路工場有二。即東京與神戶。是東京專脩理。神戶主製造。大宮工場。較盛岡工場設立稍遲。計工場內各廠。同時脩建者占地三萬八千四百五十一坪、（方六尺為坪）附屬地二萬三千六百六十坪、其場地及辦事房占地九千百五十坪其餘屋舍占地三千一百坪。職員九十人。職工千三百名。技師均用本國人機關師長及車長間有用及西人者、然亦甚寥々焉

工場　（一）鋸木工場　用以鋸木製材。供車身之用。內有鋸木機、鑽洞機、鉋機、造鋸機等。

（二）木工場　工場凡四。專脩理各車客車。凡大車一輛、平均約用七百日。當脩理一次。按客車之損壞。依次安置各場。分別脩繕。車身所用之木。一車內外有三四種。蓋車之內外部。摩擦各有不同。因其位置之不同。而用木亦有堅軟之別也。中有木形場。專製圖型者、計每場得置車二十五輛。四場可容車百輛。各車運至工場。別有車臺。回轉如意。珍巧异常。極公輸子之能也

木工場附有鐵工場。製造木工應用之鐵具。另有製灯所。製造各車所用之灯。

三、塗工場　專事油漆各車及塗飾之事。

四、鑄工場　專鑄鐵以造機器者。

五、裝脩工場　專用於機關車。各機關既成在此場裝備齊全。即能行使者。

六、脩飾工場　各車既成。在此脩飾成車。堪以使用者。

七、鏇盤工場　造鏇盤者。

八、鍛鍊工場　鍊鐵之所。

九、製罐工場　罐厚約八分五。本國製者物堅而價廉也。

九工場之外。有蒸溜室。工場機器之運動。專賴此室。再有事務所。以資辦事也。

工場之組織　工場屬營業部直隸督辦。有部長副部長。內分十二處。如車輛處設計處等。每處有部長次長。工場職員九十人。職工千三百名。每日作工約十點鐘。每日工錢自二角五分至一元一角五六分。工人分四種。正職工、副職工、學習職工、臨時職工。（臨時雇者）另有職工學校。教以普通學識、辦事技能、及工場事宜等。

車之組織　客車、　本國能造一二等客車。每輛八輪者。約需萬三千元。容二三十人。三等客車。每輛約需八千元。容七十六人、尋常之三等車能容百人者。約需五千元。一二等車身。每輛重六噸半。三等重六噸。（一二等車有裝飾、故稍重、）每客車隨身小行李。算百五十斤重。

貨車　本國能造。分有蓋無蓋。無蓋車每輛。需千百元至千三百元。有蓋車稍貴。每輛身重四噸。能載貨七八噸。四輪各有鋼鐵彈弓。車軸幷有鋼鐵心棒。均用以支持重力者。

機關車　本國已能製造。工本較外國爲廉。計本國製者。每輛需萬七千元。外國製者二萬三千元。本國業已試製二次。第一次一輛。第二次六輛。惟尚未熟練。且需用甚急。製造不及。故從英國購入者多。美國貨亦有之。

各車連接稱列車。列車之間。均設有緩衝器。鋼鐵製式如彈弓。各車輛篋內。貯鑛油。用毛與麻盛之。列車每行五百英里。加油一次。各車幷有眞空制動機。車行則空氣充足。車止則空氣悉出。極盡汽車之妙用。

凡火車及無論各項機器、外國製不如本國製之廉。機器製不如手工製之堅。人見手工不如機器之速。故多用機器。而棄手工。其實手工所製物質堅厚。遠勝機器。多矣。同是一機。本國人之爲本國製。較外國人之爲本國製者。價廉而物美。何也。爭競之念與愛國心促之然也託外國人製者其用心專爲射利計既不能如爲其本國安望其再爲他人之國而盡力耶故凡百事業國家苟能自爲決不可假手外人迷不自悟也。

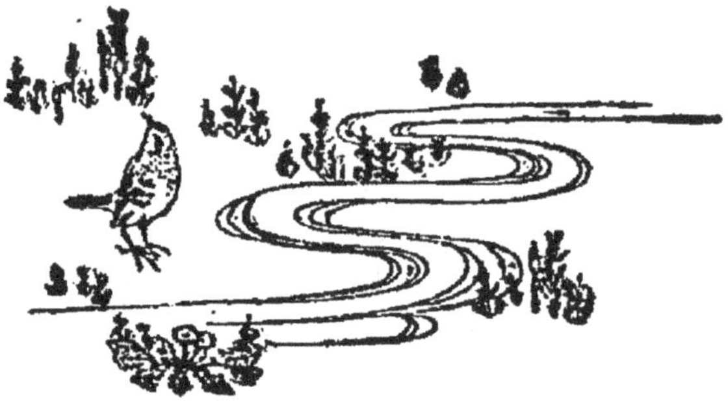

歷史

梅特涅傳（續前稿）

君武

此會議名雖曰定歐洲列國之領土。以克復永久之平和。其實則將拿破侖昔年奪取之土地。復分割而還之於列邦也。會期始於千八百十四年十一月。終于翌年六月。列國之翠雄。盡集於一堂。實千古未有之壯觀也。是會也梅特涅實爲議長。其光榮得意可知。在會列者。有普魯斯丹麥巴巴里亞吾爾丁州爾之四王。墺太利俄羅斯之二帝。英之加司盧里。法之達爾朗得。普之哈爾丁州爾思坦因其他日耳曼列邦之君主來會者甚多。不遑枚舉。梅特涅極一時之奢豪。張盛宴。徹夜會。以樂此等貴賓。墺太利每日費一萬鎊。當時維也納之宮庭。宴會無虛日。舞蹈無虛夜。有名之俳優樂師舞妓。自東自西。皆來集會於維也納。而主持接待之事。翔翔斡旋。禮遇貴賓者。實梅特涅其人也。余譯史至維也納會議。未嘗不慨想梅氏之際遇。而想見其壯快之豪興。爲舉世所希有也。

會議以十一月爲始。其始諸列席者之間。無甚衝突。旣而俄普墺英四强國起利害之衝突。議論紛紛。無所歸着。終至激然相爭論。而法蘭西之達爾則得權謀百端術策縱橫。誑列國之君主宰相。以謀不傷法國之利益。蓋維也納之會議。爲曠世之大會。而梅特涅及達爾則得者。實其重要之主腦也。

然列國最利害之衝突。未有甚於俄帝亞歷山大及梅特涅之激爭者。蓋俄帝渴望得吾爾涉大公國。梅特涅以爲俄若得吾爾涉。是磨俄鷲之銳牙。以噬墺太利之邊境也。遂斷乎反對俄帝之要求。普王威廉贊成俄帝之請。已亦欲得俄帝之助。以求撒克遜尼。且列國之公使。畏俄帝之威。皆同表其贊成要求之同意。梅特涅之抗議。遂終無効。波蘭之全土。盡歸於俄帝之手中。會稱覇於東歐之波蘭國。遂於世界之地圖上一筆抹殺之。今日之征人。苟過吾爾涉之古都。孰不同情以灑一掬亡國之淚也。

俄國併波蘭。則必至破列國之均勢。梅特涅之斷然反對之固宜。蓋普墺兩國。自弗列得里克大王以來。雖常相敵視。然至欲防俄鷲之跋扈。則不當復興區區之內爭。

故梅特涅欲藉普國之助。以斥俄帝之要求。既盡周旋之力。而普王猶頑然不欲與墺國共進退。反助俄以成其志。梅特涅之苦心。遂終歸於水泡。

次於俄羅斯而提出過大之要求者。爲普魯斯。普魯斯欲得撒格遜尼之全部。及萊因河畔之要地。梅特涅達爾郎得加司盧里舉全力反對云。若普魯斯必欲遂此要求。則英法墺結攻守同盟。以三國之力當之。普魯斯國小財乏。而久爲拿破侖之所困。故欲得廣大之土地。以爲財源。俄羅斯雖欲助之。而勢非墺法英三國之敵。是以普魯斯終不能不讓一步。僅得回撒格遜尼之一半。而撤回最初之要求焉。

法蘭西昔年依拿破侖之力所獲取之領土盡削。復回于七百九十二年之舊狀。實達蘭爾郎得之力也。達氏機敏有大瞻。巧於操縱列國。卒使法蘭西之國威。不甚失墜。彼一面使普魯斯及俄羅斯孤立。而搆成英墺法之同盟。一面離間普墺二國以殺其勢力。更於他一面使南日耳曼諸邦與普國分離。其運動之機敏。謀計之深遠。雖梅特墺亦往往驚嘆不置焉。

墺太利所被許而領有意大利半島中最良之土地。即龍巴爾參吾里司巴爾馬布拉畢駕是也。意大利南部內布爾司地方。昔曾歸日耳曼帝加盧第五之所管轄。墺太利非不欲得之。墺之所以不垂涎於半島之南部者。蓋南部之地。管轄甚難。雖有之亦得不償失也。

墺太利又得巴巴里亞之跌盧爾。

右爲維也納會議之所議決。曰以尼跌爾得與和蘭合併爲一王國。曰以內布爾司返諸波爾我家。以接羅亞爲棄得蒙特之所領。皆是也。而日耳曼列邦中之甚小者。皆命併之。新定爲三十七邦國。以組織聯邦。以聯邦議會統之。

當列國之君主宰臣等在維也納紛紛爭論之際。突然飛來一落膽之新聞。曰拿破侖自耶蒙巴逃歸法蘭西。再糾大軍。以廢魯易第十八。將來與列國挑戰。列國之君主宰相等聞之。皆駭然驚。遂即中止會議。抗議爭論。戛然而止。再成同盟。以如雲似錦之大軍。向法蘭西而進。與法軍相遇於比利時國之滑鐵盧。大敗法軍。拿破侖之大業。遂全委地。同盟軍入巴黎。要求法國以四千萬鎊之償欵。留兵十五萬占領巴黎。列國之君主在巴黎開議會。即所謂神聖同盟是也。俄帝亞歷山大普王威廉墺帝佛朗西司實主之。欲藉宗教之名。以壓抑法蘭西革命所鼓吹自由民權之思想。敵視立憲政治之梅特涅。亦在參與之列。且於此同盟之成立。甚有力焉。

第八　拿破侖戰爭以後梅特涅之內治政策

拿破侖既敗於滑鐵盧被流於聖希梁拿島。歐洲得漸復平和。斯時也。梅特涅治理戰後墺太利之政策如何。

日耳曼列國既困於多年之戰役。民力疲敝。財貨缺乏。貿易不行。工業衰頹。是時也。政府之困難。人民之疲敝。實有不可言者。梅特涅以爲當時燃眉之急務。莫急於整理內政。以救治財政之困窮。而達此目的之法則。以豫防戰爭維持平和爲必要。遂努力保列國之均勢。使無彼此相侵之憂。故彼於保守己國之領土擁護主權之外。不欲侵犯他國。以擴張領土。只欲保現在之狀態。以勉致天下之無事。而起一利不如除一害一語。實當時梅特涅司配政策之根本原則也。只欲保存事物之現狀。勿起事。勿興爭。勿釀紛擾。是乃梅氏應用於萬事萬物之思想也。

一言蔽之。梅特涅之主義。實極端之保守主義也。梅特涅保守之精神太甚。故常不

六

欲改革弊害。而極力與進步之主義相反對。惟曰保存現狀而勿改革之。梅特涅誠反抗十九世紀之大勢之一大怪物也。

梅特涅所最惡之進步思想。即自由民權之思想是也。梅特涅所最反對之改革。即廢君主之專制以創設立憲政治是也。雖然。其奈自由民權之思想已充滿於國民之腦筋何。其奈國民之希望立憲政治已不啻大旱之望雲霓何。梅特涅如是遂終不免爲衆怨之府。衆人遂終不免以梅特涅爲攻擊之燒點。爲誹謗之中心。夫梅特涅之失輿望。至於如是。而彼猶得晏然保其宰相之位者何故耶。曰因彼最能得墺帝佛耶西司之信任也。佛耶西司固非聰明銳敏之英主。亦非剛毅果斷之明君。至其信用梅特涅也則甚深。凡梅特涅之言無不聽。凡梅特涅之謀無不用。墺太利一切內治外交之權。惟梅氏以一手握之。墺帝不過拱手聽命而已。夫梅特涅之權力雖如是之强。而每事決不逆墺帝之意。而害其感情。每行一事。必先奏帝。經其裁可。而後實行之。梅特涅之用意周到。大抵如是。墺帝與梅特涅之交情。終始相親。無一日之冷却。雖大失國民之望。而猶能保其宰相之位。不失榮寵也。

第九　梅特涅抵抗自由民權之思潮

是眞守舊者。必有眞見解。彼夫固保一身之尊榮。毫無眞確之知識。忽而主守舊。忽而主革新者。小人也。即終身守舊矣。徒拘於現社會之風俗。而究無眞確之知識者。亦非眞守舊家。世界第一守舊家。莫如梅特涅者。眞十九世紀之大魔王也。梅氏之毅然與進步改革爲仇敵。而痛心疾首。惡自由民權之思想如蛇蝎者。良非偶然。彼固自有其眞確之知識在。

梅特涅與自由民權之思想爲大仇。故彼最忌國民論議政治上之問題。彼謂國民只可喫烟草。飲醇酒。熱中於歌吹舞蹈。爲快活之笑談。而不容彼等容喙於政治以論議政治問題。是徒釀紛擾。起騷動。危險實甚。故梅特涅雖好跳舞之宴會。而最忌政談之會合。最惡政治之俱樂部。最厭處士之横議。彼雖知國民之腦髓。斷不能禁其不司配政治之思想。而欲禁彼等之思想不發表於外部。以傳於公衆。彼以大學爲自由主義之巢窟也。故最嫌之。苟講師學生有倡民權之說者。則直放逐之不少貸。彼謂國民之對於國家。決無權利。謂負債其必不可逃之義務耳。彼最忌者爲新聞紙雜誌之屬。務制限出版之自由。而束縛國民之言論。當時歐洲諸國之政府。雖因法蘭西革命之反動。而其尚壓抑專制之政策。而皆無及墺太利之甚者。梅特涅於政治上固敵視自由。於宗教上亦敵視自由。彼最惡耶蘇新教。而信加特力教。蓋束縛人民之思想。奪信教之自由。固加特力教之特色也。壓制之與加特力二者。殆異名而同體。故梅特涅務藉加特力教之力。以爲政治壓制之後援。於是彼召還「接休特」派教徒而保護之。親教皇賂僧侶。以供貫徹自己政見之機關。禁止民間所立之學書研究會。彼謂人民讀學書。徒生幾多疑惑幾多誤解耳。噫梅特涅不惟束縛國民之思想。且束縛國民之手足焉。至是而墺太利之國民。無不惡梅氏者。羣視眈眈。皆欲得一旦之甘心矣。

至千八百十九年。日耳曼一戲曲作家名可玆布者。在蒙誅被暗殺。於是梅特涅之壓制益加甚。蓋可玆布謂俄帝亞歷山大之君主專制優於立憲政治。先是亞歷山大頗懷抱進步之思想。施仁政。布普通教育。與人民甚多之自由。梅特涅至目之爲「支可賓」黨（法蘭西之革命黨）焉。然至拿破崙既敗。而亞歷山大之意見思想全一變。純然爲保守壓制之君主。與普王墺帝相合力以壓抑自由民權之逆潮、可兹布以亞歷山大爲善變。美其有專制之思想。而作一戲曲以嘲弄民權黨、墺太利之國民見而大憤之。時維也納大學有一神學生名三多者。自謂信神言以衛人道。刺殺可兹布。此刺殺之事。忽傳布於四方。歐洲諸國之人民騷然蜂起。欲大與自由民權之爭戰。於是諸國之政府。益用壓制之手段。束縛言論。禁止新聞紙之發行。志士下獄。談谷論罪。益務力以壓抑自由主義、墺太利既在梅特涅之手下。其人民之被壓制而全失其自由。更不可可知矣。

當是之時、日耳曼列邦自由主義及專制主義之衝突日益甚。意大利之尼布爾司有燒炭黨、與愛自由民權。千八百二十年七月。其徒黨蜂起。迫國王要立憲法。與人民以參政之權、梅特涅聞之大驚、謂是爲革命之導火線也。不可不速鎮壓之。遂開大會於特魯布、墺普俄之帝王宰相咸會議。以兵力討尼布爾司之革命黨、三國之君主皆以同意承諾之。墺太利及俄羅斯合軍十七萬人入尼布爾司、燒炭黨忽被鎮壓。於是尼布爾司之王。益逞壓制。陷人民於倒懸之苦。國中之獄舍、幾皆以國事犯充滿之志士之呻吟於黑暗鐵窓之下者。聲不忍聞。嗚呼。暴政酷治。至於此極。當時之歐洲諸國。殆未有其比倫。而所以致尼布爾司王有如是之壓制者。則梅特涅其人實其主動力也

千八百二十一年。希得蒙特之革命黨起。欲將此部意大利脫墺太利之羈絆。然不久即爲墺俄之所鎮壓。革命黨之計畫。空歸於水泡。於是意太利遂全爲外强之所壓伏。自由民權。黯然絕蹤矣。專制之君主。氣燄隆隆。誠極一時之盛哉。而梅特涅者。不惟壓抑墺國之自由思想而已。凡束縛外國之自由思想焉。夫墺俄普三國共結神聖同盟。其活潑之主動者。即梅特涅其人也。梅特涅之壓制手腕。其强力爲何如。

第十　梅特涅之意太利及漢羅巴旅行

梅特涅既藉神聖同盟之力。以鎮壓四方之革命黨。自謂歐洲之山河。可從此無事。自由民權之種子。難再發矣。遂聊偸日月之閒。以休養其身神。於是彼先遊羅馬。次遊漢羅巴漢羅巴王古爾家第四厚禮迎梅特涅。優待厚遇。無所不至。且有獻讚詞以相頌者。比之爲該撒揶德古司達夫亞多爾夫馬爾波羅彼得悲鐙呑諸傑焉。

梅特涅既而歸維也納。途次暫留於己所領采地若恒尼司州爾。以避塵紛而養心神焉。既而遊弗叨弗托。巡視其五大學。大學生莫不欲瞻此專制宰相之風采。爭追從梅特涅之車後矣。

第十一　梅特涅之失敗及晚年

梅特得之權力。今已達於强大之極點。歐洲大陸之列國。莫不從彼之意。壓抑自由民權之思想。防遏改革之運動。雖然。當十九世紀之上半期。革命之運動。乃歐洲之絕大潮流。波浪如山。拍岸而下。此豈隻手之可得支持耶。梅特涅之勢雖强。亦何能抵抗此大潮流也。果然。梅特涅失意之時代不遠矣。

世界上之奸雄。苟終得意。則人孰不樂爲奸雄。世界離奇之事。固多有出於奸雄意計之外者。於是而奸雄遂不得不敗。千八百二十二年。西班牙興革命。翌年。希臘之國民舉義旗謀獨立。是二者皆梅特涅之力之所不能防遏也。彼非不欲援土耳其以鎮壓希臘之獨立黨也。苟助土耳其。則必大害俄羅斯之感情。而所謂神聖同盟者將瓦解。此其所以不敢討希臘也。當時之俄羅斯極力謀所以約土耳其者。而甚欲希臘之獨立。是其與梅特涅之政策適相反。而梅特涅既無與俄羅斯爲敵之勢力。遂終不能不任希臘革命黨之成功。嗚呼。梅特涅之惡革命也如彼。梅特涅之長於外交政策也如彼。亦終有意氣不伸之一時乎。

繼希臘之革命而興者。爲千八百三十年法蘭西之革命。尼跌剌得之暴動。日耳曼列邦之統一。波蘭之叛亂。歐洲大陸之大局面。遂盡陷於革命運動之大渦中。梅特涅惟有旁觀嘆息。而莫如之何。當是之時。梅特涅之心事。感慨憤歎當如何。

歐洲各部革命之運動。雖如此其盛。而墺太利猶徼倖爲梅特涅之鐵腕所鎮壓。人民無敢起革命者。然亦終不得不革命也。其後十八年。自由民權之大潮流。如烏雲捲空。向墺太利之方面而來。千八百四十八年。維也納之市民蜂起逼王宮。要求立憲政治之創建。墺帝懼禍。與梅特涅偕逃出維也納。嗚呼。是實空前絕後大策士十九世紀壓制民權之大魔王墺太利薰天宰相梅特涅之末路也。

梅特涅既去維也納後。退隱於若恆尼司別爾。以終其餘年。墺太利之國民。度量甚大。亦不深究其往罪。而任其保全首領以沒於地。

第十二　梅特涅之私生涯

以双肩荷國政之大任者四十年。以其意思爲墺太利之法令。以其所言左右歐洲大陸列國之君主。擅制壓抑之主義。充塞於腦中。開口必唱導壓抑自由打破民權之議論。嗚呼。是實梅特涅一生之經歷也。梅氏之臭名。常遺於歷史。必共此世界而俱不朽。而供萬世人類之所唾罵。夫復何疑。彼以無上强大之權力。加大壓制於國民之頭上。是以世人之讀梅特涅傳者。必私揣梅特涅之性質。必傲慢、殘忍、苛酷。而孰知不然。此等揣測皆愚者之妄想。而非梅特得之眞面目也。梅特涅之眞面目則何如。

梅特涅者。温和懇切之人也。能愛人。能容衆。其言語舉動。毫無傲慢不遜之態。故梅家之婢僕。莫不愛之如慈父。非温厚慈祥之人。孰能如斯。墺國之皇帝皇族。莫不視之如兄弟友朋。非謙遜不傲之人。孰能如斯。彼之舉止閑雅。談笑快活。非由其外面之所裝飾。性質固如是也。一言以蔽之。梅氏之性質行爲。乃眞個紳士之好摸範。是以視梅特涅爲一公人也。則必爲萬人之所憎。視梅特涅爲一私人也。則必爲萬人之所愛。

梅特湼能重己之責任。而斷然守己之所信。每辦一事。則必舉全辦注全力以赴之。當其任外交之局。而與列國之使臣相會同也。往往日費萬金。極人間之豪奢驕侈。是乃出於國家之公事。故不得不然。至其平居飲食。則質素儉約。毫無虛飾浮華之風。彼之所嗜惟音樂。舞蹈演劇之屬。乃彼心之所不好。彼具天然優美高雅之性質。故甚愛美術。又以為人工之美術。不如天然之好。其心性之質素高尚可見也。彼又頗好學問。稍有餘暇。則直入圖書室。靜心讀書。視為無上之快樂。其所藏之圖書。至有一萬五千餘部之多云。

梅特湼之與外交家相會見也。常陰險而不以肝膽相照。雖一世之姦雄若拿破侖者。彼亦能欺瞞之。彼天然有冷靜沈着欺人之技倆。無論何人。皆不能洞觀其眞心。然是特外交家之梅特湼而已。至於箇人之私交。則梅特湼常披肝膽相談笑。故只見公人之梅特湼。而不見私人之梅特湼。決不能了悟彼之眞面目也。

梅特湼之顯榮無所比。富累鉅萬。而彼之私生涯非有圓滿之幸福者。是或亦壓抑民權自由之自然報應也。彼相踵亡二妻一子。其胸中豈能免悲痛慘憺之情耶。當其第二妻之死時。彼與人書曰。

余此度之不幸。悲哀不自勝。噫。余之望盡矣。萬事止矣。余所最愛之妻子。相繼往天國。而余子然一身。獨留於塵世。將何所爲。余赴天國之期亦不遠矣。今所以強除胸中之憂悶者。王事鞅掌。不能辭卸。雖萬感塞胸。其奈之何。余自早晨九時向机。至午後五時小憩。至夕六時半再向机。自十時半應接來客。以至深夜焉。

觀此則梅特涅失意落膽之狀可想見矣。蓋梅氏之對其家族也。最爲親切溫和。愛妻、愛子女。敬兩親。以若是之人。失其二妻三子。夫何能免於悲痛慘憺也。

梅特涅第二妻死後。復娶一公爵家之女。交情頗濃云。

梅特涅虔敬之人也。最熱心於加特力教而善守僧侶之教規。雖梅氏不能脫羅馬教之弊害。而歸依新教。然其心誠虔。無尋常羅馬教徒之汚行醜爲。故梅氏信仰心亦有足多者。

結論

論曰。梅特涅之公生涯及私生涯。若是其相反異哉。梅特涅者。孝親之子也。愛妻之夫也。愛子之父也。忠君之臣也。憐婢僕之主人也。重職任之官吏也。忠實敬神之信徒也。善交朋友之禮儀人也。機敏大膽有勇善斷之政治家也。彼之所長多矣。徒以富於保守精神之故。反對改革。抵抗自由民權思想之大潮流。果不免於失敗。而爲萬世之所唾焉。夫梅特涅之治績。非鮮小也。彼能憂國民之家困。防遏戰爭。維持平和。振作商業。獎勵工事。整財政之紊亂。謀國帑之充實。然此皆物質上傾想之思想也。至於智德上之所貢獻則不然。彼最惡哲學。缺理想。妨止日耳曼政治思想之進步者垂四十年。雖然。梅特涅固十九世紀之大魔王。亦終不失爲空前絕後之大策士大外交家。梅特涅豈非一世之大偉人哉。大丈夫之處世。不留芳百世。即遺臭萬年。梅特涅之醜名。誠千古不能泯。其美名亦固自不可掩也。世之來者。若私德。若天才。萬萬不及梅特涅。而亦欲襲梅氏之皮毛。務與自由民權之大風潮相反對。豈非畫虎不成反類狗。何太不自量也。嗚呼。

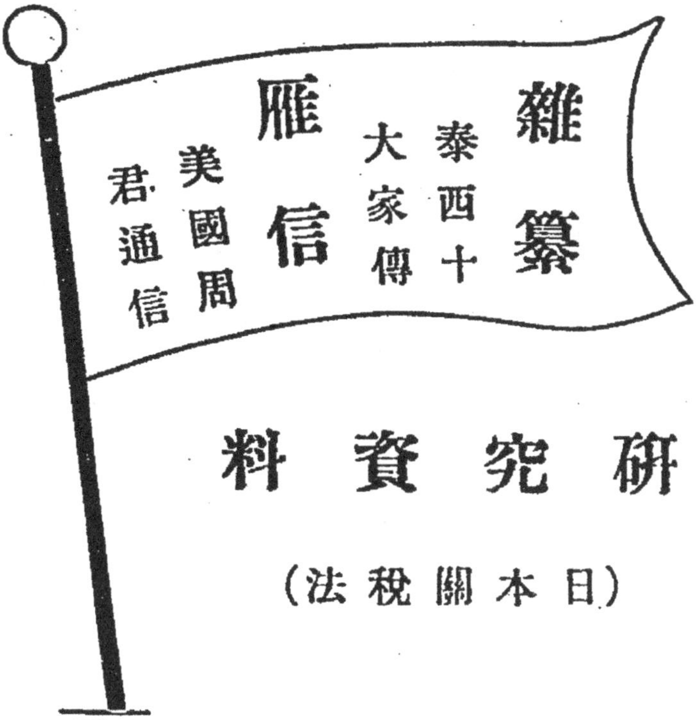

研究資料

（日本關稅法）

預告

新編外國地理教科書

〔（二冊）（教員用）（生徒用）〕

現已付印

錢塘沈綿編

不日出版

京東教科書譯輯社發行

江蘇第八期目錄

總發行所 日本東京神田駿河臺鈴木町十八番地中國學生會館 江蘇出版部

告代派所及閱者

代派所及閱者中如尚有未繳足報資者本報一律停發以前之報歸零售計算其有閱者已付清報資而代派所延不繳出報停寄者可向代派處索還報資徑寄總經售處以便直接寄奉或函知總經售所聲明亦可此布告

每月一回朔日發行

每冊加日郵三分

全年十二冊 半年六冊 零售每冊 計算大洋 兩元五角 一元三角 兩角五分

內地通郵處再加兩分不通處信資自給

總經售處 上海棋盤街明權社

雜纂

泰西十大家傳目錄

泰西十大家傳

梭格拉底傳 Xakrates

羅馬西塞路之言曰、自梭格拉底出。哲學之理。如從太虛引落地面、以供人世之用。是言也。似涉溢美、然考其事實。西氏之言。不爲無見也、昔泰西基督敎徒。有十字架爲昇天階梯之諺、梭格拉底學識。其殆爲昇天之階梯乎、彼嘗自言曰、欲動天下者必先自動梭氏既以此主義爲任。則其能動天下者。要無容疑。彼世人安居一室。而思欲動天下。是何異南轅而北其轍、蒸沙以期成飯乎。盍不觀梭格拉底乎。胡敬齋有云欲爲天下第一人。當爲天下第一事。是即梭格拉底之謂也、梭氏既以欲動天下者必先自動爲宗旨。故其敎人也。不立學校、招集生徒。常自赴生徒之家而往敎之。視世人無貴賤賢愚之差。無老少男女之別。苟與談論問難。必罄言無隱。蓋梭氏深信天地之間在在時時物物皆爲道理之流行故其爲敎也有造化流行之概、受其敎而化者。不知其幾千萬人。其志篤者則願附門牆爲弟子。世稱思想玄深之拍拉圖。亦其弟子之一也。然梭氏猶不敢自信深知事物之理。其言曰。我固無知者。但我僅知我之無知一事耳。嘻有動天下之才能如彼。而曰我固無知者。是亦可見彼能眞知眞理之不易究也。此稱梭格拉底爲泰西孔子宜哉。梭格拉底以紀元前四百六十八年生於亞路伯斯地。父名佛魯尼斯格。其家世以彫刻爲業。母肥拿勒的有賢德。善撫養。業產婆術。梭格拉底成長後。自比其身爲眞理界產婆。以期引出人心之眞理。（意謂發明人心眞理之萌芽若產婆之保抱子胎也）

自幼修父業。又講求格物之學。於音樂天文算數之術。無不精。自是以後。因悟天下事理不獨有形而下之物體。又有形而上之心性。遂不務他學。專心於道德性理之學。多發前人未明之理。四方學者翕然宗之。投贄受教於其門者。至不可指數。於是梭格拉底。遂名噪天下焉。當是時。多神教遍行於世。雅典亦奉之以爲國教。梭氏獨修明道德倫理之學。以明其妄誕。然其論深邃。難以戶曉。遂至衆議蠭起。攻擊無遺。米利朱斯遂訴之有司曰。梭格拉底不奉雅典共和國神祇。放散其徒流布異端邪說。以搖惑民心。其罪至大。必殺之勿赦。有司乃捕梭氏下之獄。審讞其罪狀。梭格拉底乃本其生平所信道德倫理之說。縱橫辨難。傍若無人。一若未得罪者。獄吏見之。

暗相驚嘆焉。梭氏在獄身體壯健。淡笑自若。如無所憂悶。或勸之曰。予之罪。非眞罪也。盡示意獄吏。去而之他邦乎。梭氏以正直自守。不欲爲此委曲之事。因答之曰。今我若爲此委曲求全。是以我本來光明之身。而入於暗昧也。如此非我所欲。死生有命。我何必區區求生爲乎。決然拒之。因從容待死。程伊川有云。慷慨殺身易。從容就義難。信哉言乎。彼梭格拉底者。不特從容就義已也。其從容待命。至死不渝。是豈尋常學子所得望其項背哉。以如此至善至美有功無罪之聖人而五百人之公會（雅典議院議員五百人）乃議其有罪。嗚呼果何公之足云。抑以公名以行禁行乎。梭氏在獄月餘。獄吏以鴆令其自殺。梭氏乃再拜仰天飲之。且與其徒論靈魂不滅之說。其從容有若此。時紀元前四百年。年六十有八。

柏拉圖傳 Plato

柏拉圖者。梭格拉底之弟子。亞里士多德之師也。博學多才。群學無不通。世常稱梭格拉底柏拉圖亞里士多德爲三碩學。足以凌駕古今列國之賢人君子。其重於世如此。亦可見希臘當時文學之盛已。柏拉圖本名亞里斯多格勒士。雅典人。以紀元前四百三十年生於以地奴島。其先出於雅典王哥德落斯。柏拉圖幼習技藝。長於詞藝。并善詩歌。年二十。始見梭格拉底。大喜其說。遂盡焚其前此所作詩文。受業於梭格拉底之門。專心於道德性理之學。祖述師說。理想日新。別具卓見。世稱爲出藍之才。及梭格拉底下獄。柏拉圖百方圖救。將訴其寃於國人。不幸爲官吏所禁。事遂不果。梭格拉底死。僅脫身免禍。去雅典。赴罵瓦爾。居未久。復往西勒奴。又東遊埃及。西下細細里。凡有所經歷。無不察其制度風俗人情。以考驗其所學。又以其道德性理之說。傳授諸國學者。頗有裨益。如是數年。復歸雅典。開學校於亞加德美園中。聚徒講學。世稱爲亞加德美學派。一時學者皆宗之。如亞里士多德亦其亞加德美校徒之一也。同時又有安智斯底尼斯者。梭格拉底之徒。柏拉圖同學之友。於學界亦稱巨擘。其徒有大阿地尼斯者。去身體之嗜慾。專求恬淡。不恥惡衣惡食。嘗手攜一笻一甕。往來路上。毫無愧色。蓋由於深惡當時人民之奢侈。思以此警醒一世也。然憤世之極。遂目空餘子。一日柏拉圖張筵宴友。大阿地尼斯不速而來。因踐蹴其陳設之物曰。我如此。實蹴柏拉圖傲慢之心。柏拉圖答曰。噫大阿地尼斯。衒矜之以傲慢之心蹴之乎。大阿地尼斯遂無言而去。是亦可見柏拉圖涵養之深也。柏拉圖講學之餘。專用力於著述。有名集亞老驕一書。亦成於此時。此書自柏拉圖畢生事業。以與其師梭格拉底辨論問難及道德性理諸論。網羅無遺。紀元前三百四十八年。以病卒於雅典。壽八十三。其卒時猶手執筆管云。嗚呼。柏拉圖雖死有不可磨滅之嗣子存焉。嗣子何。即柏拉圖嘗曰。精神之子比軀殼所生之子爲尤大且美。蓋精神所生產者常不滅。實大異於軀殼。若是者何也。即求吾之名傳於千載不朽是也。故人能行德義實不啻其精神所生之子。如亞德美的亞支爾格德立斯諸賢。建偉大事業者。豈非其精神所致哉。不但此也。大抵材德出衆之人。必求與已肖似者以爲之子。一旦得之。其相與之情。終始無間。蓋其深愛之義。較之尋常家族有過之無不及者。是無他。亦因其所得之子。視尋常之子更能繼吾身而不朽者焉。試觀里久爾額。爲其鄉國斯巴達所成就保養之豪傑。豈非里久爾額之子乎。其他如梭倫如阿美爾如埃猶德。皆爲其所養成。能繼其業。詎非其精神所生產者。不可得也。夫軀殼所生之子。不能衍箕裘而墜緒者比比矣。欲求如精神所造者。不亦難哉。由此觀之。柏拉圖雖死以其精神所成就之名譽能永永垂於史傳者。較之軀殼所生之子。紹其業而揚其名者。更大且遠也。若夫梭格拉底以其學傳之柏拉圖。柏拉圖傳之亞里士多德。始以一大賢生三大賢。終以三大賢復生希臘之無數小賢。生生不已。綿此薪傳。如子孫之繼祖父者然。此又其精神所波及也。又柏拉圖者。平坦廣濶之義。其師因其肩廣濶。異於常人。遂戲以名之云。

亞里士多德傳 Ariatoteles.

事物至於極美。必不可以言語形容。其可以言語形容者。是未足以為美之極也。亞里士多德其學識之淵博思想之幽深。足為天下後世所模範而法則者。已極於偉大美善之極。尚可以言語形容之乎。列傳氏聞之荀子曰。學不可以已。青之出於藍。而青於藍。冰水為之而寒於水。吾於梭格拉底柏拉圖亞里士多德師弟三氏之間亦云。且柏拉圖雖出於梭格拉底之門。而其學常與梭異同別開門戶。亞里士多德學於柏拉圖之業。而其說常與柏矛盾各執一思想相辨難。真理愈明。真當仁不讓者焉。抑古之所謂人物者。非德行之聖人。則蓋世之豪傑。否則為博覽之學者。未嘗有

六

注意於科學者。自亞里士多德出。始注意於科學。講百科之學。首開其緒。亞氏實懷近世之新思想。以關古昔之天地者也。故列傳氏往嘗想像。以爲使亞氏者得生於十九世紀二十世紀之間。則今日社會之文運如英法美德者果何如乎。誠能如是。則亞氏之才能斷有不止如前日者。若今斯賓塞哈爾的曼。不特瞠乎其後。抑當遠避之。其勢或有能壓造化之權。以奏別開一新天地之偉功者。亦未可知也。惜乎亞氏不能生於今世。而今世又不能生一有如亞氏者。實使人讀亞氏之傳。徘徊不能已焉。亞里士多德希臘一小邦士拉西人也。以紀元前三百八十四年。生於斯多地爾府。父尼格馬哥。以醫仕於馬基頓王亞民多斯二世王甚寵之。亞里士多德因得與王子非立相友善。年甫十七。至雅典受業於柏拉圖。博覽强識。冠其門。留學二十餘年。深究道德性理之說。又廣通格致窮理之學。紀元前三百四十八年。柏拉圖卒。亞里士多德始去雅典遊歷小亞細亞。當此時亞爾達美王以爾美亞斯者。頗有賢德。聞亞里士多德之來。側席聘之。待以賓師之禮。又以其女妻之。未幾波斯王亞爾達格撒爾用計誘以爾美亞斯殺之。亞里士多德哀其死於非命。作詩弔之。其辭哀感悲愴傳誦後人。多唱和之者。至紀元前三百四十三年。馬基頓王亞民多斯薨。太子非立嗣位。擢亞里斯多德爲其太子亞歷山大師傅。嘻亞里士多德不世出之大儒亞歷山大者又不世出之雄傑也。以不世出之大儒傳不世出之雄傑。詎非千載一時者乎。抑亞歷山大者橫行天下之國土山川。亞里士多德者。領袖古今之學術社會。眞獨無僅有之良師弟也。亞歷山大壯志爲亞里士多德所養成。亞里士多德聞見爲亞歷山大所輸與。一則征伐東西。獨立之力不患其不足。一則淩駕今古。獨立之識亦見其有餘。又能相助爲理。併其二難。其於兵事社會學術社會之中。能無敵於天下者。不亦宜哉。亞氏既爲太子師傅。因教以政治道德辯論詩詞之學。太子亦甚尊敬之。紀元前三百三十八年。非立出征維桑斯。留太子監國。亞氏乃爲之輔弼。明政教。撫下民。治績大舉。後一年。非立薨。太子即位。世稱爲希臘拿破侖之亞歷山大王是也。其翌年。亞里士多德去馬基頓。再赴希臘。聚徒講授道學。來學者多至不可勝數。亞山歷大帝亦厚贈以金幣。及遠征所得各國異獸奇木。亞氏乃得深窮生物之理。蒐集書冊。供其材料。以大肆力於著作焉。然德修謗起。亞氏既從事撰述。

國人疑其悖於教法。思捕以置之罪。亞氏聞之。逃往幼不爲。終以病卒於沙爾支地方。壽六十三。實紀元前三百二十三年也。生平書一百四十六種。所傳於後世者。有心理論。道德論。論理篇。辨論學。生理論。博物誌。詩學等書。亞氏雖於學無所不究。其最長者爲哲學。當時世人有疑哲學爲無益者。亞氏因爲說以明之曰。世疑哲學之虛妄空泛者多。哲學果虛妄空泛乎。欲證明其所以虛妄空泛者。亦必不能不得據哲理而考究之。故哲學果爲必學。固當講究之。即爲不必學者。亦當講求之。否則無由知所以不必學之之故也。是又可知亞氏之卓見焉。

倍根傳 Bacon.

泰西學者。自希臘梭格拉底柏拉圖亞里德士多德以來。文學之盛。達於極點。風行天下久而不替者。千五百有餘年。至中古時代。文學大衰。以寺院爲講學之巢窟。修學限於僧侶。古學之弊。日甚一日。史家所謂闇黑時代者即此時也。然極其弊之所至。迫而生一豪傑。以振興文學社會之氣運者。是何人歟。即世所稱爲理學之祖。夫蘭西斯倍根其人也。倍根爲格物派之巨擘。以實驗哲學爲主。一千五百六十一年。

生於英國倫敦京都。幼敏慧。有聞一知十之材。其家世爲貴族。父母俱有大名。叔父波爾勒不侯爲女皇以利沙泊宰相。以是倍根當弱冠之時。得與朝廷著名士大夫相交結。益其見聞。廣其學問。年十六。奉國命使於法國。及歸。入額勒法律學校。力學多年。二十八歲。得擧爲地方評議員。三十一歲爲國會議員。至四十三歲。惹迷斯王即位。召之爲參議官。貴顯無比。後以受賄事發。下獄。爲倍根畢生一大缺憾。倍根亦深悔之。納其罰金二十萬弗。出獄之後。痛抑貪心。勉爲正直。復擧爲國會議員。正言讜論。不避利害。人咸重之。厥後致仕歸。乃益殫心於格致之學。兼論律法及善惡性理。所著書大小數十種。大旨以務實爲歸宿。謂須先有事實。而后有議論。可先發虛無之論。而指物以塞之。故凡目中所見世上各物。胥欲格其理。而致其知。所著諸書。原原本本。具有根柢。倍根之名。著於一時。及其卒也。本潤孫悼歎曰。吾不敬倍根之尊貴。唯服其智能之偉大。此人之後。無能繼者。是亦可見其才能之有天授也。倍根死無子。然近世理學學者。能紹倍根學業者。多有其人。以故世人皆指倍根爲理學之祖。目理學學者爲倍根之子孫焉。嗚呼倍根實近世開紀一大偉人也。

奈端傳 Newton

吾人間步樹林之下。見夫一枝一葉一果一實墜落於地。腦筋中忽有所感觸。而徘徊想望者。非奈端其人乎。故稍有知物理與夫吸力之爲何物者。無不自心中躍出。而知爲奈端所發明者也。六合吸力之中心點。在於日球。世界近邊吸力之中心點。在於地球。而人心思想上吸力之中心點。殆在味斯閔斯德奈端墓上也。奈端英國人。以一千六百四十二年生於維的哈拶河近傍烏爾西奘伯地。父林岡暹以亞家有田產。奈端幼入斯希林頓小學校。性魯鈍。異於群兒。偶受同學者凌辱。乃大奮憤讀書。頗有所得。自是以後。非前日之奈端矣。年十二。再入額拉的哈們學校。聞近傍有風車之設。乃每日往觀之。默記其器械製造之法。因倣其式。創成一具置於屋上。受風力亦能旋轉自如。以故親戚友朋。皆歎賞其心思之縝密不置云。然當時奈端又自考察天體運行之理。繪成日晷一圖。歷年更改。極其精美。世稱之爲愛撒格日晷儀。實最有名者也。年十五。其親戚勸之治祖父遺產。奈端從之。乃歸田里。從事於農業。凡耕耘牧畜等事。不屑注意。唯傾心於物理器机之學。然鬱鬱不得志。一日獨坐籬下。執卷凝思。近村有一牧師者。閒步於奈端之前。見奈端凝想。不覺有人之至也。乃叩其肩問之。則方推究一數學難題。力索其解焉。牧師驚。且喜。知奈端非終身於耒耜間。因往說其母。勸使修學。於是復入額拉的哈們學校。未幾赴建不利智學校。奈端在此校。實爲後來發明新理之基也。一千六百六十四年。奈端嘗購一三棱玻璃。因格光線性質。始悟諸彩色之所以異。與曲折度之所以異者。實合無數光線而成。翌年因就其理。造圓形各種玻鏡。初不可用。屢鑄遂成。是爲其發明玻璃鏡之始。奈端既知鏡與光線之所以然。自是更造成無數望遠鏡。擇其最鉅大者。寄贈學士會院。（與博物院略同）未幾。建不利智時疫盛行。奈端歸里。就此事觀之。雖礙奈端學術進步。實使奈端發明宇宙之公理也。何也。奈端歸里之後。閉門不出。一日閑坐菓園。忽見墜蘋自樹梢落地。時奈端正尋思天体運行平均之理。因有所觸。豁然大悟。以爲大地實有吸引萬物之力。自是更推擴其理。知懸於太空諸物体皆有吸力存焉。然當時奈端猶以爲此理未有確證。藏之於心十六年間。未嘗告人。後因改算地球直經。因據此法則而推算之。與前所觀測之理相合。空理遂得之實際。奈端始頗自信。

因箸成布林西卑亞一書。論此理解。公之於世。天下聞者。無不驚歎焉。然奈端猶以爲未足。研究盡力。或有問曰。子之得此大發明也。果以何等工力乎。奈端答曰。我自問非神鬼。無他妙巧。唯常以此事爲念。雖造次顚沛。吾亦思之不止。或由是得之乎。是亦可見其剛强忍耐之爲不可及矣。奈端歸里二年。復往建不利智得舉爲數學教習。一千六百九十四年。其校友哈里巴格斯伯舉奈端爲造幣局次官。後二年往倫敦。進爲造幣局長官。聲譽益隆。至一千六百九十六年。法京巴黎開設學士會。亦選奈端爲會員。一千七百一年。應建不利智大學之選。爲國會議員。英女王安賜之爵。其布林西卑亞書。風行一時。至今學者。奉之爲金科玉律焉。奈端爲人樸素好靜。生平寡交。好與二三親友。吐其宏遠之識以爲樂。至晚年謂人曰。夫眞理猶大海也。滄溟渺茫。實無涯涘。吾以畢生之力所探得者。不過如童遊水濱。拾一小礫而已。其不敢自誇也如此。以視世人得一知半解。即翊翊有自得色。若不可一世者。其識之深淺爲何如哉。奈端享年八十五。以一千七百二十七年卒。葬於味斯閔斯德地。其石碑刻有極榮譽文辭。又於建不利智學校建設碑文。刻其才冠宇內之銘。嚐以此詞贊。實不得爲溢美也。如奈端者。名副其實。出於理學者之右。其才雋智高。可景慕而不易企及。其業偉功大。可歎賞而實難形容。務眞理。屏虛名。謙讓廉退。好容人言。吾人感服之餘。尙何言哉。

孟德斯鳩傳 Montesquieu

世有稱孟德斯鳩者。無不道其萬法精理一書。及旣見其書。而不嘖嘖稱善者。甚罕。孟氏以一千六百七十九年生於法國彼耳多府近郊之德佛勒得城。幼以神童稱。其父母盡力教育之。年二十通民法全書。得其精要之所在。孟德斯鳩之從事於法律學也。以講求法理爲務。不拘拘於事末。一千七百十四年。任彼耳多府參議員。閱二年。復選舉爲議員長。時適創立學校。因兼任爲學長。一千七百二十二年。國家新課酒稅。人民苦之。孟德斯鳩爲議院委員。赴巴黎辯其非。力阻之。酒稅遂廢。一千七百五十二年。開議院演說。孟氏厠其列。議論雄偉深遠。當世宗之。翌年辭議員職歸。孟氏之在其職也。不足長其學識智力。自以爲有利益於國家民人之大者。非著作不爲功。故決然辭職焉。先是孟德斯鳩有波斯寓言之作。其意蓋托波斯以規諷當時政教人心之得失。以書中詞語過於激烈。觸政府忌諱。物議譁然。後其事漸解。遂入大學。始得逞其天賦之才。於是日夕講求學理。不顧他事。猶以爲未足。因思擴開其學識。乃去法國。與華爾德格勒斯公使。同赴墺都維也納。經匈牙利。復廻意大利。至瑞士。下尼羅河。遊歷沿岸諸國。自風土氣候。及當時之制度文物。古今之亂治興廢之事蹟。無不詳爲考察。筆之於書。終乃航海渡英國。自國王以至人民。無不優待之。又納交政治各學者。攷查其國之政体民俗。以爲其著作之資。及歸國直退隱於佛勒得城。下帷述作。至一千七百三十三年。著成羅馬盛衰原因論一書。復成英國政體論。及一千七百四十八年。其大著萬法精理出。孟德斯鳩之名。遂轟然如雷霆。遍於全國焉。孟氏之生力。專在此書。自始作以至脫稿。前後實閱二十年之久。不啻用畢生之力而經營之也。孟氏之所以爲孟氏。爲世人所稱道弗置者。不亦宜哉。法國學士有亞弗勃佛以者。於孟德斯鳩之萬法精理而評之曰。孟德斯鳩之於法律。不過求其現在所以然之理。至其所以當然之理。則未知所以求之。故其所述。僅知有原因與結果所以相聯之理。於思想行爲漸即於進化之域。則未見其所言也。要之孟德斯鳩所學義理。本於智慧之自然。未嘗察所行之如何。而論斷其當變與不當變焉。質言之。孟德斯鳩於法律之說。不過就其所已行者。推究其原因而已。故其書可稱爲關於法律之沿革史。不得稱爲關於法律之理學也。抑孟德斯鳩所論叙政術。於政體沿革本原推闡無遺。實足令人嘆服。至其關於政治之理學。則未合甚多。畢竟孟德斯鳩。非眞透徹於民主制度者。故其所言尙多隔膜焉。此佛以之言也。其所評在今日民主制度發達之後。固爲的確若在孟氏當日則未見其可也。

亞丹斯密傳 Smith Adam.

自原富論出世。而其名轟然若雷霆。爲經濟世界之泰斗者。非亞丹斯密其人乎。亞氏以一千七百二十三年生於英國希爾格爾地方。幼入小學校。學業即大精進。爲人善悟。氣質溫良。無容儀。有獨居自語之癖。千七百三十七年入格勒斯高大學。精通數學。博物學及萬國歷史。常有增進社會幸福之志。其持論以義理精確爲主。閱三年。復入阿斯佛大學。七年之間。學業愈進。後移居於以丁堡。從事辨論文詞之學。一千七百五十一年。舉爲格勒斯高大學論理學教習。復舉爲道德學教習。每當講說之時。不假考察。隨思隨述。所言多爲衆所觀感。以是亞氏聲名傳於遠近。學者宗之。當時乃自著道德智覺論一書。以一千七百五十七年刊行於世。自是亞丹斯密。始以文學著名矣。及一千七百六十三年。隨華格里侯赴歐洲大陸。考察其風土人情而歸。省母於希爾格爾地十年之間。不出用世。或有疑其退隱。以優游餘年者。及富國論一書出。始悟其致力著述之故。而嘆其所言宏博精密。爲前人所不及道焉。蓋古來諸科學皆成於亞里士多德之手。編爲体裁。獨至經濟學。則未嘗有道及之者。故自古以來。經濟社會。殆如雲霧蔽日。不見天光。自原富論出。世始知有經濟一學。爲國家人民所當有事也。撥雲霧而見天光。爲經濟學世界之始祖者。亞氏功蹟不亦偉大哉。一千七百九十年卒。年六十八。亞氏耽於學術。終身不娶無子。其未卒之前。常與友人里達爾談。語次觀息曰。我一身一無所爲。以此無所爲之身。遽爾辭世。是我所甚愧也。是與薛文淸所謂處事當詳審安重。爲之以艱難。斷之以果決。事了即當若無事者。及處事了。不形之於言。尤妙之語。若相符合。噫以亞丹斯密之著作如此宏富。而曰我一無所爲。其謙遜不遑。毫無矜伐之色。眞有使人欽仰不置者也。

邊沁傳 Blntham

人類之生於世界也。其所希望者、非欲得快樂避苦艱乎。自政治法律之設、非與多數人民之莫大幸福、徒爲壓制之具、使民沈淪於地獄之中。終身不得自由而已。夫官吏何物。議院法廷何物。稱爲仁人義士者何物。苟多數人民、不能有最大幸福。果何有尊重之有乎。平心靜氣言之、無論直接間接、人民若有過半利益、則官吏法廷議院仁人義士始得稍可稱重。若人民盡失利益、有所羈絆。不能得其任意所欲之自由、則官吏法廷議院仁人義士之所爲、徒爲誑騙人民者之具。吾將視之如草芥犬馬之不若矣。以上皆邊沁學說之言也。蓋邊沁爲樂利主義派之巨擘。實使近世法學學界開一大法門也。邊氏爲英人、一千七百十八年二月十五日生於英京倫敦、幼穎悟。嫻於文字。專心於哲學。故有哲學兒之號。弱冠入味斯閉斯德學校。及長入阿斯佛大學、天資聰明。且非常勉勵。故學業日進。同學之友、皆以爲不可及。咸以師長敬重之。而邊沁爲人。性質磊落不羈。有獨立自治之氣象。不願爲學校之規則所拘束是實邊沁特有之性質。因之不能遂其志。嘗鬱々不樂。而困阨於學校中也。邊沁之父。當時爲律師。或有一日召邊沁於律師院。欲使其學律以繼父志。邊沁乃深有所思。因極力陳辭。誓不肯爲。其言曰醫師之父。使其子爲太醫。律師之父。使其子爲律師。此等志望。固愛其子而來。使其子高自位置。此意固善。但無才識。乏獨立性質之子。或以爲可。苟有才識。而又有獨立之氣者。以區々父業而繼紹之。遂謂足盡其子之才能乎。前嘗聞大法官摩亞氏幼時隨父赴味斯因斯德乘機爲裁判官。此時摩亞氏之位卑下已甚。然摩亞氏之業。因世襲而來。世人皆不知摩亞氏之才能若何。以爲不能當此重任。故至辭退。豈知摩亞之眞才。固不願居於判事之卑職乎。故人苟以已之腦力欲有所自立。以在祖父職業之外。別有建樹爲最善者也。此言雖似傲倨。然大丈夫之志不當如是耶。及一千七百六十五年母卒。父更納某寡婦。前爲博士戎亞卜的氏夫人。夫人前生之子。即其後爲下議院長之格智酉侯爵查理斯亞卜的也。夫人再嫁時。查理斯亞卜的亦同來歸。邊沁既不從父繼紹其業。乃別有他志。父愛自是漸減。而愛義子之心益切。邊沁亦不以爲意。仍欲志其所志。所志唯何。即研究哲學法學諸學理以爲著述之地也。且以辨駁天下古今萬世之思想家。而攪破其遺夢爲志。於是孜々不怠肆意於此。首著一書。爲政体論。公之於世。是即評釋世人所最好之格蘭斯敦所著英國法一書也。邊沁立論之意。與尋常哲學家法學家文學家之言大異。及後來道德立法論一書出。大爲學界所歡迎於是邊沁之名益高。其戚蘭西頗招邊沁於波烏德。以上賓禮之。亦足見當時之敬慕邊氏者矣。先是邊氏在家時。用心於哲學法學諸學外。有時出外求友。自是乃往俄羅斯繼遊法其西。見聞稍廣。歸國之後。復著法學哲學書十餘種。卒於一千八百三十二年六月六日卒年八十五。邊沁生平著述。皆以樂利主義爲宗。他人所著述之主義。前後或相不同。獨邊沁之議論著述。首尾一貫。見者皆極了徹。無模糊影響之觀。至所謂樂利主義者。雖若駭人。然邊氏未主張此說以前。學者議論。動涉空泛。與生民毫無關係。徒爲握持政權者所以愚民之具而已。及邊沁之說出。世人宗之。而空泛之論。爲之遂絕。

豪斯丁傳 Austin

在法學上最有不規則思想之英人中。而有緻密規則思想者。豪斯丁是也。豪氏生於一千七百九十年。壯年學習陸軍。在兵籍者五年。一千八百十八年卒業之後。復爲律師。越二年始娶。其夫人即腦威富豪家泰列氏之女也。幼有姿色。資性聰慧德行溫和。而有大度。故能配其夫之德。豪氏才智非凡。爲人所信服。所轄士卒。無不受其制馭而爲之用。最有法律大家之資。惟其身多疾病。又因刻苦於法律學數年。心神俱耗。遂於一千八百二十五年廢止。翌年倫敦大學校立。聘豪斯丁爲法律講師。然豪氏生平深佩德意志國法學諸家。於是急欲赴德國講求其說。乃於千八百二十七年之秋。携其妻子遊德國。先至哈嗹伯爾哥後。遂止足於綳因。此地爲當時有名法學諸家薈萃之地。豪斯丁因與諸法學士遊。又使其子弟就學。大遂其生平志願。明年之春。歸英國。始張講席授徒。高弟子之出其門者。指不勝屈。彌爾亦其弟子之一也。然其學說亦有不適於英人之意者。故其後門徒日少。於一千八百三十二年歇業。而其講演學說集爲成書。即於是年出版。書分六卷。實法律學絕妙体裁一極簡明之書也。其後英蘭地方。又立一法律學校。再聘豪斯丁爲其講師。無幾復中轍蒙斯丁兩度失敗之後因委身於他事。遂無意於教授法學矣惜哉。

斯賓塞傳 Spencr

斯賓塞、英國達維縣人也。家世爲敎師。其祖父設一高等學校于維達、其父繼之。斯氏最潛心於萬物發達之理、父器之。故敎之勗力學課擇其所能盡者不至害其體力。且使之居於適宜之地、使筋力壯强、不使其入學校。其敎授之法、先說明物之性質。然後授以書籍、使其悉諳之。既畢解、乃授以他書。其法嚴密而不甚勞。其得爲大儒。者實基礎於此也。及長、著敎育論。有名於世。其後從伯父的馬士斯賓塞數年。的馬士爲英國敎士。其學問之宏博。心志之仁慈、爲全國之人所敬仰、斯邊塞夙好器機學及數學。後爲大工師。以大工師成一大哲學者。一變希腊以來哲學之說。風靡天下、斯亦奇矣。斯氏既爲大工師、因從査衛斯福格斯學職業、福格斯者斯賓塞之父門徒也、一千八百五十年建一大博覽會場、備極宏麗。斯賓塞從事建築之術凡八年間、至一千八百四十八年。著社會平權論一書、刊行於世。其論議活潑雄壯。有飛揚天外之致、此書一出。大受世人所貴重、未幾即受翠優新報社之聘。以先爲經濟雜誌社主筆。不果因兼爲犁優社記事。一千八百五十七年。蒐集本國諸新聞論說。編爲政經理說。與其所著之智德教育論同時出版。向之爲建築師之斯賓塞。今則轉而爲哲學社會之建築師。思欲建築進化主義之宇宙焉。越三年。斯氏乃發願著述一宏博詳贍之哲學編。以十年爲期。以性命精神社會三大部爲其總綱。全書又分五部。第一部曰原理論。論主宰宇宙万物之大法則。而以凡百科學爲本因示著者之定案。以下四卷則將原理細論之。第二部曰生物原理。說明性命之法則。第三部曰精神原理。論精神爲何物之原理。第四部曰社會原理。論主宰社會之天然法。第五部曰道義原論。論主宰人類行爲之眞法。前四部皆論人類之身体精神社會之狀態。此則爲研究道義原理之明星。其著作之宏大。實足以空古今也。自此著作着手之初。以至今日。已閱三十餘年。尙未出書。孟德斯鳩之万法精理。賴山陽之日本外史。皆以二十年之力方始殺青。今斯氏所著。較之二氏尤久。則專心致志從事於茲。其爲古今文學社會上一大偉業。亦足知矣。

歐美雁信

本欄由本社與在留歐美諸君特約、按月通信、所載均為彼中最近之現狀足為吾國觀感者亦藉資興起之一端也

美洲周君通信

謹告中歷五月初旬自上海赴美。一路受人侮辱。莫可言狀。謹述一二。以告仝志。登舟時。同國人僅一福建王君福生。各通姓氏。自云前在福建省城耶蘇教會設立之學堂讀書。後在香港醫學校。得有卒業證書。此次往美遊學。仍習醫學。以俾大成。其人染宗教氣頗深。視全國人如路人。其名片中已有英文名字為葉必字樣。渠不多言。僅問余在何處學英文。余以在家獨修對。彼云、非從外國人。英文終不能好。余唯唯。開船時有有一意大利人。與余仝一房艙。時余正收拾行李。王君即起歡迎。意人僅頭微點而已。既意人操英語問余二人是否商人。意極傲慢。余以遊學對。意人微笑不言。舟出吳淞。余在艙面眺望。意人至余前問余是何省人。余以浙江對。意人即輕侮異常。問浙礦政府已許意人承辦。知之乎。余不言。彼又謂三門灣在何

處。余亦不答。始去。夜則仝王君談。自云係意國武官。從事北清征戰。列舉北清人民形態。及爲麗氏狀。種種可悲可泣。王君尚不以爲恥。余將以毫無人心責之。恐不能開化。反招怪。乃止。舟次長崎。王君與意人仝立艙面。余知意人必有慢言。見而避之。意人以手招余。勉强至其前。忽意人謂王君曰。此地爲貴國地方。王君曰此是日本非敝國也。意人曰、此固是日本。然福建爲日本勢力範圍圖之內。故君即日本人。余見王君忽變色。謂余曰、此何言。余曰、靜待之。余告君。少息至艙中。余乃告之。王君言余。夢初醒。從前余以教士待余。作爲模型。豈知彼等居心如何。余與王君相對流涕。可見中國之弱。由於普通教育太少。而受外人所設學校之教育者。養成爲虎作倀之弊。諸仝志之在日本者。宜時時函告內地。速興教育爲盼。舟次橫濱停船。擬來東京。不知路徑。不果。晤商人謂游學生結成義勇隊。將造反。考究原因。未得真相。殊爲悵悵。(中略)未幾開船。有日本人七人。其一與余同房。余苦不能操日語。彼此以筆談。其人係東京高等商業學校卒業生。姓渡邊。而王君漢字識者甚少。心殊不快。乃問渡邊君。能英語否。渡邊以能英語對。乃三人共談衷曲。渡邊謂中國人少知識。百

二

事受人侮弄。若不圖自立。瓜分危機。即朝夕之時。王君頗受激刺。而意人見余談有味。彼遂徐旁唱歌。可惡惡惡。次日余以渡邊君介紹。得識六人。正叙間時。意人謂王君曰。正汝主人翁也。謹事之。王君含羞欲與爲難。余力止之。是夜意人謂余曰。汝往美國學何事。余以陸軍對。意人曰、學陸軍何事。余曰學之以衛國。意人曰、君國如此。浙江是、**我意大利**屬地也。君學成**化歸意大利**。尚可位至大尉。余怒目視之始止。次日風浪不息。人皆蟄伏。舟次檀香山。七日人勸余上岸。王君因病不能上岸。至則爲關吏所阻。七日人爭之。謂彼係中國人。例不能登岸。余乃止。稅關前小舟中。關吏防余上岸。守之不去。余問中國人與日本人同一東方人。何以中國人無此等權利。關吏云中國人多下等社會。來此作工。工價既廉。人爭用之。至禁華人上岸亦非政府之意。乃萬國勞動同盟會要挾政府而成。余則守政府之命令。君莫怪余。既而問余來此作何業。余以遊學對。其人曰余前在某處大學讀書時（其字名忘卻）有日本遊學生與中國遊學生數人。日本人思想極好。每月有雜誌寄來。其寄信等皆用本國文。貴國人皆無思想。自云國中書極少。僅如埃及古典云云。

四

其人寄信至本國。皆用英文。可見文字極少。係本國文字不敷用。而借用外國者。余乃以中國情形告之。彼云君言如此。余見貴國商人暨貴國遊學生。夙以爲代表中國全國。今始知非然。若中國人皆君等。國勢何至鬧到今日地步。及日本人回。始全乘小舟到艙。見檀島日本人新聞言東京支那遊學生因俄事創立義勇隊。現已派人到袁直督處去運動。橫濱商人之言。實不足信。心爲之一寬。(中略)歸告王君。渠云余若在十日前。不知國家爲何物。有人衣食吾者。即主以事之。若到美國。亦從前之遊學生而已。今則誓不辱國。流涕不能仰。余勸不必徒哭。當夜意人問余二人讀猶太史乎。余云讀過。又云讀之有味否。余答曰西羅馬史亡國可悲。意大利史建國可快。讀猶太史余不知之。意人曰正好有味。此種人亦若貴國人有一種特性也。(中略)舟至桑港。港口極狹。進口極大。此地數十年前爲一荒地。今則爲繁華地。天演之說。至此始信。舟到不能即上岸。關吏種種阻力。而王君略有病形。醫生驗之再三。在船幾至二天。始放上岸。離此地約百里。福尼亞州。中國遊學生頗多。王君前由美教士介紹入納害達州教會所立大學校。離桑港尚少。余送至該地見所授者。較中學程度稍高。毫無精神。且醫學一科。缺而不全。余勸其另入他校。且入校之期已過。須明年正月始可。渠決計研究毒藥科。至習軍事。須至紐約。該處學費恐較大。其地繁華非西方可比。至習軍事。若進士官學校。年齡須十七歲至二十歲始可進者。且須考試。並欲議員保送云云近居納雪達。此地係新闢地。居民四五萬人。(中略)費用校省。每月有墨洋四十元可敷。僑居主人執材木業。待外人頗厚其子爲陸軍大佐。彼爲過義員係法學士。在此地頗有勢力。余進士官學校。托彼設法。已允許。修業年期共四年。據彼云每年費用須墨洋六百元。內衣服費須百元。次年可稍省。(中略)浙江學生據云有三四人。不知在何處。廣東遊學生在美洲頗多。程度尚高。王君近日從余讀國文。進步甚速。其刺激有不可言狀者。

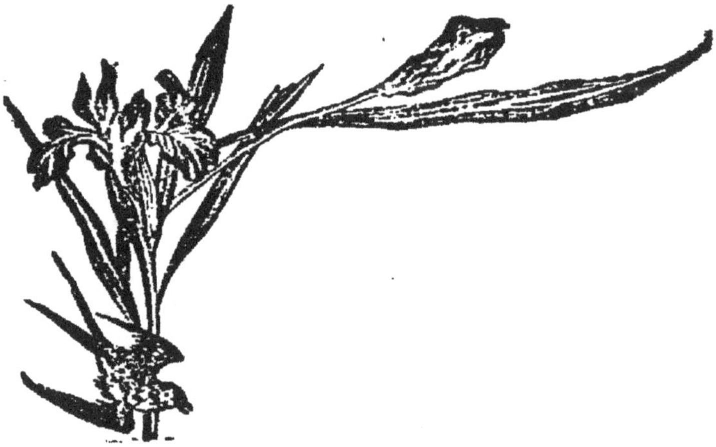

六

研究資料

本欄擇各國之緊要法令規則條約等足為吾國前途之助者以資當局之參攷以供學者之研究

日本關稅法

第一章　關稅賦課及徵收

第二章　船舶

第三章　貨物

第一節　總則

第二節　出口進口及裝回

第三節　轉運

第四節　郵便物

第五節　收容

第四章　稅關官吏職權

日本關稅法

唐寶諤譯解

第一章　關稅賦課及徵收

第一條　凡進口貨物、照關稅定率章程課稅、但條約上另定有收稅貨物者、不在此例、（日本出口貨免稅故法中不及）過路貨物暫行進口者、不課關稅、但進口時、須將該貨應納稅銀、或別項值銀物、與稅銀相等者、呈提作押、

第二條　凡進口貨物、因受損傷、欲請減稅者、祇許於奉準進口之先、始許量予酌減、（以防作弊）

第三條　凡關稅照進口報關之日所行章程徵收、若貨物已入保稅關棧者、（稅未完納）則照禀報入棧之日所行章程徵收、若收存貨物、由官拍賣、抵作關稅者、（暫行寄關者）則照由官拍賣之日所行章程徵收、

第四條　凡關稅、向報貨物進口之人徵收、但有希圖逃稅、及已逃者、即向違章之

人追徵、

第五條　凡未完稅之貨物、概行扣留押抵、關稅較一切公課私債、先行完納、

第六條　凡有呈提押物而不完納應徵關稅者、將其押物充作稅銀、若押係銀洋以外之物、則由官拍賣、充作稅銀、及拍賣等費用、餘銀仍還抵押之人、

第七條　凡關稅徵收之權、自貨物進口之日起、以二年爲滿、過期不得徵、但希圖逃稅及已逃之稅、應追徵者、不在此例、

第八條　凡關稅誤納、請償還之權、自貨物進口之日起、亦以二年爲滿、過期不准、

第九條　凡在前二條期限內、曾通知納稅、或曾稟請償還稅銀者、已過歲月、不計入期限之內、（已過歲月作廢、由通知或稟請之日起、再行推算時日、）

第二章　船舶

第十條　凡外國貿易船、駛進通商口岸時、船主須於二十四點鐘內、將進口事由、報明稅關、并於載貨單、開艙單、船上物件單、及搭客等姓名錄呈提時、即將船牌、

二

及從某處來之牌照或代作牌照之文件、一併寄存稅關、

第十一條　凡沿海行駛船隻、有因卸去外國貨物駛入通商口岸者、船主須於進口後二十四點鐘內將應卸貨單、交呈稅關察核、

第十二條　凡裝載外國貨物船隻、除經稅關長允許之外、非先將應卸貨單、交呈稅關、不得卸貨、但搭客行李、及郵便物、不在此例、

第十三條　凡外國貿易船、在通商口岸出口時、船主必須向稅關報明領取出口關單、

第十四條　凡外國貿易船進口後、不裝卸貨物於二十四點鐘內出口者、不必照第十一條及第十三條之例辦理、

第十五條　凡沿海行駛船隻、裝載外國貨物開駛出口時、船主必須將載貨單、交呈稅關察核、

前項載貨單、每卸貨之地有異者、均分別錄明、以備考査、

第十六條　凡載貨單、自交呈之時限二十四點鐘內、經稅關允許、方得增補改正、

第十七條　凡裝載外國貨物船隻、自日沒後至日出前、及稅關休息日、非經稅關長特許、不得裝卸貨物、但搭客行李、及郵便物、不在此例、

第十八條　凡外國貿易船、不得在未通商口岸出入、但有海難及其餘萬不得已事故者、不在此例、

外國貿易船、因前項但字以下云云事故、駛入未通商口岸者、船主當立即報知稅關官吏、如稅關官吏不在、則報知警察署官吏、、

第十九條　凡下項所載外國貨物、自不通商之港、欲運至通商港者、該船船主須經稅關官吏允准、如稅關官吏不在、亦須警察官吏允准、

一　暫時起岸之貨物、

二　不能行駛之船所載之貨物、

三　遇難船隻之貨物、

第二十條　凡裝載前條貨物之船隻、駛入通商口岸時、船主必須於二十四點鐘內、將稟准憑單呈提稅關察核、

第二十一條　凡外國貿易船、裝入船上應用物件時、船主必須報知稅關、如無稅關之地、報知稅關官吏、稅關官吏不在、則報知警察官吏、

第二十二條　凡稅關官吏爲辦公至船上者、船主宜妥爲照料、

第二十三條　凡此章程上所稱外國貿易船者、謂爲外國貿易往來於外國之船隻、

第三章　貨物

第一節　總則

第二十四條　凡貨物除在通商口岸之外、不得進口出口、但遇下列事件、不在此例、

一　因脩理遇難船隻、或支給救援救助等費、其餘因支辦接續行駛應需之費將貨物賣却者、

二　遇難船隻上裝載之損壞貨物、或易腐壞之貨物、讓却與人者、

三　遇難船隻或遇難貨物運進口者、

四　由遇難船隻起岸之搭客行李進口者、

第二十五條　凡貨物已經驗查後所呈提之載貨單、不得增補改正、

第二十六條　凡自日沒至日出時、及稅關休歇日、非經稅關長特許、不得將貨物送到稅關、或交貨發貨等類、但搭客之行李、不在此例、

第二十七條　凡貨物應送到稅關、或起岸、當如何處理、悉聽稅關長指揮、

第二十八條　凡貨物起岸及裝船、其餘船舶與陸地交通之事、除經稅關長特許外、悉遵稅關所定之地辦理、

第二十九條　凡已出口之貨物、爲外國貨物、已進口之貨物、爲內國貨物、

第三十條　凡此章程所定關稅貨物之例、於船上應用之物件等、不得援用、

第二節　進口出口及裝回

第三十一條　凡貨物進口出口之人、須向稅關報明、經其驗查領取關單、但第二十四條、但字以下云云之時、則報知稅關官吏、稅關官吏不在塲、報知稅關官吏、經其驗查、乃領關單、

第三十二條　凡進口報單、同買貨單、一並呈提、但該官吏、察有不能將買貨單並呈理由者、不在此例、

前項但字以下云云之事外、如進口報單、不與買貨單一並提呈者、於關稅賦課一切、不得爲異議、及稟控等事、（參看六十一條以下）

第三十三條　凡過路貨物、欲暫行入口者、其出口地有異者、須將每一出口地之貨單、分別呈提察核、

第三十四條　凡進口貨物、非有進口關單後、不得交貨、及因過路發貨等事、但經當該官吏允許、有銀呈押作爲稅銀擔保者、准其將進口貨物交易、

第三十五條　凡過路貨物、暫行進口、至運出口時、仍由稅關之路運出、稅關之路、以勅令頒定、

第三十六條　凡運送人、當運送過路貨物、對辦公之官吏、不得有所阻礙、

第三十七條　凡出口貨物、非有出口關單、不得裝船、

第三十八條　凡外國貨物裝回、悉準照出口章程辦理、但暫起岸之貨物裝回者、

不在此例、

第三節　轉運

第三十九條　凡將內外貨物、裝載外國貿易船、或將外國貨物、裝載沿海行駛之船、欲轉運通商各口岸者、須報明稅關、貨物經其驗査、領取運轉免單、

第四十條　凡前項之轉運貨物、非領有轉運免單後、不得裝載、

第四十一條　第三十九條之轉運貨物、運至卸貨之地、貨物須聽驗查、乃得搬動

第四節　郵便物

第四十二條　凡郵便物中、有應稅物品者、稅關將其應稅銀數、通知郵便局、向收物人徵稅

第四十三條　凡領取應納關稅郵便物之人、當至郵便局、完納關稅、

前項關稅、以印花完納、

第四十四條　凡郵便物之關稅、除將郵便物交付收取之人外、其餘無所徵收、謂祗收關稅也

譯書彙編社出版及發行書目

(1)政治法律書類

政法叢書第一編　國法學　一冊定價六角五分

政法叢書第二編　歐美日本政體通覽　一冊定價三角

政法叢書第三編　日本行政法綱領　一冊定價三角五分

政法叢書第四編　日本國會起源　一冊定價五角五分

政法叢書第五編　國際公法　一冊定價　（近刊）

警察學（總論之部）　一冊定價二角　（近刊）

外交通義　一冊定價八角

日本現行法制大意　一冊定價三角　（近刊）

政治學提綱（上卷）　一冊定價四角　（近刊）

各國國民公私權考　一冊定價一角　（近刊）

法律學論綱　一冊定價一角

近世外交史　一冊定價　（近刊）

最近俄羅斯政治史　一冊定價六角

最近德意志政治史　一冊定價三角　（近刊）

法制新編　一冊定價三角

(2)經濟書類

縮版財政四綱　一冊定價一元　（近刊）

歐美各國最近財政及組織　一冊定價四角　（近刊）

理財學沿革史　一冊定價二角　（近刊）

歐洲財政史　一冊定價二角

日本財政之過去及未來　一冊定價二角

(3)歷史書類

波蘭衰亡戰史（上卷）　一冊定價二角五分

美國獨立史　一冊定價六角

日本維新活歷史　一冊定價三角

(4)哲學書類

生物之過去未來　一冊定價二角五分

論理學（卷一）　一冊定價二角　（近刊）

(5)傳記書類

比律賓志士獨立傳　一冊定價二角

(6)小說書類

政治小說累卵東洋　一冊定價二角

愛國精神譚　一冊定價三角

(7)雜著書類

支那化成論　一冊定價六角　（近刊）

日本遊學指南　一冊定價二角

外國國勢一覽　一冊定價一角五分　（近刊）

(8)圖表書類

最新精繪學校建築模範圖　一冊定價二圓

啓者本店專門製造印刷機器。歐漢鉛字。及各種花邊、電版、一切印刷物件。精緻秀美。堅固玲瓏。雖日久用之。永無殘破模糊之弊。久已馳名中外。媲美歐美。又印刷書籍、地圖、繪畫等。皆極鮮明精巧。版面着墨不多。額外着色。精美無比。本店開設日本東京。已三十餘年。不惜工本。精益求精。內外士商。以及遠地如天津、上海香港等處之大印刷局。皆來采購。交口稱頌。本年大阪第五回博覽會本店出品。比賽又得名譽。銀質牌。是見本店實事求是。名不虛傳。方今 清國百事維新。印刷出版。實爲啟論文明之利器。倘蒙紳商光顧。乞認明本店地址牌號。或親勞玉趾。或寄函定貨。均可貨真價實。中外無欺。

再本店之機器字体。及花邊歐文花字、各種物件。均印有樣本。遠方諸君。欲先取閱樣本者。可函知本店。即當寄上。以圖便利。此白

登錄商標 (H)

日本東京市京橋區築地二丁目十七番地

株式會社 東京築地活版製造所

學堂必需教育圖畫告白

天地現象掛圖 第壹輯五枚壹組 價金貳圓五拾錢

同第貳輯 貳輯亦同價
有日月星辰形狀及雷、雨、霜雪、虹、火等之美圖也

熱帶植物圖 第壹輯五枚壹組 價金貳圓五拾錢
有椰子、鳳梨、タコノキ、甘蔗、カヒーゴム樹等鮮明美圖

海獸類正圖 五枚壹組完結 價金貳圓
有海虎、膃肭獸、海豹、儒艮、角鯨等各種海獸之美圖

實業教育漁業圖 第壹輯五枚壹組 價金貳圓五拾錢
掛圖之內 潛水器鮑採取○土佐珊瑚取貿況○鰹漁其他數圖

腔腸動物圖 五枚壹組完結 價金貳圓
珊瑚○海綿○海月○偕老同穴○其他諸動物若干種

人體寄生虫及黴菌之圖 五枚壹組完結 價金貳圓
ペスト○コレラ等傳染病黴菌及 寄生虫擴大精圖

世界人種風俗掛圖 第壹輯五枚壹組 價金貳圓五拾錢
エスキモ人○アイヌ人○蒙古生蕃人○北米土人印度人○南洋土人○其他歐米各國生活狀態圖

海藻類正圖 五枚壹組完結 價金貳圓
昆布○荒布○海苔其他重要海藻二十種之最美圖

人體生理解剖圖 貳拾枚壹組完結 價金七圓
關人體機能、且教授上最適當之掛圖

日本水產貝殼正圖 本邦貝殼有益種之美圖 貳枚壹組正價金貳圓

有毒無毒菌蕈正圖 第壹輯五枚壹組 正價金貳圓

爬虫類及水陸兩棲動物圖 蛇鰐魚蛙等之圖 壹輯五枚金貳圓

哺乳大動物圖 獅子虎猩々等各種 壹輯五枚金貳圓

甲殼動物圖 ○エビ○カニ類○等有甲殼動物十枚金貳圓

植物正圖 五枚壹組第壹輯起第四輯迄出來壹輯金貳圓

魚類正圖 各種之魚類精巧美麗 第壹及第貳輯出來壹輯貳圓

鳥類正圖 保護鳥及各種鳥類鮮明美麗 壹輯起貳輯迄壹輯付貳圓

本邦農桑有益有害昆蟲類正圖 第壹輯起四輯迄出來壹輯付貳圓

鑛石實寫圖 金壹張 金參圓

養蠶示教圖 八張壹部 金參圓

前所載之外有參考圖畫壹百有餘種

●仿法●本館[illegible]出日錢定價一據日本法貨寄售即將錢圖幾錢與中國市場價抵易不相符●欲購本館圖書諸君定價金要先惠但郵送費別照加本館圖畫目錄壹冊送致有命、不論遠近拙呈上

日本東京新橋出雲町

東京造畫館

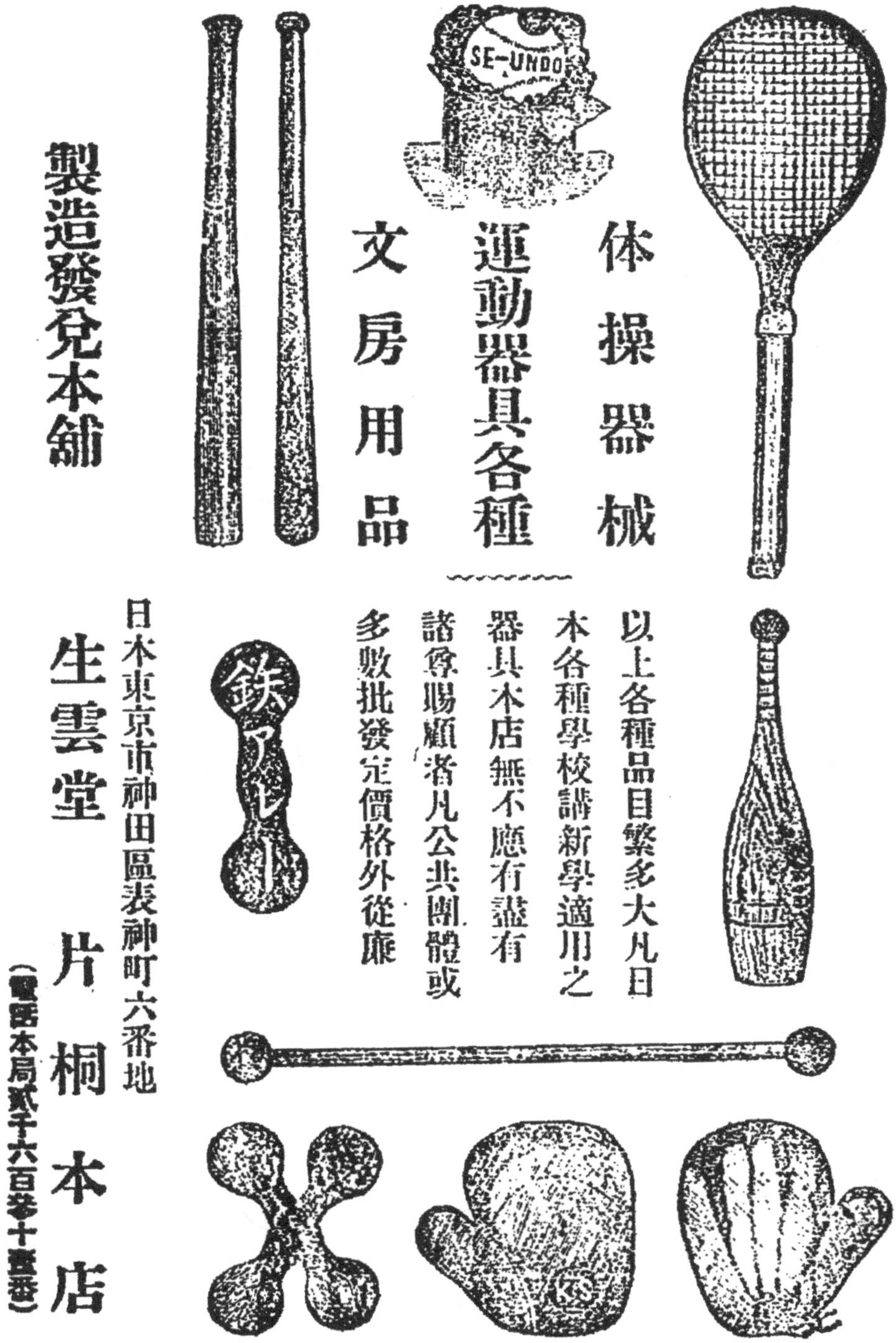
SE-UNDO
体操器械
運動器具各種
文房用品
以上各種品目繁多大凡日本各種學校講新學適用之器具本店無不應有盡有諸尊賜顧者凡公共團體或多數批發定價格外從廉
鉄アレー
KS
製造發兌本舖
日本東京市神田區表神町六番地
生雲堂　片桐本店
(電話本局貳千六百參十壹番)

本編代派所

總經售處上海開明書店

上海
- 棋盤街北　廣學會
- 望平街　中外日報館
- 棋盤街　新中國圖書社
- 拋球場　掃葉山房
- 二馬路　千頃堂
- 棋盤街　會文堂
- 棋盤街　商務印書館

蘇州
- 元妙觀前　東來書莊
- 元妙觀東　開智書室
- 察院場西　知新書室

杭州
- 銀洞橋　白話報館
- 城大井坊巷口　崇實齋
- 葵巷　安定學堂
- 三橋址　總派報處
- 泗水方橋　東文學社
- 回回堂對門　史學齋

- 湖州北門內　恒有東典
- 嘉興北門內張家街　插新書社
- 平湖東門城內大街　綺春閣
- 寧波日升街　新學會社
- 無錫道長巷　梁溪務實學堂
- 常熟城內寺前大街　學記書莊
- 寺前街慧日寺東　海虞圖書館
- 南京夫子廟　明達書莊
- 城東牌樓小濟家巷口　啟新書局

- 揚州舊城太平巷尾　王翰仁先生
- 新勝大街　華瀛公社
- 蕪湖寺[illegible]觀前岸　晉康煤炭公司

江西
- 百花洲　廣智書莊
- 洗馬池　嘉惠書莊

湖北
- 武昌察院坡　文明書室
- 武昌省城府街口　新政書局
- 漢口黃陂街巷正街　政新譯書局
- 武昌青石橋　總派報處
- 湖南省[illegible]公館內　資石山館
- [illegible]　鄒章孫先生

廣東
- 廣[illegible]大馬站北　林裕和堂
- 廣州[illegible]門底　覺民社
- 廣東[illegible]門底　學敎書樓
- 廣東[illegible]　蔡蓮君先生
- 福[illegible]　開封派羅處
- 寧[illegible]　日新學社
- 四川成都[illegible]橋北　成都闢書局
- 成都省城[illegible]街　輪文社
- 成[illegible]　廣業書局
- [illegible]　二西山房
- 紹興城內倉橋街　萬卷書吳
- 北京琉璃廠　公慎醫局
- 保定府北大街　直隸官書局
- 城內[illegible]公寓　吳講辰
- 山西太原府　機器印書局

Third No. 6

明治三十六年九月十三日第三種郵便物認可
政法學報原名譯書彙編癸卯年第六期明治三十七年三月二十日發行（每月一回發行）

THE

TSEN FAH SHUI PAO,

A MONTHLY MAGAZINE

POLITICAL AND LAW WORKS.

OFFICE:

No. 18, SURUGADAI SUZUKICHO, KANDA

TOKYO, JAPAN.

SOLE AGENCY

KAI-MIN BOOK STORE.

SHANGHAI, CHINA.

譯書彙編

一九〇三年第三卷第七—八期合本

明治三十七年正月十五日發行（每月一期定期陰曆十五日發行）

國民必攜

政法學報

原名譯書彙編

目次

癸卯年第七第八期合本

（甲辰三月補印）

前號目次

本報價目表

全年十二冊	半年六冊	每冊
二元五角	一元三角	二角五分

外埠郵費視路遠近照加

廣告價目表

一頁	半頁	一行（四號十七字起碼）
五元	三元	二角

凡欲惠登告白者須於本報定期發刊之前五日交到價須先惠欲登長年半年者價當格外從減

明治三十七年五月十八日印刷
明治三十七年五月二十日發行

編輯兼發行者　胡英敏　日本東京神田區駿河臺鈴木町十八番地
發行所　譯書彙編社　日本東京神田區駿河臺鈴木町十八番地
印刷人　榎本邦信　日本東京淺草區黑船町二十八番地
印刷所　東京並木活版所　日本東京淺草區黑船町二十八番地
總發行所　開明書店　清國上海四馬路老巡捕房東首

社告

看！ 請看！！ 請快看！！！

日俄開戰後之本報

本報自第七期起之內容按時局之進行爲立說之主旨其調查之精確主張之扼要當爲愛讀者所鑒別惟癸卯年報延遲至今實爲同人所最疚心者嗣後兩期合出以期速齊癸卯年報聊以慰先覩爲譯之諸君

本報加收郵費廣告

現下金磅大貴龍銀折算虧折殊甚自七期起每冊加郵費銀二分（合冊照加）遠近一例代派所照實滙寄不得照報價折算再合本作價兩冊算并以聲明

北京

第一書局開辦簡章

第一條 定名 本局設立北京集股開辦定名第一書局

第二條 宗旨 本局宗旨在供給同人研究實學之材料注重首善推及各省

第三條 事業 本局事業分爲三部如左

（一）編印部 延聘專家編譯各種最新書籍隨時印行

（二）販賣部 分爲三類

甲 新譯新著各種書籍

乙 東西洋文各種書籍

丙 東西洋各種儀器標本及文具等類

（三）代辦部 專應各公所各學堂代辦東西洋各種儀器及教科書等類

第四條 股份 本局先集壹百股每股五十兩合銀五千兩暫行試辦以後逐漸擴充

第五條 凡入股者至少須認一股分兩期交款第一期於本年十二月截止第二期於來年三月截止願先期統交者悉聽股東之便

第六條 每股官息照各處通例常年六釐半年付息一次以繳到日爲始憑摺支取

第七條 每年分冬夏二季結賬一次刊列清單報告各股東

第八條 每結賬後除付官息外所有餘利作爲十成以六成歸股東二成爲公積二成酬職員

第九條 職員 本局設總經理一人理事四人司事二人

第十條 職員均由股東公舉創辦之始不支薪水司事由總經理延請

第十一條 凡局中一切事宜均由職員主持各股東意見由職員代表

第十二條 職員如須更調由各股東臨時酌議公舉

附則

第十三條 本章爲開辦簡章其餘一切細則臨時酌定

光緒二十九年十月

創辦人 胡宗瀛、王宗基、章宗祥、陸宗輿、胡嶸 公訂

再該書局於本月業已開辦東京及各埠有願以書籍寄託第一書局販賣者可直向該局商辦或與東京本社接洽亦可

東京譯書彙編社附白

原件短缺

日本內閣總理大臣伯爵桂太郎氏

日本陸軍大臣寺內正毅氏

日本海軍大臣男爵山本權兵衛氏

俄國極東總督陸軍大將亞立克塞夫氏

俄國陸軍總指揮官陸軍中將阿洛排莿氏

社說

本欄注意於中國政法界之前途取種種時事上之大問題全憑學理以解決之本報主義綱領之所在全在於此

論中國之局外中立

耐軒

日俄開戰。我國以局外中立宣告東西報章之列論是事者。主張不一。嘲之者曰。是自弃其領土也。笑之者曰。是紙上之空言也。鄙之者曰。是將觀勝敗之攸分。而定最後之依歸也。嗟乎。兩國交戰。第三國中立。國際法之公例也。何獨於吾之中立。而騰笑友邦。為中外口實。有若是哉。

耐軒曰。局外中立者。置版圖於交戰權活動之外。無所利害於交戰國。而能自守中立權利義務之謂也。故中立者。合全國領土而言也。中立者。已國之自由。非容他國之勸告也。中立者。有實力以守義務。即有實力以護權利者也。今日俄問題。起於韓滿。其交戰根據地。亦即在韓滿。韓非我屬。姑不具論。滿洲非我之領土乎。俄不撤兵。據若已有。日為自衛計。遂不惜出以戎兵。與俄決鬪。則滿洲之不能置於交戰地活動之外也明甚既以領土加入戰地則於兩國之利害自不能絕無關係與甲則乙責其違反與乙則甲責其違反即兩無所與而敵軍酣戰塞內己軍徒作壁衛反心門問安乎不安而況軍備不足防守無力無論何國之師或乘勝直入或戰敗紛擾皆足以破我中立規守侵我中立權利即不然而假道運兵借港屯艦不必待我之回牒彼直可行動自由爲吾國者其將何以救之

然則列國之許我以中立日俄之認我以中立何哉曰是有故焉不觀千九百二年英日同盟之宣言乎曰設英若日與他國有戰事而有第三國加入他國則兩國不得不守援助之義務不觀同年俄法之宣言乎曰若有第三國侵害兩國之利益兩國政府不能互相旁觀故使吾國不中立則不聯日則聯俄(?)而其勢不得不聯日聯日而法以宣言之結果不得不合於俄英以法之助俄也又不得不援英日之宣言而加盟於日歐亞之戰雲將大集於極東大陸而戰局漫延必至不可收拾其影響之及於各國商業之在中國者自不待言而中日既約同盟南方之兵勢將盡注於北方設內亂乘機而起庚子北京之慘變或再演於今日亦所難料日即望

我同盟詎肯甘爲戎首而爲列國負此大且重之責任哉於是慎思熟慮籌之又籌而定以局外中立勸告我政府而先於明治三十七年二月九日提議於英美德墺伊諸國今錄其致駐在各國公使公文亦可推知其用意且知此次吾國之中立實出之日政府之主動也其文曰

日俄開戰之際清國果出以若何態度爲當我帝國所最爲慎重考量之問題也蓋兩國交戰凡利害之關於日本若必同關於清國夫以清國地大物博利用之以爲後援詎非帝國之所願然既加入戰國則交戰所生之結果必不能漠然置之在清國國帑困窮必至更陷於紊亂而在留之外國貿易亦因之生不幸之結果甚或喚起其國人排外的感情再生千九百〇年之事變亦未可知故帝國政府決意勸告清國政府嚴守中立務以保國內之秩序安寧不使旁生他變希貴使通知駐在國外務大臣若以保持清國中立爲然俄若尊重清國之中立帝國政府亦確保尊重清國之中立云云

美國外部得日本公使之通告即譯文曰

合衆國政府對於日俄戰爭之意見。當兩國戰局開始。於交戰行爲進行中。務以尊重清國之中立。竭力保全其行政。並限制交戰地域。防遏同國人民之擾亂。使世界商業上交通上蒙最低度之之損害。是所厚望也

日本政府得覆書。即申明俄若實力尊重清國之中立。日本當於俄國現時占領以外之地域。務保全清國之中立及行政。與美政府同一希望。後英與德亦先後允與美政府同意。認清國除滿洲外。得爲完全領土全部之中立。我國駐在東京公使於二月十三日(陰歷一月　日)照會日本外部宣告中立。其文曰。

本使奉本國外務部電報內開奉上諭。日俄失和。朝廷以兩國均屬友邦。同重鄰好。故照局外中立例辦理。業已通飭各省一体遵辦。且嚴飭地方官加意保護商民敎徒。盛京及興京爲本朝宮殿陵寢所在之地。飭該守將軍敬謹守護。其在東三省之城地官衙民命財產。兩國均不得損傷。彼此軍隊各不相犯。其遼河以西。俄兵撤退之者。着北洋大臣派兵駐紮。各省及邊境內外蒙古。凡照局外中立辦理之地。兩國均不得侵越。設或闖入境內。自當設法攔阻。不得以失和論。但滿洲

地面。外國駐紮軍隊。有尚未撤退者。中國力有未逮。恐雖實行局外中立之例。惟不論何國勝敗。東三省土地權利。仍當歸中國自主。不得肆行佔據。除照會駐京各國公使外。尚須於外務大臣切實聲明云々。（此文係從日文重譯與原文詞句恐有不同）

日政府接此文後於十七日（陰歷一月　日）裁答如左

帝國政府凡力能所盡。務當防遏貴國擾亂和平之局。故除現爲俄國占領地方之外。當與俄國出同樣之舉措以尊重貴國之中立。帝國軍隊於戰地秦守交戰法規。從無騷擾人民財產等事。凡盛京興京之陵寢宮殿。以及貴國官衙。苟非原爲俄國所占。決無任意破壞之舉。貴政府不必生慮。其關于戰鬭地域內之貴國人民。除軍事上必要之事外。帝國軍隊當竭力保護其身家財產。惟該官民等若有援助及厚遇帝國敵人之行爲。則帝國政府自有臨機必要措置之權利。帝國與俄國之出於于戈相見。實爲防護我國正當之權利及利益起見。絕非藉此征畧比。故當戰局告終。若犧牲貴國藉以獲得領土。殊非帝國意圖之所存也。若於貴國領域中兵馬衝要之區。臨時有所措置。是一以軍事上必要之原因。於貴國主權決不加以損害。惟貴政府篤諒此意。

吾國既以滿洲以外之中立布告列國。美國國務卿海氏。又以三條件提議於列國。(一)認滿洲以外爲中國局外中立地(二)中國對於兩交戰國不得爲援助或損害行爲。(三)俄國黑海艦隊不使通過達達尼兒海峽列國容此提議。遂公認中國之中立宣告。俄迫於列國之同意。亦不能獨自反對。乃無何而遼西中立否認之異議旋起矣。

耐軒曰。吾述吾國中立之顛末。而重有憂焉。夫列國之利我中立爲己國之商務也。日之勸我中立爲迎合列國之意旨且爲日後之要求計也俄之許我中立爲聯勝於與日同盟也。然則此中立也利於列國利於交戰國獨不利於我國耳論者知此中立之與法理之不能相容。遂道其說謂係政策問題。夫法理之不能認此中立也固已。即論之政策。亦不能謂之有利也。請先證之以法理。

解釋局外中立之定義。爲學者所聚訟。中古之世。崇尚世界主義。謂凡同一宗教之國。皆有連帶共同之責任彼時國際法大家辨魯梯司之言曰。若第三國出於義戰則不得防遏其戰時行動。若不能定其曲直。則對於交戰兩國。寧與以同樣之便利。此可代表當時學者中立之見解。其後學者進其說。謂中立國與交戰國。若無特別條約之締結。不得與交戰國以便利。所謂中立國對於交戰國。有履行爭戰前相約援助之權利。於是有完全中立(即全部中立)及不完全中立(即一部中立)之區別。至近世公法之學理日明。中立之學說。亦漸歸至當。中立國權利義務之觀念。迥異於昔時之主張。而所謂不完全中立。久已否認於國際社會。今日文明各國所公認爲中立要素者。試分條以說明之

甲 中立國對於交戰國之權利。

(一) 於中立國領域內不得爲戰爭行爲。

(二) 於中立國領域內。不得爲戰爭直接準備之行爲。

(三) 中立國須遵守自己防衛上所發之中立規則。

(四) 被侵害之中立國。得對于交戰國要求損害賠償。

乙 中立國對於交戰國之義務。

（一）中立國對於交戰國之一方或双方。不得與以陸海軍以援助。雖有條約在先。亦不得援助。否則以同盟國例

（二）中立國境內。不得容交戰國徵募兵役。

（三）中立國對于交戰國。不得爲金錢的援助。（人民之賠貸不在此例）

（四）中立國不得以軍艦兵器彈葯及其他軍需品供給交戰國。

（五）中立國不得容交戰國利用中立地域。以爲其交戰行爲。如軍隊通過。臨撿搜查。作戰根據地。艦隊之發航等。皆所必禁也。

由是觀之。中立國之所以爲中立國。非徒介于兩戰國。發一紙之宣言。而絕不負責任之謂也。明甚。亦非可指此地爲中立。彼地爲非中立也。又明甚。今試觀吾國滿洲除外之宣告。自法理言之。名之曰放弃領土。蓋以曲成中立。故而以領土供他國之戰地。則將來戰爭之結果。無論交戰國如何處分此領土。主國已無干涉之權利。此以領土供兩戰國便利而言也。若祗供一國之便利。則他戰國直可認主國爲敵國。蓋一方得利用其領土。則一方受向隅之害實甚。如俄以滿洲爲根據地。軍隊屯於

斯軍糗取於斯其便於軍馬上之行動適非日本所能及而此便利之由來實由於我國不能強俄以撤兵所致故日本有賀博士評論日本之認中國中立謂實出之寬容反言之若曰日本即以敵國視中國也亦宜

今各國爲限制戰域計已公認滿洲爲除外則滿洲之與中國儼若分之爲二因此而累中立不成之患固可無慮然我國之中立宣告不曰遼何以西由北洋大臣派兵駐札乎今我軍止於朝陽而俄兵之盤踞於新民錦州間者自若且俄人有若召募軍馬焉徵發糧食焉又未聞與之抗撥之公法已爲違反中立義務設日軍一旦出朝鮮藉口於俄之行爲而侵入遼西一帶之地於斯時也聽之則遼西之中立破全部之中立亦與之俱破爭之則先日既不爭之俄此日何可爭之日至此而國際之紛爭必至無所措手此以法理之觀察而知其不利者一也

兩利相衡則從其重兩害相較則取其輕此政策家之手段然也滿洲問題之葛藤於茲三年矣去年四月撤兵之約背於前八月撤兵之言食於後吾不以強硬抗至日俄背我而協商協商不成至於開戰我不先聯合日本以與俄國宣戰已爲策之

下者日本以維持亞永久和平保全淸韓領土之名義與俄宣戰其眞意之所在姑不必論若以形式上言之固不啻爲鄰國仗義而出師也今有盜入人家盜其財辱其婦主人不能與之抗鄰人不平挺而與盜鬪彼主人則曰是鄰與盜鬥也雖閉戶可也人將謂此主人何

然則吾國之當局宜舍擲孤注聯日之外更無他計矣而乃有大謬不然者夫當日俄未開戰之先我政府亦嘗聞有主聯日之論者矣而輒止者則曰恐軍費無出也恐兵力不足也恐內亂乘時而動也尤恐失俄歡心万一日敗將無所依也嗟乎北京政府恐露病久已喧傳中外仁川日捷厥病稍瘳然首鼠兩端今猶未變其故誤於倚賴惟依賴故不獨立不獨立故不思振作夫俄國不可依々俄猶求庇於虎也日亦安可依々日猶結鄰于狐也總之不能自立之國終必自强國降而爲弱國爲被保護國爲附屬國往者不必論請觀日韓議定書成立後之朝鮮若恐內亂之起則以今日內政之腐敗外勢之凶迫官民之衝突在在皆足以起亂而何獨於與日聯盟俄之虛無黨大學生最待時思逞者也而日俄事起以來虛無黨之晏然大學

生之敵，倏轉有出人意外者況中國尚無眞正革命種子即有而當此外患之來勢如累卵國家果自發憤爲雄則誰無人心必不至昧於鷸蚌漁翁之喻自相殘殺以速瓜分之禍也至若兵力則甲午之役水師全覆殘餘軍艦不足以成軍固無論已陸師全國號稱七十萬除旗兵綠營老朽不堪數者其所稱爲練軍者亦不下二十餘萬而今日所稱爲差堪應用者僅北洋之一二軍以之盡充北防尚恐不足而何能以戰其不敢出之輕率固已然吾有疑問焉我即自爲中立設俄人無理犯我則何如蓋吾國以防備中立屯兵於熱河山海關方面俄則屯兵於新民錦州大有以遼陽爲集中之勢熱河位於北京之東北自北京經順義密雲古北口出長城可達其去北京也不甚遠然使俄人送兵熱河則非經蒙古東部不可抑熱河當灤河之上流自灤河逆流而上其道亦不便故在熱河而生中俄之衝突可保其無有惟山海關去錦州近錦州距新民屯亦近設俄欲挑我戰則初次衝突其在山海關錦州之方面乎不幸而敗則俄必直進山海關爲占領北京計彼時日以我爲中立不能假之以手而直隸全省必蹂躪於哥薩克馬蹄之下至此而悔不與日聯盟協力以防國境其何及乎更試進而論軍費則國庫之困窮外債之窘迫有若今日設大兵起於北方誠若列國所慮全國財政必因之而紊亂者然若今日之狀態亦祗足以偷安於一時一旦日俄勝敗揭曉俄勝于日則乘勢席捲彼得之遺言將實行於今日是不特支那帝國從此沈落即日本之立國東亞亦岌岌不可終日日勝於俄則東方老大病國尚得以苟延殘喘然俄即塗地必不肯償日以兵費日為此役悉索敝賦其額且達於五億又不能不索償朝鮮已為日本被保護國自不能強索以軍費即索亦無以為償則代俄而償日以兵費者其惟吾國乎吾若聯盟於先則藉曰索償吾猶有詞以對若今日之現狀則將來兵費之要求自不能不應而所謂維持財政紊亂之効果又何在此按之政策而知其不利者二也

夫以法理言則如彼以政策言又如此則吾國之局外中立者徒犧牲己國之利益為各國維持商務於戰爭時耳日本之勸告美國之提議其心迹不已昭昭可見乎夫日有大欲於我自不待言美自破除蒙洛主義（或作門羅）以來侵略之野心不讓於列國東大陸上商業之進步近且駸駸有凌駕英國之勢而對於滿洲問題之銳意熱

心尤非列國所可比倫蓋美之主意在擴張工商業實行其工商政策於東方故極唱開放中國保全其領土而絕對反對主瓜分中國者於北滿事變絕叫不可實行分割支那列國旣容其議於滿洲問題特表同情於日本提出開放奉天三市旋即簡放領事其熱心經營事業與夫謀所以牽制俄勢者更昭然若揭紐育脫利批痕新聞紙二月二日發行有云「合衆國之於滿洲不特宜獲得商業上之權利且須進而謀獲政治上之權利」其他有勢力之新聞亦皆主張此說亦可見其輿論之所在故日俄戰事告終美國之商業其突進勢力於東方固在意料之中而於對東政策必更發布其特殊之意見以處置其將來其對於我國或且提出特別之條件以爲報酬亦難逆料日之於我更不能以美國論蓋日之與我居同洲生同種甲午以來其知我之深防我之嚴又非列國所可比其對我之方針弛之以使懷張之以使畏恐陸沈之不足庇其外府又恐奮發之有害其生存故其對我也若嚴兄之馭弱弟若異母之撫前子憎之也而故若愛之壓之也而故若縱之時而提携之時而限制之觀近今彼此之交涉與夫彼邦政治家之議論昭昭明已吾國人素乏獨立性媚外之

習深入人心此次戰事之結果日而勝則吾國上下崇拜俄人之勢必轉而趨之於日將來日人用鍛練之手段籠絡於上下其影響於實業界上無論矣即政治上教育上軍事上舉吾國鉅細事故將盡歸其掌握吾國人現尚擁自大虛驕之氣猶若離若合未定引歸久之則驕氣漸戢惟覺外人之可感日思所以媚之在上者謀固其位在下者謀利其身至此而龐然無大之支那帝國必且與叢爾小朝鮮俯首帖耳托庇日本同爲被保護國即不然列國爲均平勢力範圍起見共操我國實權陽唱保全我國領土陰以實行無形瓜分則我即幸不爲日本保護國亦必爲各國共保護國其去朝鮮也僅一間吾不知其日之國人當若何感觸吾又不知今日之國人當若何奮發也嗟乎我觀吾國今日局外中立之舉動吾敢知吾政府之爲此中立祇爲一日倚安之計於戰國相互之關係列國對我方針戰事終了之結果未嘗稍思之也不然知今日中立之實出於不得已則當及是時以修軍備爲革內政焉且實行武裝中立之行爲日日與俄作開戰想焉顧何以優柔不斷徒以毋失兩大歡心即謂我已可以免責也吾敢爲我政府正告曰日俄戰爭結果之期即我國

問題解決之期與國於斯亡國亦於斯也又敢爲我國民正告曰日俄之戰爭黃白人種之戰爭也黃白人抗衡之機其在此時而我數千年代表黃種之支那人得與日人同其資格以與白人抗也是在我國民抑異其資格附屬於日人以與白人抗也亦在我國民也可不懼哉可不懼哉

（甲辰二月二十日稿）

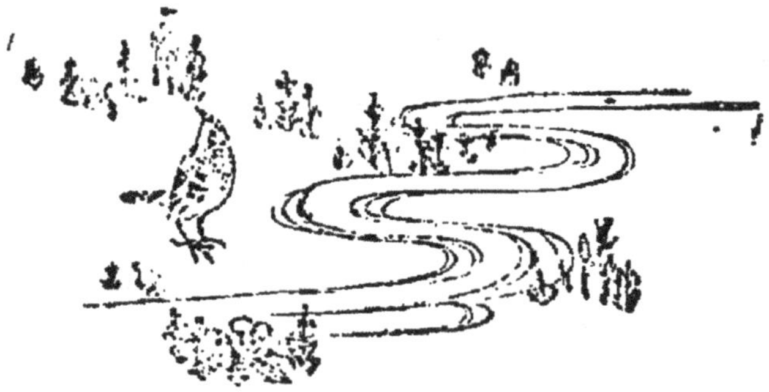

一六

日韓議定書之評判

守　肅

自日俄炮火之交忽而仁川忽而旅順慘濟蒙痛之活劇一時畢呈世人之視綫方咸集於此以研究其戰爭之趨勢而忽有所謂日韓議定書者突如其來不及數日凡調印交換之事具已完結坐是而朝鮮之地位一變而日本對於朝鮮之地位一變而亞東列國相依相制之形勢無不因而俱變噫、日本外交手段之機敏夫安得不惧夫安得不惧。

日韓議定書者。成於日本全權公使林權助與朝鮮代理外務大臣李址鎔之手。凡六條。茲先揭其全文於左。而徐加評判焉。

第一條　欲圖日韓兩國之親睦。永久鞏固。並欲確立極東平和之基礎。故大韓帝國政府。十分信賴日本帝國政府。一切關於改良政治皆容其忠告。

第二條　日本帝國政府。當以懇摯友誼。以保韓國皇室之安全及其康寧。

第三條　日本帝國政府。當確保韓國之獨立及領土保全。

第四條　韓國皇室之安寧以及領土。有爲第三國或內訌所侵犯，日本帝國政府。即當相度情勢妥籌辦法。是時韓國當予日本帝國政府十分利便。以期行動靈捷。

日本帝國政府因欲達此目的。酌量形勢。可以占領軍略上必需之地。

第五條　日韓兩帝國政府。將來未經相互承諾。不得與第三國訂立有背此議定書旨趣之協約。

第六條　本議定書之細目未盡事宜。當由日本帝國代表者與韓國外部大臣。臨機協定。

觀以上所定。雖區區六條而朝鮮所蒙之結果固有足驚夫國家所恃以存立者不外內政軍事外交三者而已今通觀議定書之內容曰一切關於改良政治皆容日本之忠告曰朝鮮有亂日本當相度情勢妥籌辦法并可占領軍事上必需之地曰未經相互承諾不得與第三國訂立有背此議定書旨趣之協約是朝鮮之一舉一動無不當仰日本之鼻息聽日本之指揮而所謂獨立者語不知其果何所指實而言之朝鮮之地位蓋已不外半主權國中之被保護國對於保護國之日本種種義務由此生焉千八百七十四年法國與安南之條約千八百九十五年法國與馬達噶斯喀之條約同年英國與馬來半島之條約皆其前例日本即挾此策以施於朝鮮耳顧或者曰以上諸種條約皆明定有保護字樣一切行政有不得不依保護國之所勸告今日韓議定書不過使朝鮮容納日本之忠告夫曰忠告宜其出於日本之好意拒納之權固存朝鮮且約中明言維持朝鮮之獨立保全朝鮮之領土日本即欲有所爲獨不慮毀約之誚乎噫爲斯言者殆未知外交手腕之性質乎夫强國之外交當其欲與弱小之國締盟立約恒先聳之以勢啗之以利務爲模棱曖昧之辭以便其乘機干涉故一條約也有所謂表面有所謂內容其表面恒利於弱國其內容則常爲强國之所制表面與內容雖有所齟齬及一旦實行彼强國者固不難堅持一說求貫徹其希望而後止故日韓議定書之表面誠有如論者所云云而其內容之所在安得不一顧也

論者猶疑吾言乎則曷不觀日本國際法大家所以解釋此議定書者雖有數說大

致無不同。有賀氏曰。據此議定書韓國承認日本干涉其國政是放棄自主權之一部分也故非他日戰勝日本其完全之主權必不可得回復中村氏曰此議定書之精神在韓國受日本之保護納日本之忠告幷承認日本各種之權利（第四條第一項及二項）然後日本始保障其獨立及領土保全斯非純然保護國若屬國耶高橋氏曰自此議定書出韓國在國際法上成所謂一部主權國要其歸宿莫不以朝鮮爲日本之保護國而朝鮮斯眞亡矣夫第曰保護國固亦與亡國有異保護之關係既因條約而生則其保護存廢之時期亦視條約之運命爲斷故條約存則保護之關係亦存條約廢則保護之關係亦廢朝鮮之締結此議定書也雖未深思經緯從事及一旦悟其不利曷嘗不可棄條約而並棄保護之關係乎雖然吾有以知其必不能也蓋此議定書締結之與否固朝鮮之自由既締結以後則不得單獨破棄之況朝鮮亦必不能以獨力抗拒日本即欲棄約勢必借重他國更立一差強於此之新約則顯犯日韓議定書之第五條而適貽日本以口實也要而言之日本既得之權利無論遇何阻礙其必強硬執行無所假借而其國現時之兵力亦足護之以達此目的故有賀氏謂朝鮮欲恢復主權必他日戰勝日本而後可此豈輕率客氣之言蓋深有所見而然也不寧唯是而已日本以新造之國挾其帝國主義躍躍欲試他勿具論即其於朝鮮豈遂甘以保護國自足吾見朝鮮之地位變假自安南一變而爲埃及矣（埃及之於土耳其雖云保護國實則附庸）變假自埃及一變而杜蘭斯哇矣（杜蘭斯哇初爲英吉利保護國千九百二年以後遂併於英）其轉變之時期雖難豫定要可循此階級而遞降則吾之所敢斷言也

然是猶就理勢而論即在事實上雖舉八道之人民土地悉折而入於日本亦無足怪吾聞日韓議定書成日本即派伊藤侯爵以慰問皇帝爲名視察於朝鮮京城各黨派方分立門戶互相傾軋聞伊藤至各欲攀附之以擴已黨之勢力無論其不知所謂對外一致即伊藤此行之目的亦無有過問之者焉吾聞釜山一帶之人民無不額手稱慶謂從茲可以脫姦吏之苦而受外人之保護矣是實足以代表朝鮮國民之性質日人謂經營朝鮮較易於台灣以其柔順而易制也夫然朝鮮上下對此議定書之感情可以見矣雖其發表之日未嘗無所謂反對黨者聯合負褓商呈書國王痛陳利害累數十百言無不沉痛悲惻令人不忍卒讀而試推李裕寅權尚爽

等之用心爲果知此議定書之價値乎則何以不奔走於事前而惟橫議於事後僅以文字衆責且其所以反對者恐亦不過欲取諸日本以與俄國以實行其親俄黨主義則其結果果有以異於今日之議定書乎

抑日本之敢於出此。不慮他國之擬議其後也彼豈不曰。是國家自衛權第三國無干涉之權利蓋亦深知歐米各國對於朝鮮之關係甚薄朝鮮之存亡曾不足措意其不來干涉也亦明甚至於亞洲除俄羅斯外惟中國關係最近然甲午以還中國之於朝鮮已無容喙之餘地故安南之役中國聞報尚出抗議移書於各國公使曰。安南本中國屬地乃法蘭西擅結條約并臨以兵是侮中國也若法軍攻北甯中國亦即以兵戎相見（其結局成敗又當別論）今朝鮮則方離中國旋入於日本而中國且當與其他第三者袖手而觀不敢置一辭吾乃歎日本外交之思深慮遠非法國所能及彼蓋以排斥事大主義（朝鮮本有此黨）爲經營朝鮮之第一着遲之又久而日韓議定書始出不特可以噤中國之口即其他各國亦當默認其既得權也至其於朝鮮雖十年以來無不以維持獨立保全領土爲言此外交上之政策而已夫安得以

出爾反爾責日本也噫、

24

八

論說

本欄爲同人自由發揮其其思想之地、不拘定格、而大都直接或間接有大影響於政治界與尋常空論不同、

新學術與羣治之關係 續第三期

君武

人文開發生計變遷之大時代。爲十五世紀。既記之如上矣。文學之復興。印機之創始。海洋之發見。皆此世紀之大紀念。而路德之改教隨之十六世紀之歐羅巴。乃全陷於戰爭之盤渦中。故科學之在十六世紀無甚進步

至十六世紀之末季。乃初現一人文發啓之新時期。即英倫之文學是也。當是之時。英倫力與西班牙決海上之死戰。文士乃作許多激刺軍心鼓舞勇氣之詩歌一時大流行於通國。而以利沙伯時代之最美產物。即戲曲也歷史小說。册多價昂不如戲曲之小册易購而當時之最大戲曲家。即索士部亞 Shakespeare 也。即今觀之。若索士部亞爲全時期之唯一代表者然。然當時戲曲者若本宗遜 Ben Jonson 馬婁 Marlowe 包蒙特 Baumont 佛累缺 Fletcher 者。皆一代有名之戲曲家也。

文學以外。十七世紀之大成功。即科學之進步是也。而溝通文學科學之界者。實英倫之佛朗西司倍根。Francis Bacon 其所著文集 Essay 爲文學界不朽之貢獻。而其所著「進學編」Advancement of zearning 則文學科學兩界不朽之貢獻也。倍根力攻煩瑣哲學。而主張觀察 Obervation 經驗 experiment 之必要及歸納法 Inductive method 之當修。

十七世紀科學進步之先鋒。實刻白勒 Kepler 及嘎利留 Galiles 之天文學。自哥白尼發明太陽系 Solar system 之後。刻白勒更明定行星之軌道且立星動之三例。同時嘎利留於意大利發見木星之月。且謂金星之光與地球之月等。於是哥白尼太陽系之理大定。

十七世紀之末季。發明一奇異重大之理。即奈端之地球吸力說是也。是與刻白勒之天文說合。而天文學之算測實驗。得此以完。而科學之根基定矣。由一六〇〇至奈端之死耳。科學之進步。雖十九世紀之盛。不足與比。而重要之物質公理。皆發明於此期間。

此期間科學之進步。實國際的性質也。哥白尼發明太陽系自波蘭。嗄利留實證之自意大利。然其所持望遠鏡實至自荷蘭。刻白勒德國人也。其論料本於布拉赫 Tycho Brahe 布拉赫者丹麥人也。集大成者英人奈根。然至法人鄙卡兒 Picard 精測度之後。奈端之證益明。若是其大之建築。歐羅巴之國民。殆各與有力焉。

當是之時。科學界外之大進步者。曰法律之思想經驗派大哲學家洛克 Locke 講心靈學教育學。又論政府存立之原因及其職能。美法二國大被其影響。至今已定爲普通之法理矣。與洛克同時。本宗教之神力。抱法律之新思想者。爲英倫之自然神教徒。Deist

十八世紀之初年。法國之國事犯多逃於英國。其最有名者曰福祿特爾及孟德斯鳩。大感夫三權分立 Three different lines of influence 之制。當是之時。英民之自由。雖不及其在十九世紀之完。然比之法國。則相去遠甚。有洛克之政治哲學。有自然神教徒之法律思想。乃著書疾呼。以定法蘭西之改革案。明政府之眞相。宜自由之木鐸。法蘭西大革命起。十九世紀歐州之大革命起。其原動力皆此區區數冊法理學也。

法蘭西革命前。專制君主若路易十四者，其功罪不相掩也，彼以獨力與全歐搏戰。當彼其時，法國文學之盛。戲曲之美。幾達極點。即累 Corneille 莫釐兒 Molière 拉西 Racine 之徒。互競才技。法蘭西之語因以改良十八世紀之全期。法蘭西爲歐洲大陸之教授導師。法語遂成爲歐洲大陸之普通語。以至于今。

就大體言之。謂十八世紀爲建設之時代。無寧謂之爲破壞之時代。此時代之學風。以觀察及經驗爲尙。又將各種事實聚積而類別之。批評十七世紀之舊理。而發其誤失。豫備十九世紀之進步。而導其先路。此十八世紀之特質也。

然十八世紀之二大發明。固有不可忽視者。一曰養氣 oxygen 之發明。因此知燃燒之本性。而廢百年沿用之炎火 Phlogiston 舊說。一曰拉卜拉剖 Laplace 之天文學。適於十八世紀之末年出版。始發明星雲 Nebulor 臆說。且此世紀中。講自然科學者。益知用類別之法 Method of classification 若林留司 Linuaeus 之植物學。巴倖 Buffon 顛費兒 Curvier 之動物學。皆善用類別之法。而即進化論之先聲。達爾文之前導也於醫學發明種痘 Inoculation 之法而迦打 Volta 賈發尼 Galvini 佛蘭克令 Franklin 之始研究電學即在是時

十八世紀所發明之一種新科學而今日占極重要之地位者即經濟學 Political economy 是也當十七世紀之末叩倍兒 Colbert 始著論論政府管理工商之法其後法國之 School of Physiocrate 立始論富之生產分配而魁司累 Quesnay 者實此學開創之始祖也其後古累 Gournay 儉荷 Turgot 亦稍有發明然使經濟學之完全成一新科學實自亞當斯密始亞當斯密之「原富」Wealth of Nation 實以一七七六出版於蘇格蘭也

且十八世紀之最大革命即工事之盛用機械是也自一七六〇至一八〇〇之間機械之創造改良者無數汽機亦於是時經大改良而合於用哈格里夫 Hargreaves 阿克來 Arkwrigh 康卜登 Compton 相繼創紡織新機製布之業一大革新炭鑛開掘之法同時改良鐵鋼之製造亦然以應新需而繰綿新機 cotton gin 之創作隨之是機乃槐累 Whitney 之所創於美洲者也

六

機械發明之結果爲財富之積聚 The accumulation of wealth 故十八世紀之末。生計界起一大革命機械之利用。猶之金鑛之無盡藏也。方其初始。英國財富積聚於資本家之手中。然拿破崙之戰。英國即賴是以得不匱且賦稅之收入貯蓄銀行 Saving bank 之設立中級社會及勞働社會受益良多箇人之利莫大於是

最蒙機械之利者爲英格魯撒遜民族其富亦遂爲世界之冠地球總富英人攫其三分之一。而據一八八〇之調查。合衆國民之富。實冠於地球因是之故其人種遂益膨脹屢戰不匱拓地益遠據極强之海軍有十萬萬圓之國債今昔財富之比例。其相去不啻霄壤矣。

至十九世紀而科學之發明極盛有專書言之。非短篇所能罄。其特質曰發明純正科學 Pure science 而改良生計之應用增進人類之福祉遂進爲機械之大時代 The Great age of machiney 矣。

十九世紀發明之最重要者。曰利用蒸滊爲運送之機關而創造鐵路滊船起商界之革命使新機製造之貨物易於分配流通且此發明科學之最利應用者。尤爲電

學若電報電燈德律風等等是也。又若火柴映相之術痲醉防腐之劑豫止傳染之藥科學之應用。亦未始而有涯也。

十九世紀科學之特質。在即天然活動之事物以發見天然律 The laws of Nature 若夫「力之永存」之律「分子構造」之律「生物進化」之律「細胞胎胚」之律「傳病原子」之律以人智測天功。前世紀之可以與比者。惟奈端所發見「地球吸力」之律而已。

今方廿紀之第四年。而科學界重要發明已有電學界之無線電報及化學界之鈤。radium 繼此以往蓬蓬蓊甚。而吾中國守三四千年前祖先發明之庭燎野火。不能光大之。何也。不知以「比較」「經驗」「觀察」「聚積」「類別」「演繹」「歸納」之法講學故也。大學何嘗不言格致。而曰格致所以誠意正心。夫心學者格致中之一事而非其宗主之所歸也。程朱小儒眼孔如豆盛張謬說謂綱常外無義理心意外無學問陸王之以禪學虛空率天下者更無論矣。至於今日君吏昏虐士庶奸僞所謂先賢義理之教心意之學何絲毫不食其報也。學界昏踏魔邪塞途西方以科學強國強

種吾國以無科學亡國亡種嗚呼科學之興其期匪古及今效西方講學之法救祖國陸沈之禍猶可爲也

文明戰爭之規例

守謙

羣雄並時競力鬬智一舉一動交相督察得天下之同情則國家其利受天下之指摘則國家其害而文明野蠻之界由此而分矣故自非痲木不仁奄奄待斃之國無不自納于公法之中兢業自持力求上進亦自非毫無思想罔顧大局之國民無不涵養公法之觀念推己及人以益進其國於文明吾念及此吾益不得不服日本有賀氏之有加人之識過人之量不以其國爲日本之日本而欲以爲世界之日本也當日本與俄國決裂目下絕交書曰宣戰曰報告交涉顛末曰俄公使撤退東京天皇皇后皆有賞賜而官民之餞送者且數十百人雍容鎮靜不激不隨吾人方深羨日本之舉動無不脗合於國際法理而其國之大外交家如有賀氏雖且滋憂焉蓋以公法思想未盡普及之日本突然與世界強國啓釁稍一望誤即足以種無窮之禍根此不得不有所責望於其國民也於是作文明戰爭之規例一篇亦提撕警醒之微意譯其文如左

明治二十七八年之役。敵國之支那。雖不知公法爲何物。而我則在在以法規自持。不敢輕肆大受文明世界之贊賞。其後北淸事變各國兵士非理亂暴攻擊之聲喧騰歐洲故日本雖稍乖法理。亦可以見諒於天下。今則异是。所謂敵者固文明戰規生產地求對付之之道。必謹愼以出之。競戰以臨之方不遺患於他日。夫俄羅斯世所謂半開也野蠻也今而曰文明戰規生產地。聞者豈不大怪。實則未知彼中之情形耳。蓋俄羅斯之國民與皇室判然二物。其國民爲斯拉夫民族。雜以黄白二人種。獰猛殘酷乏自治之力迎丹人魯歷克戴以爲王。魯歷克者屬於挪耳曼種人。雖數傳以後系統中絕而今之羅馬挪夫皇室本其姻戚。世世皇后不出於丹麥則迎於德國。禁皇族與純粹之俄人互通婚姻。故俄國朝廷毫不受斯拉夫血液之沾染。秉性各异。所由來遠矣。是以亞歷山大一世。當與墺普英同盟合文明諸國之軍隊以戰拿破崙慨斯拉夫之兵。有蠻野舉動。玷其國體力制止之。亞歷山大二世。紹此遺志。贊載埒務條約(即赤十字條約)之成立。降至千八百六十八年。更於聖彼得堡。開萬國會議。禁使用殘酷武器。締結條約。沿用至今。又普法戰爭。其禍頗烈。由此法

二

有志之士。倡議開萬國會議。作待遇俘虜條約。而俄羅斯引爲已任。多所奔走。成千八百七十四年之布魯塞戰規宣言案。雖以故中阻。未至批准。而各國陸軍固嘗實行之矣。千八百九十九年海牙平和會議。更修正之。成「陸戰規例條約」凡二十六國皆加盟焉。而俄羅斯帝實其主動力也。又千八百七十七年之俄土戰爭。俄國勵行公法。馬爾天博士爲政府顧問。多所畫策。其所得效果。與平和會議之事迹。合而爲一書。名「平和及戰爭」以法文刊行。且海牙平和會議。俄國亦嘗遣海軍大學校公法教授列席。則其海軍軍人間。公法觀念之普及。可以知矣。

由此觀之。俄國固欲實行文明戰爭之規例者。其今日之舉動。亦顯與此相合。彼非難日本之口實。謂未嘗宣言遽爾開戰。是固出於強詞。然持是以誘起內外民心。鼓舞其敵愾。亦其政略之所在。不足深咎。奈古浦丸之轟沈。初以爲不法行爲。及聞歸國船員之言。彼固照海上捕獲之例。初放空砲。命其停止。不應而後擊之。且救助船員。次第送還。皆無可議。惟不收一切文書。付諸捕獲審檢。可謂失察。然或出於奈古浦丸船員。不解捕獲審檢爲何物。自放棄其權利。未可知也。旅順口日人之放逐。稍不合於事理。此實彼日軍攻擊之後。憤而出此。故情有可原。聚數百人於一所。數日不給食物固是無道。然應戰多忙。或不暇雜顧。故其時日人某寄書於亞歷塞夫告以此事。立給糧米。可以證矣。且也立於敗者之地位。欲勵行戰規。不無困難之處。此不得不稍爲之曲諒也。

今我日本則何如。陸軍大學校及海軍大學校。置國際法講座。使參謀將校。從事研究。就陸軍論。當日清戰前。每年畢業二十五名。明治二十九年以後。每年增至五十人。海軍則人數較少。初爲七人。後增至十二人。且其交戰。以船而不以人。即此而已足於用。此外海軍大學校內。有臨時講習會。爲將校不能肄業二年者。短縮期限。授以重要科目。久邇宮殿下。於陸軍大學校研究戰事公報。山階宮殿下華頂宮殿下。皆學習於海軍大學校。東伏見宮殿下。初亦在校學習。以開戰故。遂中止。是以日本各部隊。各軍艦。無不有通曉文明戰規之將校。臨陣之際。雖有如何問題。咄嗟之間。立可解決。又陸軍省海軍省。亦皆有精通國際法之參事官。參與制定各種法規。頗著成效。如俘虜情報局及捕獲審檢所設置之敕令。陸海軍大臣所定之俘虜取締

規則。戰時禁制品之指定等。其一例也。又外務省臨時聘請學者。使審議戰時重要規例。如對俄之歸宏捕獲規定之改正。皆成於其手也

由此觀之。政府也。陸海軍也。用意周到。更無可議。茲所欲言者在一般國民夫遵守交戰規例非獨政府軍人之義務。而國民之義務也。使一般國民之腦膜未有此觀念。則其結果或有不可問者　鄙人於政法學報第三期法律門論研究國際公法。爲一般國民之責任。亦是此意。　故歐羅巴國民無不明曉此理。爲之研究而遵行之。而日本則發達尚早。不無遺憾。例如今日（西曆三月十六日）某報。攻擊俄國之不法。謂其軍艦阜米脫利董司科。於地中海。扣留航行東亞之中立船也。然以吾觀之。則一正當之手段。因欲查明該船。果有搭載戰時禁制品。戰時禁制書。戰時禁制人等與否。而始爲此。舉可以違反公法論。俄國將炮擊北海道市街。各報以該處未修戰備。不在炮擊之例。復起而攻擊之。實則孰爲是非。尚難斷定。又開戰以後。各處車站。皆張告由恤兵部送與俘虜之信件。不取運賃。是果何故。恐未觀不和會議所締結「陸戰規例條約」第十五條以下者。莫由知也。又俘虜情報局。何爲而設。以七

六

首加於亞歷塞夫咽喉之繪畫明信片。警察何爲其禁發賣。居留日本之俄人。何爲不悉逐出境。內地華俄銀行支店。所有之俄國債權。何爲不押收之。開戰當時。在日本港內之敵船。何爲定以期限。令無事歸國。外國人應日本國債之募集。爲中立違反乎。戰時禁制品。一切得不得輸入乎。交戰中不得購買外國商船乎。與敵國之友人。不得往復信函乎。凡是等事及今後續發之問題。凡吾國民務直得下正當判斷而不誤。而爲國民耳目之新聞記誌。亦務以普及公法觀念爲指導社會之天責。此吾仰夙夜禱祀以求之者也。

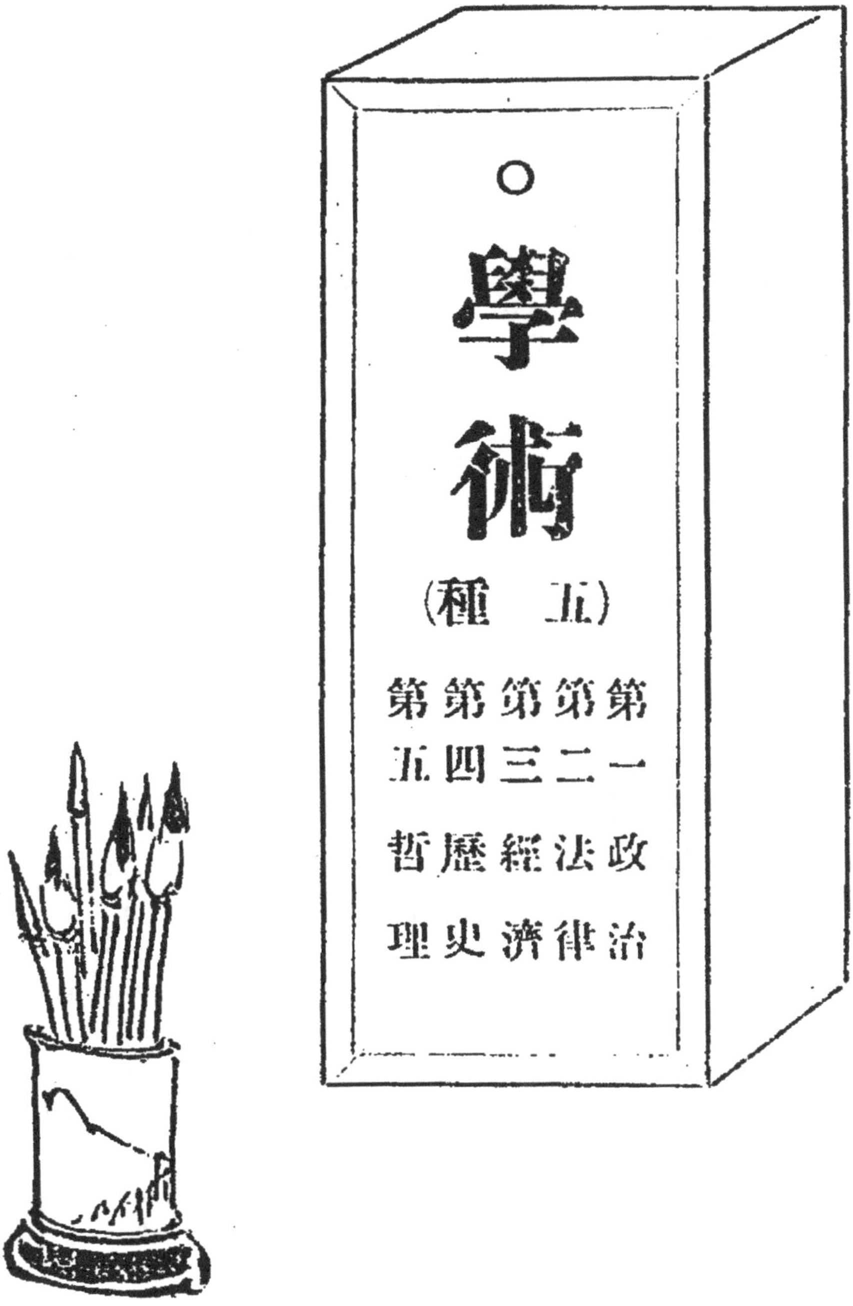
學術
（五種）
第一政治
第二法律
第三經濟
第四歷史
第五哲理

每冊二角五分全年三元五角每冊加日

江蘇第九第十期合冊目次

郵三分內地郵另加合本貲二冊之價

總發行所　日本東京駿河台鈴木町十八番中國留學生會館　江蘇出版部

總經售處　上海棋盤街　明權社

每月一冊朔日發行

政治

論滿洲問題及各國之對滿政策

天民

嗚乎滿洲問題吾中國生死存亡之問題也而其禍必及於全世界則又爲全世界強弱競爭之問題蓋吾中國孱弱萎敝。數十年於茲矣列強環視相聚而謀我外撤我藩籬內奪我土地制限我主權壟斷我財利予取予求日不暇給蓋其勢不致我於死地不止也使我中國於此而急張兵力整內政以固吾邊圉猶懼弗勝焉今若置滿洲於度外而不顧如秦越之相視以聽他人之橫取强奪則列國以均勢之故必將各出其兵力佔領其勢力範圍以制我之死命我恐滿洲問題之終點即爲我中國瓜分之起點矣。況日俄開戰以來我主張中立之說。而又以滿洲爲中立範圍之外遂有問題。至今未決。我將棄此滿洲乎抑仍欲取而有之乎若仍欲取而有之我不能自戰而望他人之代我戰依違於齊楚之間進退莫決則戰勝之國必將視滿洲爲囊中物是滿洲仍非我有也滿洲非我有則我窮弱之勢更暴露於世界中

二

而各國覬覦之隱謀宰制之手段必交起而與我爲難我又何從而抗拒之哉故吾曰滿洲問題我中國生死存亡之問題也

滿洲問題爲俄人挑釁之始俄人欲據滿洲爲絕東競爭之根據地則日本生死之問題出日本與俄以兵戈相見實出於萬不得已日本退讓一步則俄人即進佔一步俄人佔滿洲則朝鮮危朝鮮危則日本失其屏障沿海受敵纍卵之勢不可終日此日俄之間所以終相衝突也日俄既相衝突兩虎相持斷非一年半載所能了結則各國於此時或因欲張其利益線之故或因欲保其自衛權之故或因欲遂其封豕薦食之故必將各擁強兵相機而動強者主之弱者奴之是滿洲之野實爲列強在東亞大戰爭之發源地故吾又曰滿洲問題全世界強弱競爭之問題也

夫各國於滿洲其利害不相同有直接與間接之關係故其對滿政策亦異有直接之關係者其關係重則其爭滿洲也必以全力注之有間接之關係者其關係輕則將以滿洲爲導火線而肆其延燒東亞之詭計關係重者爲俄爲日關係輕者爲英米爲德法試順序評論之於後

第一、俄國對滿洲政策、
第二、日本對滿洲政策、
第三、英國對滿洲政策、
第四、美國對滿洲政策、
第五、法國對滿洲政策、
第六、德國對滿洲政策。

第一　俄國對滿洲政策

俄國對外政策素持全薩剌瓦主義蓋欲併合一切薩剌瓦人種成爲一團使服屬於俄國主權之下。而不意其政策竟不得達。不但君士但丁堡無從佔奪即巴爾幹諸國。一經獨立。即制立憲法。設置議院使俄人無所措手。俄人以全薩剌瓦主義之不可恃也故近時則主張世界政策或帝國主義於黑海之濱不甚介意而極力經營絕東問題者蓋將據大陸以制大洋者也夫帝國主義實近來世界之趨勢如英如美如德皆然。英據大洋而建其世界帝國俄則欲據大陸而建其世界帝國英由海上航路以聯絡各處領土。俄則欲據鐵道政策以包羅其版圖。此西伯利亞貫通鐵道之所由開也。俄與英兩大國各長一方。勢力相均。互相仇視。故俄法同盟。俄德訂好。又取土耳其爲友國。蓋皆所以免後顧之慮。而使自己得以全力經營絕東者也。

俄人之經營絕東。於帝國主義以外。又有經濟問題。蓋俄國工業物品之輸出。雖因政府保護之力。漸次發達。然尚在幼稚時代。不能與歐美各國相競爭。故該工業品之銷路。不得不求之於亞細亞大陸。此爲俄國極東經營之第二原因。

西伯利亞貫通鐵路。爲俄羅斯與太平洋連絡之線。由一千八百九十一年起工。而一千八百九十六年九月八日與我國訂立條約。又得東清鐵道敷設權。一千八百九十九年又得旅順口支線敷設權。於是舉滿洲全地皆置於俄人勢力範圍之內。我日以買俄人之歡心爲急務。而甘受其愚弄。彼遂得以伏我而貽其臍噬臍之悔。其可及乎。

自商務貿易一面言之。則滿洲鐵道未設以前。與今日之情形迥異。當愛琿條約締結之時。其第二條中雖準兩國人民於烏蘇里黑龍江及松花江沿岸。得任意通商。而數年以後締結彼得堡條約則改正該條款惟許人民於國境外五十俄里以內得任意通商。其輸出輸入之貨皆加以制限。如米鹽鴉片等物均不許由滿洲輸出。又該條約上載明俄人於滿洲無設置領事館之權。故俄國商賈之來滿洲者甚少。而兩國貿易大約皆經我國商人手者居多。迨滿洲鐵道既設以後。則中俄貿易情形。亦爲之大變。阿僻額納沿岸哥薩克人常以家畜與中國綿布農產等物交換。黑龍江方面精奇里河一帶地方。人烟稀少。商務減薄。而該河口之愛琿薩哈連烏喇等地方。則實爲中俄兩國通商之中心點。由滿洲輸出之貨物。於農產物外。則有我國及歐美國之工業品朝鮮之布帛、馬尼剌烟草葡萄酒等。由俄國輸出者、則爲工業品金屬品銀塊等。愛琿及薩哈連之次。爲伯拉照夫琛斯克市。此市亦爲貿易之重要地點。

中國商賈輸送貨物於黑龍江流域者。大約以穀及食物等爲主。蓋黑龍江地方所有農產物。平時不足供給俄民及該駐紮軍隊之用。勢不得不仰給於我中國及美日兩國。若不設立鐵道。則一朝有事。輸送途絕。必有糧窮食盡之患。此西伯利亞鐵道與俄人東方經營上。所以有絕大關係也。

俄人南下之勢。其經營籌畫已數十百年。而近來誘其南下。且與以最好之機會者。則爲甲午之役及團匪事變二件。蓋甲午之役。俄人主議以遼東還我。表示友邦情誼。且爲我保證公債款項千六百萬磅。使我得在歐洲市場招募此種公債。俄人以此爲德。遂索取相當酬勞費。於是始締結卡希尼密約。卡希尼密約者。光緒二十二年俄皇於莫斯科舉行戴冠式。我國特派全權大使李鴻章致賀。因結是約。俄人藉此密約。遂得大伸其手於東三省。並得獲取天然不凍港。直接與太平洋相通。不凍港與西伯利亞鐵道互相連絡。海陸四達。於是滿洲之三十六萬二千方里。一千二百餘萬人口之膏沃地方。遂懸於俄人手掌之下。豈不可慨哉。俄人以狡猾強迫手段。享有此種利益。然一時尚未能實在施行。故先請以膠州灣爲俄國軍艦冬季碇泊之所。光緒二十三年。德國藉口於宣教師殺害事件。突以軍艦占領膠州灣。夫膠州灣爲俄國軍艦冬季碇泊之所。而德國悍然不顧。敢於占據者。則必出於俄德協

六

識而得俄人之許諾者可知。英國法國因此亦各思一辯之當。而俄人尤爲喜出望外。何則。蓋俄人可藉此爲請求旅順大連灣之口實。以遂行其數十年來侵略之野心故也。旅大租借之條約既成。而旅順口鐵道支線敷設之權亦遂屬於俄國。俄人經營滿洲之基礎更爲鞏固。

其次團匪之變。我國所負鉅傷最爲慘痛。而俄人占領滿洲之機會亦更形迫切。蓋當時俄人以鎮壓盜賊保護東清鐵道及居留人民爲名。突以多兵占領滿洲要地。并宣言滿洲鎮靜後直即撤兵。北京各國使臣會議之際。於滿洲問題置之不問。英德協商時。首以領土保全門戶開放爲主。而俄國則謂滿洲在該協商範圍之外。德國亦從而左袒。英國雖力爭之而卒無效。夫德國既訂立英德協商。而又左袒俄國謂滿洲在協商範圍之外者。蓋德與俄相鄰接。若以滿洲之故與俄相爭。則其禍必延及德國本國之東境。故不得不稍避其鋒。俄人於此更無退兵之意。至光緒廿七年所謂中俄密約草案。一時喧傳各國。其條約大旨謂滿洲秩序確立以後始得撤兵。又於鐵道保護名下。駐紮其兵隊。且該鐵道未成以前。不許我國兵丁駐屯該處。

幷干涉我滿洲地方文武官之黜陟權益。其意實欲奪我主權之一部分而以滿洲爲俄國之半屬地也。其後以日本有違言之故。又撤回該條約。然滿洲占領之兵仍未撤退。且於滿洲各處建立新都市。創設兵營。大有永久占領之意。光緒二十八年我國又與俄國開議。始訂立滿洲還附條約。該條約第二條云。淸國政府於滿洲地方有保護俄國人民及事業之責任。俄國因此於十八箇月內全行撤退滿洲所有軍隊。其期限則分爲三期。六個月以內。由盛京省撤退。其次六個月以內。由吉林撤退。最後六個月以內。由黑龍省撤退云云。其第一期撤兵時期。俄人遵照條約撤兵。至第二期撤兵。阿歷塞夫將軍雖聲言於西歷四月二十六日除警察兵外全行撤退。然實無撤兵之意。不過將軍隊略爲移動。而北京駐紮俄國公使蒲拉梭遜更提出要求條項七條。在俄人之意。實欲以滿洲爲俄國保護之下。而侵奪我主權。且閉鎖滿洲。使俄國得壟斷其利益。是明目張胆反背滿洲還附條約。玩我於股掌之上。且欺愚世界各國者也。於是美國對俄國提出抗議。我政府亦送嚴拒公文於俄使處。俄國忽撤回該要求條件。而聲言滿洲開放之同意。夫滿洲開放與俄國撤兵須

八

相俟而行者也。俄兵不撤則滿洲開放同意之說，仍不過以之欺飾天下耳。去夏吉林奉天等處所駐紮軍隊又紛紛南下附集於遼陽海城鄰近地方。以相迫脅。旋又設立極東總督府凡極東所關俄國行政外交軍事上之最高權力皆以授之總督。其管轄區域實包括滿洲全境在內。蓋將於東部亞細亞建一俄羅斯帝國也。俄國第三期撤兵期限既至。不但不遵約撤兵，突於西歷去年十月二十八日以步騎兵千餘人佔領奉天。論者或歸過於盛京將軍袒護部下一二地方官之所致。而不知當時盛京將軍即允俄國所請。俄國亦必藉口他事。以相挾制。蓋俄人之經營滿洲已非一日。且費款巨億。斷無輕易退兵之理。滿洲開放一節尤為俄人所忌。俄人經營滿洲之目的。不外二途。即前所謂政治上野心與經濟上野心是也。俄人既抱此兩種野心。一旦若開放滿洲門戶。則必於俄人有大不利。此俄人所急欲試其反對手段者。況俄人之政治上野心。較之經濟上野心更烈。開放主義與侵略主義正相反對。尼古來一世遺訓謂既立之旗。不可使倒。尤為俄國君臣上下所一日不能忘此格言者也。

俄人於對滿政策既行此絕對進取政策不獨於日本所得滿洲開放之權利有礙且俄人占領滿洲以後必將以亞洲大陸爲根據東窺日韓西略印度握太平洋之覇權造一俄羅斯極大之世界帝國於日本存立問題大有岌岌不安之勢故日俄協約之不成不待智者而後決也日俄開戰以來將近兩月海軍之情形日人殊占勝步陸軍勝敗雖未可知而吾國正當於此時籌練兵備儲軍實爲滿洲善後之策否則相機所動收回土地以挫俄人橫暴之鋒亡羊補牢猶爲未晚若遲疑不決蒙中立之虛名而不實收其中立之實效東亞不和之局其可量乎

第二　日本對滿洲政策

日本對滿洲問題其實在情形可分爲四種

一　日本國民增殖問題

二　日本領土狹小問題

三　日本經濟擴張問題

四　日本國家自衛問題

第一日本國民增殖問題。

日本近年以來。人口之增加日盛。依統計表觀之。明治二十四年人口之增加。不過二十六萬以上。至明治三十三年。其增加數臻至五十四萬餘。九年之間人口之增加數在一倍以上。則此後之增加更難限量。人口既增。土地狹小。生計愈困。勢不得不求一殖民地以爲多數人民生活之所。今日殖民地之最善者。爲南亞美利加及濠洲等處然南亞美利加在美國權力之下。濠洲又在英國權力之下斷非日本所敢與之競爭故不得不求之於亞細亞大陸。在亞細亞大陸中與日本最近。而且適合於日本殖民政策者。莫如滿洲及朝鮮二處。此日本所以亟々於此兩地也。論者或主張滿韓交換論。以滿洲讓俄而日本獨據朝鮮。然俄羅斯膨脹政策得隴則又望蜀況浦鹽斯德與旅順大連灣海上聯絡必須取道朝鮮若使日本獨據朝鮮則俄人海上之聯絡殊多不便故俄人若得滿洲勢必伸其手於朝鮮方面則朝鮮仍不得安然爲日本之殖民地此有識者所以痛詆滿韓交換論而專注目於滿洲也

人口問題與食物問題。有大關係。據日本最近統計年鑑中所調查者觀之。以明治

二十三年爲中心點。而統計其前後五年間米麥出產平均之數。大約米三千八百六十萬石。麥一千四百六十萬石。以明治三十一年爲中心點。而統計其前後五年間米麥出產平均之數。大約米三千九百六十萬石。麥一千九百十萬石。統計此八年內米麥增加之數。每年米不過增加千分之三。麥不過增加千分之三十。合米麥兩者而約計之。年年所增加者僅千分之十而已。今試以米麥之數與人口相比較。則每人口千人。每年增加二人三分。人口增加之數既如此其速則其結果每年一萬人中不得不儉約一百二十人分之米。以資供給由米麥點上於之。則其餘物品增加之度與人口增加之度。其遲速亦可想而知故殖民政策爲日本近來最着眼之政策。而於滿洲朝鮮施行其殖民政策尤着眼中之最着眼者也

第二日本領土狹小問題　領土狹小問題與殖民問題相似。而稍用其侵畧手段。蓋以十三師團之陸軍。二十餘萬頓之軍艦。困居於一孤島。僅足以自存。則必不能與他強國相比肩。然欲雄飛世界。經畧歐米土地。以發展其驥足。又力所未逮。惟於滿洲及朝鮮圖之。庶事半而功倍。近來於滿洲善後政策。論者紛紛。其狂妄之徒。則

謂日本可即割據滿洲隸於版圖之內。然主張此說者甚少。此外論者。或謂宜將滿洲還我中國而但收滿洲商業交通之實利。或謂宜於滿洲獨占其鐵道鑛山港灣等經營之權力。或謂以滿洲為緩衝地。緩衝地者。永世中立地之別名也。要而言之。日俄戰爭之問題結局以後則滿洲善後之問題生。故吾中國今日若袖手旁觀不秣馬厲兵不選將簡師不籌所以處置滿洲之方畧則他日滿洲善後之問題不將聽令於他人乎況滿洲者我之滿洲非日本之滿洲也俄之佔據滿洲者佔據我之滿洲非佔據日本之滿洲也我為主而日本為賓日俄開戰而我置滿洲於中立範圍以外是反賓為主矣其可乎

第三日本經濟擴張問題。　滿洲及北清一帶地方。於日本通商貿易上有十分利益。依日本歷來商業史及確實統計表觀之。實確有憑證。蓋南清地方英美法德諸國之商工業者經營多年其根據甚固非日本所能與之競爭而且南方文化之程度頗高人口稠密資本充實事業盛大民俗亦不易與與北方迥然不同。北方滿洲一帶則文物未開人口稀薄民俗質朴歐美競戰者尚少日本商業家取之頗易成

就若舍滿洲而經營南滿則必致失敗此亦日本熱心滿洲問題之一原因也

第四日本國家自衛問題　此問題較前問題更爲切要著實蓋俄人膨脹之手段猛鷙之心思數世紀來未嘗稍易其轍當時不過莫斯哥一大公國十六世紀之初葉其版圖僅二百萬平方啓羅密達今則有二千三百餘萬平方啓羅密達之面積與十二國相接壤則此四世紀間疆域之擴張平均約計之每日計擴張百三十平方啓羅密達領土擴張之急速各國歷史上與之比肩者甚少今若於滿洲得根據則是於極東負其強大實力必將雄視日本海黃海東海而於要害諸海峽間占其制海權力此時日本雖欲備之豈能安然無恙乎故滿洲問題不獨爲我國保全問題實即日本之存亡問題也況甲午之役俄人出而干涉迫令日本還我遼東強取其既得之權利今忽自爲佔據尤日人所切齒此日俄戰爭之機所由發動也日俄協議轇轕者半歲以上而卒無成於是有仁川之戰有旅順之戰將來戰爭之結果如何固非今日所能豫决而日人之猛往直前不欲以姑息苟安之說爲一時和平之計尤吾當局者所當惕然猛省者也

第三　英國對滿洲政策

英德協商。以保全中國領土開放門戶爲主義。英日同盟。以扶持東亞平和爲主義。然英德協商以後。俄人悍然謂滿洲在該協商之範圍以外。德人和之。英人亦莫贊一詞。蓋英國之注重在揚子江流域。不在滿洲故也。當時光緒二十五年英俄協商時。英國即聲言揚子江不讓與之旨趣。俄國則認定長城以北者得任意行動。雖協商文字上單言鐵道敷設許可之範圍。然實與勢力範圍無異。此次日俄開戰。英國對日本頗寄同情。則日英同盟之功。然該條約第三條。謂有二國以上與該同盟國交戰時。則他同盟國來相援助。協同戰鬪。故日本今僅與俄國開戰。則英國無援助日本之義務可知。特有此同盟名目。則英國不至反戈助俄以擾亂東亞。且於日本一切行動。均有默許意思。未始非日本之一大利也。論者謂英法近來外交上極其親近。將來俄日戰爭結果之時。英法兩國必携手干涉其間。執仲裁之勞。一面斷顧俄國利益。一面保持日本体面。使兩國言歸於好。斯言也其或可徵乎。

第四　美國對滿洲政策

光緒二十五年之際。英俄各國於中國劃定勢力範圍。雖無分割之名。然已發其分割之端倪。美國於此時忽舉門戶開放之宣言。通牒各國。其時法德俄伊英日本等六國。雖皆包藏野心。然對此光明正大之宣言。無不異口同音。齊相承認。於是我中國分割之危機。爲之一轉。

去春滿洲問題糾擾之際。美國又猝然蹶起。內薄俄國。主張滿洲開放之論。及聞俄國占領牛莊。拒我全權委員。使不得開放奉天大東溝二處。美國又拂然憤懣。派遣兵艦於極東方面。以試行其示威運動。夫美國與我相處不同洲。所謂風馬牛不相及也。而孜孜焉爲我伸此公憤者。一則美國素以正義人道爲重。其與我國久敦睦誼。不忍坐視列强之陵沈我也。故特大聲疾呼。以警覺列强之頑夢。一則美國鑑於富力之增進。與宇內之形勢。而思舉其經濟上之大勢力。雄飛於亞細亞大陸。一擴張其蒙羅主義之政策。夫美國自美西戰爭制勝之後。遂進併布哇。略非律賓群島。伸其猿臂於太平洋之南。其意蓋欲握貿易上之霸權。而於大東洋顯其頭角。大東洋土地之最適宜於美國商務者。莫如北淸。合衆國輸入我國貨物。三分之二以上。

大約皆暢銷於北清一帶。此北美合衆國於滿洲問題所以躍躍然欲與俄羅斯相抵抗也。

本年六七月間牛莊之合衆國領事米衛來報告。謂俄國實舉其全力以阻礙滿洲市場之開放。由合衆國輸入滿洲貿易品中以綿絲布石油材木及麥粉爲大宗。而俄國輸入滿洲之物亦以此數者爲主。此俄國所以注目於滿洲開放。而懼害其貿易品銷場之地位也。不觀乎俄國之綿布。則自莫斯哥輸入滿洲。石油則自南方俄羅斯輸入滿洲。材木則自西伯利亞及鴨綠江輸入滿洲。麥粉則自哈爾賓輸入滿洲。滔滔不絕乎。依此報告觀之。則俄國在滿洲貿易勢力尚甚微弱。若欲振興自國貿易。不得不課外國物品以非常關稅。阻其來源。俄國之利即爲美國之害。美俄兩國所以相衝突扞格也。

美國所望於滿洲開放。豈僅奉天大東溝而已哉。將來步々進着。必將使滿洲全體開放。以遂其商權擴張之本旨。故美人之惡俄人。非惡俄人之橫領滿洲也。惡俄人之阻害滿洲開放之事實也。使俄人若橫領滿洲而亦實行其開放之說。則美人亦必欣然迎合俄人矣美人知俄人必不能留其通商餘地故極力阻其跋扈之勢而締結中美通商條約中美通商條約既定則合衆國於滿洲地方貿易上利害更大可想而知故紐約新聞紙謂合衆國政府。當日俄開戰之際於亞細亞之海軍根據地已議定置軍艦四十九隻其配置地方亦已指定云云。此蓋美國憤激俄國之暴戾故欲爲此開戰準備然此開戰準備將來或係助日拒俄以占領奉天大東溝商埠或乘東亞多事之際充其蒙羅主義爲帝國主義以試其飛躍之機則非今日所能懸揣然日俄開戰以來。美人之助日人軍費聞有七百萬弗。又通牒各國請各國承認中國之中立及保全并限定戰局除滿州以外。凡中國領土皆爲中立地域各國無不贊成其旨。仁川之戰。俄國軍艦「瓦利牙格」及「哥來玆」二艦傷兵。美國不行救護。則美人反對俄人之舉動更可想而知。且日本於滿洲一帶居留民皆托美人保護。美日之交益合。而俄人之恨美亦益深。故美國新聞家辨明美俄兩國之關係。并謂美人之寄同情於日本者。特美國之人民而已。美國政府。則另執一種態度云云。其眞僞雖不可知。而美國之進退舉動。其關係於日俄戰爭之影響至重且大。

固不待言矣。

第五　法國對滿洲政策

法國經營越南。以東京爲殖民地。故東京之防備。爲法人所注重。而於滿洲。則遠不相及也。然法與俄有兩大關係。則其間接之影響。即於俄人之經營滿洲上。亦大有關係。所謂兩大關係者。經濟上關係及俄法同盟是也。

其一經濟上關係　法國供給俄國之資金。殆數十億法。俄國之勝敗。於法國債務上。殊有重大之利害關係。

其二俄法同盟　俄法同盟。由日英同盟所逼而成。爲外交史上重要之同盟。俄營其北。則法營其南。左提右挈。合兩國之勢力以干涉極東政局。其影響甚鉅。該同盟條約締結於一千九百二年三月廿日。同盟宣言書之後段。謂兩國政府於極東保障兩國特別之利益。若第三國有迫害行動。或清國內亂發生。阻害其保全及自由發達。且於俄法兩國之利益有迫害時。則兩國政府。當用適宜手段以保護此等利益云云。故日俄之戰。法人無不非難日本。而寄同情於俄。近日聞法國各軍團長已下動員命令。并命休暇中之士官及下士各歸原隊。且海軍大臣極言佛領印度支那防禦之必要。則法國之此後行動。尤為吾人所當注目者也

第六　德國對滿洲政策

德國對滿洲問題。一千九百三年十二月十二日德國宰相皮烏羅於議會演說中。已明言之。其演說之詞。大旨謂世界中如滿洲之於德意志毫無利害關係者甚少。滿洲問題之危險與德意志既毫無關係部分。德意志對滿洲政策惟有格外慎重且用平和手段可耳。萬一使德意志捲入該問題渦中。則非德意志自身之罪云云。就此演說觀之。則德國對滿洲之意思即可想見。其大畧當時社會黨盛攻擊俄國。皮烏羅以其干涉滿洲問題為非。大加反對。并言此後俄德兩國關係更緊。其格外親密。然則德國於滿洲問題。必置之度外可知。夫德國於滿洲問題置之度外者非竟置之度外也。必有以窺測未來之變化。故不得不置此問題於度外。其用意之危險尤為我當局者所當深加防嚮也

俄德兩國外交。依最近時外交史觀之。一千八百六十三年普國援助俄國鎮定壂

蘭叛亂以後。俄德相依者殆及十年。當時俄國得回復其枯利迷亞戰爭所失之地步。故當施惠於普使無北顧之憂。一千八百六十六年之墺普戰爭。一千八百七十年之普法戰爭。皆俄國之善意中立有以助之也。迨普國既統一日耳曼。成中歐一大帝國。於是始有與俄分離之意。蓋當時澳太利欲分割土耳其。而不喜俄人之先發。普若善俄則澳必怨。普南德意志諸邦與澳大利有關係者必至難於統御。故俾士麥克翻然改其政策。善澳而疏俄。迨中日戰爭之役。德皇維廉二世欲買俄國之歡心。故親和俄國干涉日本使還遼東於我。於是俄德之交又合。一千八百九十三年十一月四日。俄皇泥古來司二世與德皇維廉二世會見於拉因河北岸之維司拍丁溫泉地方。此會也。實於巴爾幹問題與滿洲問題。有極大關係。蓋俄國今日欲大用其力於滿洲極東方面。則巴爾幹半島之現狀。不得不加意維特。使德國無反對俄國之外交行動。一面又聯結澳國以互相結托。此在歐洲方面。因可有和平之幸福。而於滿洲極東問題。則大有戒心。蓋此動機。實能使俄國絕後顧之患。而大用其力於俄極東方面故也。且俄開戰以來。德國對日本雖表其好意。而歐洲盛傳俄德締結秘密條約其衷情叵測固人所共知加以濟南之鐵道既成則德國在山東勢力更爲鞏固古人有言曰防患於未然制亂於未危況德國之於山東固已顯然張其爪牙成其羽翼乎哉

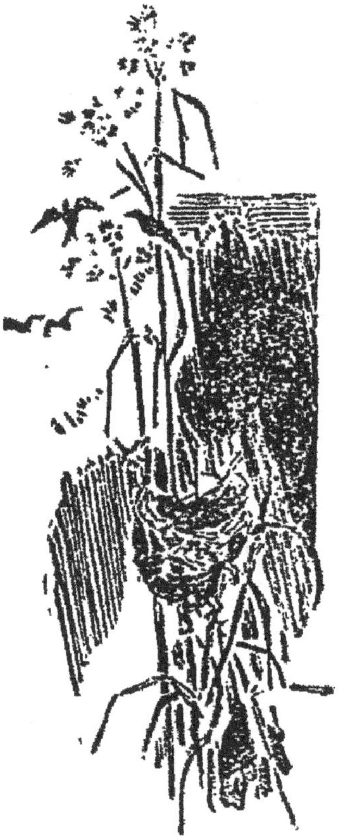

原件缺失

61~80页

論國際法上戰爭之性質

天民

國家與國家之間無立法機關以制定法則又無行使其法則之行政機關國家與國家間權利義務相衝突之際雖有國際裁判所以釐理其曲直然非眞正之司法機關故國際間所恃者在列國互相遵守國際公法之原則各尊重其權利義務以保持守中之平和現象此爲國際間之最大幸福至不幸而利害衝突救濟無方國家之名譽利益存亡死生皆於此卜之則不得不出於戰爭故戰爭者國家保持其獨立自主權之最後手段也

羅馬法學者西塞羅嘗以人類爲平和動物又以各國人民之平和生活爲常態而名戰爭爲一時之變態其說盛行於國際法學者間然考之各國歷史戰爭之事蹟歷歷不可掩故一千六百四十七年英國法學者霍普司及其後和蘭法學者司皮諾沙等皆以人類爲戰爭動物而謂戰爭爲人類自然之狀態旨哉其言乎蓋世界

當萌芽之際。人類間之生活。常有平和戰爭之關係存在而不可離。國家與國家間之生活亦無不然。自世界文明以後，平和之觀念既重。學者又以戰爭爲變態。然列國間實無日不擴張其兵備。以爲戰爭之準備。赫羅秋司嘗謂戰爭非技術。而並世之戰鬭行爲。無不以諸種之詳細法則爲基。兵器火藥船艦之學術技藝。四十年來。日見發達。則今日戰爭之實爲特種技術可知。要而言之。今日各國無不以設施戰爭之準備。爲保守其平和關係之狀態。則國際間於戰爭一事。殊有重大關係。吾人對此重大關係。更不可不詳加研究。以揭明戰爭所關之國際公法。此實吾人處今日大勢所不能自已者也。

戰爭於人類社會上。果爲必要與否。古來法學者及政治家所說。分爲二派。其一派則以戰爭爲人類幸福上所必不可缺之事。此派論者希臘哲學黑拉頡拉司於紀元前五百年首唱之。其說曰。戰爭者。萬物之母是也。嗣後學者亦以戰爭爲法律之本源。或以戰爭爲刷新社會腐敗之神藥。俄爾脫爾曰。戰爭非必係不良之事。世界之平和既久。薄弱汚穢之氣質。可因之一新。寬大及進取之思想。亦可因之而普及人類。近來一千八百八十一年德國摸魯脫蓋將軍贈書於蒲倫秩利曰。永久平和之事。不過一夢。然此決非好夢。戰爭者。上帝之所命。爲社會秩序之要素。因之勇敢克己忠實責務及人類最高尚德義。皆可發達。軍人亦以其身命爲犧牲。若無戰爭。則社會腐敗。將爲唯物主義所沈沒云。此外一派則反對戰爭必要之說。而以戰爭爲有不生產及破壞之性質。雖戰爭之結果。於社會上或間有利益。而決不能償戰爭所遭之損害。且蹂躪人類之權利。破敗文明之事業。其結果則戰勝之國與戰敗之國。並受其損。當時羅馬帝國征服歐洲西北各部及非洲等處。雖盛極一時。然國力即因此散漫。又法國拿破侖一世窮兵黷武。卒至覆滅。法國之財力人口。亦大爲消失。故戰爭之禍所及。實非淺鮮。此派論者。如蒲倫秩利羅利嗎等皆主張之。一時風靡。戰爭全廢之空想。遂盛行於歐米之政治家及學者間。而卒未之能實行其說。

夫人類社會之希望平和。厭棄戰爭。不獨今日爲然。自古以來。學者及政治家欲維持列國永久平和之局面。因之設立種種方法。以冀收其成效者。接踵而起。今大別之可分爲三種。

第一　欲依宗教道德之力。使戰爭全廢。

第二　欲依經濟社會之發達。使戰爭全廢。

第三　欲依列國同意之議決。使戰爭全廢。

第一　欲依宗教道德之力使戰爭全廢者。蓋以戰爭爲背馳宗教之信仰。故看做耶蘇教信徒之反對行爲。羅馬法王當時。亦謂戰爭與耶蘇教旨反對。於是禁止耶蘇教徒執持兵器。然其結果則羅馬兵士之入耶蘇者。皆不願從事兵役。而脫逃者甚多。故法王俄術司挺引用教典中語云。無論對何等人。不得加以暴行。亦不得妄批難他人。當使汝之給銀。十分滿足云。又指逃走者爲破宗教之人。於是逃者始稍歛迹。枯羅秋司亦依宗教上之基礎而以戰爭爲不法。且以爲不必要之事。然歐洲戰爭之起因於宗教者。實指不勝屈。即法王認許宗教戰爭之事實。亦不鮮見。且古來因宗教上戰爭之故。隕失其生命者。較之由他原因戰爭而死者之人數更占多數。耶蘇教中宗紀最嚴而又富於仁愛者爲「枯哀卡」宗派。然北米合衆國獨立戰爭之際。該宗派所屬之品西爾瓦泥亞州人民。尤爲熱心主戰。依此觀之。以宗教道

四

德之力。欲使列國間戰爭減縮或使全廢。實非易事。

第二 一千八百七十一年夫來台利枯嘗因經濟學上論據。而謂各國商工殖產業之進步既著。則其需要供給之關係。必互相信賴。商業之交通。遂日益發達。而各國戰爭之啓發。亦必更覺其困難。將來世界上戰爭之禍可至絕迹云云。此說於現在情形或有中肯之處。譬如英國專擴張商工業而縮小農業。一千八百八十七年由外國輸入英國之食糧。計一億四千萬磅。一千八百九十九年、計二億五百萬磅。英國一旦若與他國戰爭。則不但商業大蒙其害。而國民食糧輸入之途。亦必生種種苦痛。此英國所以不肯與他國輕開釁端。學者娟尹嘗主張之。然英國所掌握海上之霸權。亦斷不能輕易棄去。若因經濟上交通上信賴之故。而謂戰爭可以全廢則恐有所不能。且列國交通通商之發達既日增其勢則列國間貧富之差强弱之殊。亦必更甚。若僅藉商業上關係。以維持各國相互間之獨立平等。亦爲今日世界大勢所不許。故近來各國擴張兵力完聚軍備者。實因交通發達之故。勢不得不擴大其海陸上自國利害關係之區域。以爲國家獨立平等之保障。是商業與戰爭轉

有兩相依賴之勢特不敢濫開兵釁斯已耳

第三、欲依各國同意議決以廢止戰爭之謀首。實由於希臘時代。當時希臘諸國會合議定國家與國家間若生紛議。須先經裁判。裁判所不能決者。方可訴之於兵力。又此等政治上同盟各國。有決定其國民間或國家間爭議之法廷。紀元前四百二十一年、希臘五十年平和案中。謂希臘諸國之新同盟。由各獨立國所成立。其紛爭則依仲裁裁判決之。阿業斯盛時。於德羅司有共同法廷。枯來脫島於都市間亦有仲裁裁判廷。又利向同盟時。亦有裁判諸國紛議之法廷。其事實在今日皆不可考。然第十七世紀間、三十年戰爭以後。法學家及政治家欲全廢戰爭而講求永久平和之方法者。實繁有徒。當時有所謂安利四世案者。即係法國沙利公所獻於法國皇帝安利四世之策。該案大旨、擬合同歐洲耶蘇新舊教諸國。而擯斥異宗教之土耳其國於歐洲以外。縮小墺國帝室之權力。改正歐洲全土。均配各國。又於歐洲各國間設置共同陸海軍。組織耶蘇教諸國會議。依裁決各國家間及人民間之紛議。以維持歐洲各國間之平和大局。此案英帝愛利柴培司雖贊成之。而耶蘇新舊教、諸國。求其互相調和。殊非易事。故遂中止。又桔羅秋司亦謂耶蘇教各國宜作一君主會合体。凡各君主間有紛議時。則由該紛議關係以外之君主判決其事，使紛爭者得依公平處置。以完結其事局。實爲最要云。又法國僧正皮葛爾於一千七百二十九年著永久平和案概要一書。其大旨謂歐洲耶蘇教十九國、可組織一永久同盟。以互相維持其國家之安全及領土并優脫來桔脫之平和條約。每月由各國支出一定金額，爲同盟之共同費用。列國於其相互關係間，可放棄開戰之權利。凡一切國際紛議，均由十九國代表者所組織之共同會議体，居中調停及仲裁裁判、以決定之。十九國於歐洲議會各有一票。其餘諸國則共同一票。該會合之決議。須全數投票四分之三以上同意。同盟國中若有違反會議体決議之行爲、或締結反對之條約、又或從事戰爭者。則同盟諸國以兵力共擊該違犯者，加以抑壓，施行同盟之目的。雖依諸國代表者之多數決。然變更重要事項。非同盟諸國全体一致則不得施行云。蓋該僧正於一千七百十三年優脫來桔脫列國會議時。曾經到會。深慨其平和協定之困難。故特著永久平和案概要之書。以公於世。然此案中謂、不問國家之大小強弱。均有一票。及一定決議。必須同盟各國全体同意。此二者實勢所不能行。故此案亦爲列國間所不採。一千七百六十一年爵梭亦謂歐洲諸國全體組織一集合体。不許諸國之擅故退避。諸國之行爲。均依多數決而強行之。若多數反對。而小數諸國組織同盟者。則禁之。總而言之。以多數壓制小數而已。又於集合体中設最高之立法府及司法府。爲各國全体制定法律。使之執行。又一千七百八十九年英國法學者品柴撰亦著宇內永久平和之論文一篇。其大旨亦謂各國宜組織聯合体。第一須放棄殖民地。殖民地之擴張。往往爲諸國紛議之原因。而該地對本國之關係。猶之果實之於樹木。皆須經本幹之營養而後成熟。離本幹則即墜落。故殖民地無益於本國。宜一律放棄。第二須減縮列國間嫉妒心及嫌惡心所生之樹大兵備。由各國會議。公平斟酌兵備之程度。使其足以維持各國之安甯爲止。列國聯合之議會。由各國選定代表者二名以組織之。制立一切法令。開設法廷。判決諸國間紛議。有背法之國家。則以歐洲全體之共同力。抑壓矯正之。但該抑壓矯正之方法。在疏通輿論。不必訴之於兵力云。又一千七百九十五年日耳曼哲學者甘

八

脫亦著永久平和論。甘脫之說、謂各國宜組織團體。該團體中不論何等國家。不得併合他國領土。各國之常備兵可漸次廢止。又對外政略所關。各國不得募集一切國債。亦不得以兵力干涉他國內政。此外各國國民全體。宜參與立法權。以決宣戰媾和之問題。國際法則依諸國聯合團體制定之。凡世界諸國人民。皆有同一資格。地球上不論何國。皆得任意往來居住。但甘脫之所謂聯合團體者。非如北米合衆國之不許解散。其解散與否。各國均得任意行之。又一千八百三十八年米國紐育平和協會。提出請願書於米國代議院。謂米國與他國所有一切紛議。均由第三國判定。幷請米國政府照會各國。乞其贊成同一主義。於該贊成諸國間。制定各種法則。幷設立國際仲裁裁判所。又該協會會員利恰吳遊說列國。請改良國際公法。編纂法典。幷減少歐洲強國之兵備。又法國皇帝拿破崙三世於一千八百六十三年、以縮小列國之兵備爲目的。開列國會議。照會各國。英國反對其說。遂不得達其目的。然英國之所以反對者。蓋深恐各國外雖應允減縮兵備。內則藉各種口實。陰蓄兵力。殊非善計。故不能贊成拿破崙三世之說。其後一千八百七十二年米國學者斐爾突所著國際法典。說明列國仲裁裁判之方法。由各國任意組織仲裁裁判同盟。當國際紛爭之際。由紛爭兩國各選出委員五名。共同協商。於六箇月內報告之。若協議仍不能妥決時。則由紛爭國通牒於其餘同盟國。開高等仲裁裁判所。各同盟國各指定候補裁判官四名。紛爭兩國於該候補裁判官中。選定裁判官七名。該同盟諸國即以此七名裁判官組織法廷。判決紛爭問題。若同盟諸國中有破其規約者。則其餘各同盟國得以共同兵力抵抗之。一千八百七十一年及一千八百七十七年英國學者羅利嗎則謂以列國所選出之代表者爲上院下院。置於孔斯坦丁諾普爾府。以審查國際紛議之諸問題。六大國中由國會或主權者選出上院議員五名。下院議員十五名。其餘小國則比較其人口土地歲入之多寡。依六大國代表者之標準。選出代表者。又由兩院選出十五名。就職年限一年。以組織國際行政廳。更設立司法廳。使判決國際法律上之紛爭。有不從其命令者。則以該國會共同團體所專屬之軍隊抑制之。國際機關之費用。由國際行政廳所決定之課稅額目。各國自行徵收於其人民。以支辦之。

以上所列各種策案。學者之意、皆欲聯合各國。組織一大同盟團體。實行其國際公法之原則。凡國際紛議。悉由該同盟團體之司法機關、或仲裁裁判所審判之。以維持世界之永久平和。其意固甚善。然多數學者、如馬爾忝司黑夫特爾斐俄爾烏爾塞等均排斥此說。實皆以此說難於施行。戰爭全廢之事。尤爲難望。何則、蓋合世界列國組織如此團體固非易易。即使能組成團體。而團體中一國或數國若不服從團體之決議。則仍不得不用兵力以制裁之。是有此團體而戰爭仍不能全廢。且團體中各大國必常挾制諸小國。諸小國之事項皆將一一聽命於大國而後行。萬一各大國間議論不協。時勢必致開列國大戰爭之端。況各國歷史慣習利害關係及國民之愛情欲性各不相同。若如甘脫等所言。變更列國之現在組織、使各獨立國皆立於共同優權者之下。則必先使各國盡棄其歷史等關係。方可否則該團體斷難成立。或將如魯梭所云列國盡棄其野心。其政治家亦盡棄其無用之技倆。國民等皆變更其言語人種宗教風俗之差異。則該團體或得成立。然因欲成立此團體之故。舉世界各國皆將失其國家成立之特質。文明之進步必因之生一極大頓挫且主張平和論者。往往取日耳曼瑞西北米合衆國等之聯邦組織。以爲引証。此大謬也。蓋日耳曼等聯邦中之各國或各州。在今日皆非獨立之國家。其國民之歷史人情風俗。大致相似。與一國之國民無異。非國際團體中國民所可同日而語。且即此等聯邦。亦往往不能永久維持。嘗生戰鬪。則組織各國成一大團體時。其間戰鬪之機。更易發動。而欲望其永久平和。減少兵備。豈非空想哉

戰爭於人類社會上。是否必要。雖言人人殊。而以今日大勢言之。則列國間戰爭之禍。斷難趨避。故現今各國。無不以擴張兵備爲急務。即以歐洲六大國而言。其常備兵數。約在三百萬人以上。此等壯丁不但不從事生產事務。且仰給於國民全體。以維持其費用。因欲維持此等兵士費用之故。則亦需三百萬人以上之生產力方足。故斐爾突謂歐洲全土人口二億四千萬人。其中終日執業與一人勞務相當者。每人口五名中以一名計之。則可得四千八百萬人。此四千八百萬人中之六千萬人。大抵皆因兵備之故。空費於不生產之事業中。是耗去歐洲全土生產力八分之一云。要而言之。各國近來國費三分之一以上。皆投於兵備中。故其國家財政。無不與

常窮迫。英國貧擠雖稍紓簡。然一千八百八十三年蒲拉伊脫謂英國歲出五分之四。皆消費於戰爭及戰爭準備之所用。則其餘各國亦可想而知。夫近日各國之所以擴張兵備者非因維持國內之平和秩序而設皆因對外關係之故而設若僅以之維持國內則如北米合衆國有三萬兵。即足敷用。惟對外關係上一旦有事欲保持自國之獨立及人民之幸福勢不得不充其兵力以資應敵故今日之平和要不外武裝之平和而已

第十九世紀以來，各國因豫防戰爭發作之故。設立種種計畫，歷史所載。實不罕見在歐洲大陸中白耳義及瑞西兩國。其所處地勢。向爲各大國戰爭所蹂躪之地。因之兩國人民。大受其荼毒。故歐洲各國會議。以瑞西白耳義魯氣生蒲魯奚及亞非利加洲之孔哥國。爲永世中立國。又設立中世永立地之制。如沙我伊州及希臘國之哥爾斐由與拍氣所兩島。皆爲永世中立地。又以塔紐蒲河及蘇彝士運河。亦爲中立。皆不外保持全體平和利益之故而設。又一千八百七十九年德墺兩國之攻守同盟。一千八百八十二年德墺伊三國同盟及俄法同盟。一千九百二年之英日

同盟。亦皆出於平和主旨。故梅尹於一千八百八十八年所著國際法。謂此數國間之同盟。實足以減少戰爭之勢力。又謂一千八百七十八年之三皇帝協商。於維持巴爾幹半島之平和。實大有成效云。然究之此同盟國對同盟以外之强國或對他同盟國勢又不得不擴張兵力互相對峙否則該同盟國之勢力即不能自持故舍兵力而言永久平和又安可得哉

一千八百九十九年五月、於海牙府開萬國平和會議。俄國政府提出各國軍備擴張之制限議案。由分科委員會審查。竟不成立。俄國原案計五條。其中陸軍兵備、所關以五個年為期。

第一　平時常備之現存兵數。於本國不得再行增加。

第二　除殖民地之兵備以外。各國均維持其現在所有兵數。

第三　陸軍之豫算額。不得超過現在數目而增加之。

此外海軍兵備所關如左。

第一　海軍之現存兵數。三個年內不得增加。

第三　海軍之豫算額。不得超過本年之數目。更行增加。

俄國所提出議案。白耳義利蘭波斯等國雖贊成之。而德國墺國於委員會中即生反對其後委員會所決議陸軍案如左。

第一　譬如期限雖以五年爲期。然同時國際上其餘要件、均無規定。而但制定兵數。其事甚難。

第二　國防所在。各國之觀察不同。故其設備亦異。若依國際規約、制定其要件。其事亦窒礙難行。

故委員會於俄國政府所提出之提議。不能承諾。實爲抱歉。然本會委員之多數。尙望列國政府於本問題。更各加考究爲要。

本委員會實以制限現今世界軍備之負擔煩重。於增進人類有形無形之福利上。實有裨益。

委員會所決議者。雖僅指陸軍而言。然海軍之制限問題。亦即包含於此報告中。蓋俄國於殖民地文字中。實包括西伯利亞中央亞細亞印度等處在內故歐洲各國以為各本國兵備雖加制限。而俄國於亞細亞殖民地方面。仍得擴張其兵力。一旦有事。則俄國之兵。皆將由殖民地運搬而來。必致受其大害。故反對之論益盛。而兵備緊縮之問題。遂成廢議。

要而言之兵備者所以內維秩序外防寇敵宣揚國家之威信伸張權利利益所必不可缺之具現近來各國擴張軍備不遺餘力虎視眈眈之勢日不容已故國家持其慎重態度不輕開戰端傷民耗財則可然當萬不得已之際若蒙宋襄仁義之名示弱於敵則完全無缺之獨立自主權必將為他人所窺竊厝火積薪而臥求其安然無事其可得乎彼永久平和之說特學者之空想決非今日世界大勢所能行古人有言曰。晏安酖毒。又曰。有備無患旨哉其言有國家者於戰爭之中求和平則尚有和平之望若以和平為和平是猶飲酖而止渴也安有不立斃者哉

經濟

近世經濟學之思潮

愛彌勒

縱覽周秦百家之言、歷攷希臘羅馬之籍、見其著書之有涉於經濟家言、而遂謂經濟學之於古代、已臻發達。此大誤也。蓋當時學者之著作、談言微中。其足爲經濟學說者固多。然語而不詳。且其立言無論理、無組織。未足成一獨立之科學也。降至中世。講斯學者。多祖述希臘亞利斯德之說、合倫理政治而爲說。其在吾國、有貨殖傳。鹽鐵論。學者亦間出已。至於近世。則歐美之於斯學。日益昌明。而吾國之言斯學者。殆絕於世。自十六世紀以來。歐美斯學之進步。實開今日學者之先路。故學者稱純粹經濟學發生於十六世紀之初期。而原其進步之所自。則一由於脫帝王僧侶之檢束。學者得以自由研究真理。一由於經濟上實地之形勢。與學理上以非常之刺擊也。前者爲政治史文明史上之關係。姑置勿論。後者爲經濟上重要之事實。試分晰以說明之。

一貨幣之擴張也。上古交易以物。無所謂貨幣也。至十六世紀而貨幣之制度出。由是而交易之道廣。爲經濟學史上偉大革新之事業也。

二新陸地新航路之發見也。美亞兩洲先後之探明。好望峰航行印度線路之發見。馬奇蘭海峽航路之出現。皆直接有大影響於經濟學上者也。

三封建制度之廢止也。專制國起。各國競尙官府主治之組織。故不得不重置常備軍。而需多額之經費。由是而貨幣之要需。亦因之增加。此亦促經濟發達之一大原因也。

四各國爭競之往來也。其時各國競起。不特互爭政治上之權力。且欲壟斷商業上之利益。歐羅巴西部富於國家思想。諸國莫不主此方針。以相競爭。其結果遂喚起精深之學說。

以上皆爲十六世紀助長經濟學發生之原因。惟當時學者之著書。僅列論關於特別問題。試擧一二例以徵之。於一五八二年有賈司寶羅司高旅夫 Gasparo Scaruffi 者著關於貨幣及金銀比價之意見。Discorso sopra le monete e della vera proporzione fra l' ors e l'argento 1582. 極論萬國當鑄統一之貨幣惜其時尙早。國際間公共之觀念尙淺。而著者之所勸告者。爲意大利君主等。又萬難實行此策。坐是徒託空言。然其卓見所及。千百年後必有行之者。徵之近世郵便電信度量衡。已漸行萬國同盟主義。況貨幣影響之及於萬國。視郵便等爲更甚乎。又有奇盎特那德丹蒲羅 Gian Donalo Tarboro 者。著書駁買說。極論貨幣之不可變更。二書皆名高一世者也。

同時意大利有塔奮柴抵 Dovauzatti 於一五八八年著貨幣論。法國人論貨幣而與塔氏異其趣者。有約翰葩當 Jean Bodin 葩當氏於一五八四年著一書。論當時物價變動之原因。及貨幣變動與一般貨物市價及貨銀之關係。當時講經濟學者。首推葩當氏。於一五七六又嘗著 1 共和政体論。Six livres de la Repibleque 極論國家所以繁榮之故。有確乎不可拔必要之條件。氏蓋主當時社會莫適於專制政体。謂專制政体。爲增進國民安甯幸福之最良政治主義云。

葩當又主商業政策主義 Mercantilismus 者。故其說主政府干涉經濟事業及重征外國輸入之精製品。而輕其粗製品。又以人口稠密爲國家之要圖。皆商業政策學派所唱道者也。氏雖主其說。而有時又極力主張貿易上不可不與以無限之自由。唱重商主義。而不主極端重商之說者。惟氏而已。

同時震動於學界與氏並重一時者。芒維尼 Montaigne 其一人也。然芒氏之論貿易。蓬遜於葩氏。芒氏之說曰。『貿易者單獨之利也。故此國受其利。他國必蒙其害。兩國交通貿易。而欲望彼此共利不可得也。』葩氏則曰『兩國貿易彼此之共利也。此國得金錢之利益。則他國必得物品補助之利益。其利害不相害。而適相成。此通商之謂也。』兩說相較。其論理之進步。思想之發達。後世學者。亦莫由出葩氏說之範圍也。葩氏又曰『財政者國家之神經也。故不可不注意。爲政府者當定適當之租稅制度。以維持而發達之。』蓋氏主張國民經濟。而尤注意於以美法支配國民之經濟者。故立論不偏於經濟論。而能提唱國家社會之目的也。

以上爲法國學者列論之一斑。其時英國有革靈姆司打甫濛脫者。其著書均以W.S.兩字爲符號。蓋取其氏名之首兩字也。於一五八一年曾著 Briefe conceipte of

English Policy（英國政略之評判）一書。以問答体列論經濟事理。與葩當說多相合。其論貨幣有曰『粗惡貨幣之通行。百般弊害之所從生也』因極論各國蒙得之影響殆盡。又當時皆憂變耕地爲牧場。限制穀物輸出。氏獨反對此議。主張命廢限制制度。又對於製造業之意見。則與商業政略學派同其說。主凡內國得以生產者。皆毋仰給于外國。又內國之原料品。足供外國製造材料者。當禁其輸出。例如繭未成絲。則不准輸出。蓋若以繭輸出。則外國得以我繭製成生絲。而再輸入于我。則我之受其害實甚。其論皆至當不可易

於德國學者。若馬痕之主張商業政略說。康排尼司之貨幣論。皆有興味。康氏之論。於一五二六年奉矜司芒特一世之命。列論普魯士波蘭諸洲之貨幣改良政策。其論主全國貨幣統一。大受當時之歡迎。爲其時絕無僅有之作也。

自十六世紀而入於十七世紀。以至十八世紀之中葉。學者競唱商業政略主義。初一六一三年。有恭德尼塞亞者（Antonie Serra）著有一書。題曰 Brere Trattato delle cause che possone fare adhondareli regni d'oro d'argento dove non sono min-

iere.（以少數金銀之供給而得交易之媒介之方法何如）此書於當世。絕無人 六
注意。至次世紀。因處利亞尼及其他學者之紹介。乃出現於世。名震一世。讀其標題。即知其爲主商業政略主義者。書中論商業政策。秩序顛正。其論謂爲國家濬富源。當提倡商工業使能勝於農業。且曰欲得外界之利益先須定政府之方針立法律之保護使內界國民之精神盡歸於活潑而後可與外界交戰於競爭之場也。

然往昔學者之著書。或論一事。或說一題。未足稱完全成一著述。其整然備系統具組織而著書者。則始於法國之芒克來勳壞堆維埒 Montchretion Watterelle 氏。其著經濟學原理。如以 Economie politique 名經濟學。沿用至今日。初酬空氏曾名經濟學爲 Economy。解爲處理一家之學術。未免失之小。經濟學之有確當定名實芒克來勳之功也。氏之著書。譯論器械的航海術商業并財政。而不及於農業。又主張君主當監督國民之產業。故不得不行干涉主義。當時西班牙葡萄牙和蘭諸政府所取之貿易上絕對的自由主義。氏皆極力反對之。其結論詳述商業政略學派之主義綱領。爲之正順序。立系統。秩然不紊。英國學者中之足與相論者。爲德麥司

馬痕。馬氏之名。震動全國。英之人無不知之者。其著書有 England's Treasure by Foreign Trade（英國於外國貿易上所生之富榮）一書。於一六六四年出版。又有 A. Dise ourse of Trade from England into the east Indies.（英國與東印度之商業論）於一六二一年公於世。二書皆爲英國學者所非常之貴重。後世有譯以伊太利文者。至亞達姆斯密司著富國論。專以攻擊此二書立論。然亦足見二書之價值。惟馬氏之論商業政略。係專就英國之利害立論。尤專注意於英國於東印度商會之利害。故其說祇宜行於英國而不宜於他國。又專就時勢立論不及於未來。故又祇宜於英之當時。未必定宜於英之後世。此其大較也。

商業政略說。至十六世紀之末葉而大盛。於德意志西班牙爲尤甚。德之學者有格斯巴克魯克（Kospar Klock）者。因種種之經驗而著 De Contributionibus 及 De Aerario 二書。然徒編纂成文。未嘗有歸納分拆推理之所在也。追氏而著書者。爲勃酣。（Becher）勃爲博物學專家。於一六六八年而成 Politischr Diskurs（政治說）論經濟問題者居多。與氏齊名者爲黑兒尼克（Hörnick）於一六八四年

著 Oesterreich buer Alles 一書亦頗受學者歡迎云嗣是以後學者輩出商業政略論始日有進步矣

維勒黑而姆甫航斯來與達者於一六八六年著有 Furstlichershcatz und Rentkammer 一書同時以國家學者而論商業政略者凡三人一爲綮荆陶而父（Seckendorf 1621—1692）二爲蒲槐陶而文（Puffendorf 1631—1699.）三爲康利爾 Conring 1606—1681. 康氏之說雖同爲主張商業政略而與他家之說又時有異同其後學者競尚新義互標已說趣向一變轉傾於自由貿易主義而主商業政略之勢漸衰雖時勢所迫亦學說大有力焉雖然商業政略主義經學者幾何之聚訟幾何之研究而始得成一有統系有組織之一學派其影響之及於各國者足以左右經濟之機關斡旋商工之樞紐要其功業亦云偉已故先試論商業政略之趣意

（未完）

管敬仲曰倉廩實而知禮節衣食足而知榮辱特徠巴曰良衣良食良屋心智改良之先驅也中外學說其揆一也

歷史

中俄交涉略史

守肅

一　中俄交涉之初期及尼布楚條約

展世界地圖、見有西自帕米爾、東達黑龍江、更南而至琿春、綿綿五千英里之界線。劃而爲二國焉。非南中國而北俄羅斯乎。壤土相接、錯若犬牙。種種關係、由此繁興。今欲跡此二國民相互交通。豈於何時。史傳邈矣。不可得詳。要其接觸愈近。始爲國際之交涉者。則在俄人探險黑龍江之時。故吾敘中俄交涉沿革。亦託始於此。

初黑龍江東北際海數千里。野草茫茫。主權無所屬。俄人屢來窺伺、掠人畜。奪糧食。欲遂割據其地。築城於雅克薩居之。康熙時。帝以其密邇留都、異族逼處、懼爲邊患。乃於二十一年、遣都統彭春等將兵蒞其郛、偵形勢於墨爾根及齊齊哈爾。各築城戍之。置十驛、通水道。令戍兵刈其田稼以困之。俄人猶負固。二十四年四月。官軍乘冰解。水陸並進。克其城。守將脫爾布貞遁於尼布楚。翌年復來據城。將軍薩布素以兵八千大砲四十門圍攻之。相持數月。俄廷乃遣使至北京。言已知邊人搆釁之罪。即遣使臣古羅宛詣邊定界。請先釋雅克薩之圍。帝許之。下休戰之令。官軍撤圍歸璦琿。

俄羅斯委員古羅宛。率衛兵五百人。詣塞連吉斯。移文北京。請遣使來會。帝命索額圖為全權委員前往會議。索額圖等發北京。經蒙古。會準噶爾與喀爾喀二部擁兵相鬪。道梗不通。遣人至古羅宛處。告以不能前往之故。翌年古羅宛之使復來。敦促會議。政府答以可改於尼布楚會見。令還報古羅宛。時索額圖等已歸北京。至是復有奉使尼布楚之命。臨發請於帝曰『自尼布楚雅克薩。至黑龍江上下一河一溪。皆我屬地。決不可失。且索還頓沽汗。（時頓沽汗既知讓爾率其部族移住俄境）彼若悉聽。則交換捕虜定界通商。否則斷不可和』帝可之。更諭曰『若以尼布楚為界。使此地不屬俄人。則被遣使通商。失其根據之地。勢大不便。爾等前往。先提此議。彼若力求尼布楚。則退讓一步。以額爾古尼河為界』一面諭令璦琿都統郎坦。率兵一萬人。以輸運糧食為名。沿途護送。及抵尼布楚。古羅宛亦至。已而會議。古羅宛曰『自今兩國之界以黑龍江劃之。江北爲俄領。江南爲清領。江南土人。雖尚有納貢俄國者。今悉讓與清國。索額圖不允。傲然曰。『東自雅克薩。西至尼布楚。凡黑龍江、後貝加爾一帶殖民地。當悉歸清國。』各執一說、相持不下。時近日沒。期明日再議而散。

第二次會議、中國委員。稍稍退讓、願以尼布楚爲界、而古羅宛尚懇求不已。索額圖乃欲以強硬主義。折服其意見。下令軍中。進圍尼布楚、會俄國新附土人三千人。遁出境外。投附中國。古羅宛有內顧之憂。卒從索額圖所要求。定約七條。立石於黑龍江左岸。刻以五體文、（漢字滿洲字蒙古字臘丁字俄羅斯字）是爲尼布楚條約、時康熙二十八年十二月也、約文如左。

第一條　將山北流入黑龍江之綽爾納即烏倫穆河相近格爾必齊河爲界。循此河上流、有名大興安嶺以至於海、凡嶺南一帶流入黑龍江之溪河爲屬中國界。山北一帶溪河爲屬俄羅斯國界。

第二條　將流入黑龍江之額爾呼納河爲界。南岸爲屬中國。北岸爲屬俄羅斯、南岸之俄羅斯房舍、遷移北岸。

第三條　雅克薩之地俄羅斯所治之域。盡行除毀。所居俄羅斯人民。及諸物用聽徵往察罕汗之地、

第四條　兩國獵戶人等、勿許越界、如有擅自越界捕獵偸盜者、即行擒拿、送所在官司、准所犯輕重懲處。四

若十數相聚持械捕獵、殺人搶掠者、必奏聞正法、雖有一二人民犯禁、彼此仍相和好、毋起爭端。

第五條　從前中國所有之俄羅斯人、及俄羅斯所有之中國人、仍留如舊、不必遣回、嗣後有逃亡者、不使收留、即行送還。

第六條　和好既定、以後一切行旅、有准令往來文票者、許其貿易不禁。

第七條　稚克薩尼布楚之二城、退附中國、喀爾喀東部之庫倫、定爲貿易市場。

尼布楚條約既成、古羅宛命稚克薩守將以其地交與中國、即日引兵而去、於是東北數千里甌脫地、盡歸中國版圖、而拒俄人於黑龍江以外、中俄交涉史上最有光彩有名譽可爲吾人之紀念者、即此尼布楚條約而已。

二　中俄始通商及恰克圖條約

尼布楚條約第七條、雖有以喀爾喀東部之庫倫、定爲市場等語、實則未嘗實行、兩國人民皆秘密交易、如竊盜然、康熙三十二年、俄國遣使至北京、請互市、帝嘉俄羅斯不聽準噶爾汗之言、來修舊怨、因延見其使、許俄國隊商三年一至北京、互爲貿

易。是爲中俄通商之始。

俄彼得大帝。欲謀通商之發達。復遣使伊司邁羅弗及蘭格。至北京。呈遞國書。求修改條約。政府優待使者。禮貌備至。而所要求之事。既不許諾。亦不拒絕。惟遷延觀望而已。久之、伊司邁羅弗見使命不克達。欲還報。政府復厚加慰勞留蘭格爲俄國公使。駐劄北京。然不過備員而已。有所要求。政府悉託詞拒之。

雍正五年。俄使薩瓦奉女帝加他鄰之命。復來北京。以修改條約爲請。時新帝初立。鎖國主義稍變。遂命侍郎圖理琛、內大臣四格、外蒙古郡王策淩等爲全權委員赴布臘。與俄使交涉。八月約成。翌年經兩國皇帝批準。約文如左。

第一條　自議定之日起。兩國各自嚴管所屬之人。

第二條　嗣後逃犯兩邊皆不容隱。必須嚴行查拿各自送交駐劄邊界之人。

第三條　中國大臣會同俄國所遣使臣所定兩國在恰克圖河溪之俄國卡倫房屋在鄂爾懷圖山頂之中國卡倫鄂博。此卡倫房屋鄂博適中平分設立鄂博。作爲兩國貿易疆界地方。後兩邊疆界立定。遣喀密薩爾等前往。自此地起。東順至布爾古特依山梁至奇蘭卡倫。由奇蘭卡倫齊克太阿魯奇都呼阿魯哈當蘇。此四卡倫鄂博。以一段楚庫河爲界。由河移哈當蘇至額波附哈當蘇。卡倫鄂博。由額波爾哈當蘇至察罕鄂拉蒙古卡倫鄂博。俄國所屬之人所占之地中國蒙古卡倫鄂博將在此兩邊中間空地照分。恰克圖地方。劃開平分。俄羅斯所屬之人所占地方附近如有山台幹河以山台幹河爲界。蒙古卡倫鄂博附近如有山台幹河以山台幹河爲界。無山河空曠之地從中平分設立鄂博爲界。察罕鄂拉之卡倫鄂博。至額爾古納河岸蒙古卡倫鄂博。以就近前往兩國之人。妥商設立鄂博爲界。恰克圖鄂爾懷圖兩中間。立爲疆界。自鄂博向西鄂爾懷圖山。特們庫朱渾。畢齊克圖。胡什古。卑勒蘇圖山。庫克齊老圖。黃果爾鄂博。永霍爾山。博斯口。貢贊山。胡塔海圖山。蒯梁。布爾胡圖嶺。額古德恩昭梁。多什圖嶺。克巴納克圖嶺。固爾畢嶺。努克圖嶺。額爾寄克塔爾哈克台幹。托羅斯嶺。柯納蘭達。霍尼音嶺。柯木柯木查克博木。沙畢納依嶺。以此梁從中平分爲界。其間如橫有山河。即橫斷山河平分爲界。由沙畢納依嶺至額爾古納河岸。陽面作爲中國。陰面作爲俄國。將所分地方寫明繪圖。兩國所差之人。互換文書。各給大臣等。此界已定。兩國如有屬下不肖之人。偷入游牧。佔據地。蓋房居住。查明各自遷回本處。兩國之人。如有互相出入雜居者。查明各自收回居住。以靜疆界。兩邊各取五貂之烏梁海各本主。仍舊存留彼此越取一貂之烏梁海。自定疆界之日起。以後永禁各取一貂。照此議定完結互換證據。朔方備乘曰。烏梁海即明時兀良哈部族。在蒙古諸部之北。西設屬於蒙古。古蒙古亦游牧。烏梁海自保地。烏梁海種人與俄羅斯尤爲密邇。有中國所屬之烏梁海。歲以五貂貢於中國。有俄羅斯所屬之烏梁海。歲以五貂貢於俄羅斯。其附近交境者。又有彼此各取一貂之烏梁海。雍正五年。始議停止。

第四條　按照所議。准兩國通商。既已通商。其人數仍照原定。不得過二百人。每間三年進京一次。除兩國通商外，有因在兩國交界處零所居貿易者，在色楞額之恰克圖尼布朝之本地方。擇好地建蓋房屋，情願前往貿易者，准其貿易。周圍牆垣柵子，酌量建造，亦毋庸取稅，均指令由正道行走。儻或逸道或有往地處貿易者，將其貨物入官

第五條　在京之俄館，嗣後僅止來京之俄人居住。俄使請造廟宇。中國辦理俄事大臣等，幫助於俄館蓋廟。現在住京喇嘛一人，復議補遣三人，於此廟居住。俄人照依規矩，禮佛念經，不得阻止。俄人向宗天主別派所謂希臘東教者是也，從不稱佛，此約云禮佛念經者不知其俗耳。所謂喇嘛宗即東教教宗也，所謂喇嘛即傳教教士也。

第六條　送文之人俱令由恰克圖一路行走，如果實有緊要事件。准其酌量抄道行走。儻有意因恰克圖道路窵遠。特意抄道行走者。邊界之汗王等，俄國之頭人等。彼此咨明各自治罪。

第七條　烏帶河等處。前經內大臣松會議將此處暫置爲兩間之地。嗣後或遣使或行文定議等語在案。今定議儻返回時。務將爾們人嚴禁儻越境前來。被我們人拿獲。必加懲處。儻我們人有越境前去者。爾們亦加懲處。此烏帶河等處地方。既不能議。仍照前暫置爲兩間之地。爾們人亦不可佔據此等地方。烏帶何等處前經內大臣松會議將此地暫置爲兩間之地云云、即康熙二十八年內大臣索額圖所定黑龍江界約第一條後中之語，據文俄文英文法文四國所佔各本均有此語，漢文無有，故此約所云，但得無據。今地已屬俄，可勿深考矣。

第八條　兩國頭人。凡事秉公迅速完結。儻有懷私誆卸貪婪者各按國法治罪。

第九條　兩國所遣送文之人，既因事務緊要。則不得稍有耽延推諉。嗣後如彼此咨行文件。有勒指差人并無回答耽延遲久回信不到者。即與兩國和好之道不符，則使臣難以行商。暫爲止住，俟事明之後，照

務通行。

第十條　兩國嗣後於所屬之人。如有逃走者。於拿獲地方。即行正法。如有持械越境。殺人行竊者。亦照此正法。如無文據。而持械越境。雖未殺人行竊。亦酌量治罪。軍人逃走。或攜主人之物逃走者。於拿獲地方中國之人斬，俄國之人絞。其物仍給原主。如越境偸竊駝隻牲畜者。一經拿獲。交該頭人治罪。其罪初犯者估其所盜之物價值罰取十倍。再犯者罰取二十倍。三次犯者斬。凡邊界附近打獵因圖便宜在他人之處偸打。除將其物入官外。亦治其罪。均照俄使所議。

第十一條　兩國相和益堅之事。既已斷定。與互給文據照此刊刻曉示在邊界諸人。雍正五年九月初七日定界時所給薩瓦文書亦照此辦。

嗣是以還。俄人多不往北京。專於恰克圖貿易。中國茶葉。盛輸於俄境。亦始於此時。兩國互享通商之利。相安無事。論者稱此百數十年間。爲中俄休息邊境無事之時代。（自尼布楚條約迄俄人侵略黑龍江）實則俄人絕東之勢力。已逐漸擴張。拓地殖民。日不暇給。有非南渡黑龍江。不能達其目的之概也。

三　俄羅斯侵略黑龍江　愛琿條約及天津條約

中國自得黑龍江一帶地。不復留意於東北。乾嘉以後。邊備廢弛。而坐享尼布楚條約之權利。垂百六十年。而未有更變者。則以俄人方注意通商。西比利亞需要之物品。率仰給於恰克圖。且未知中國之內情。不敢輕啓邊釁。及俄帝尼科拉第一即位。英邁武勇。四出侵略。其對付遠東。亦一變前代之平和政策。擢摩拉羅夫爲東部西比利亞總督。委以經營黑龍江之事。摩拉羅夫既膺此重任。夙夜籌維。求稱厥職。且得與探險家奈維里士奇相提携。凡有所施爲。無不稱俄帝之意。道光三十年以後。置軍務知事於堪察加。置市尹部於恰克圖。置駐屯所於薩哈連島。募尼布楚農民。以充兵役。嚴西鹿喀河畔之守禦。皆彼經營東方之政策也。

道光季年。洪楊之亂。起於粵西。蔓延於諸省。歷久不能平。摩拉龍夫以爲有機會可乘也。以咸豐四年夏。起黑龍江遠征軍。自督艦隊下江。臨發移文北京曰。『予奉本國政府之命。督率所部。溯黑龍江而下。因欲守衛其下游地方及沿岸諸港。乞貴國派遣委員。前來定界。』政府令齊齊哈爾將軍。轉遞覆書。約會於松花江。嗣復告以內亂方殷。無可派之人。請延期會議。摩拉龍夫覆書言。來春當再督率所部。航下黑龍江。屆時可定會見之地。翌年摩拉龍夫果率兵艦九十三艘。陸兵二千七百人集於馬林斯。時中國委員亦至。意見衝突。迄無成議。中國委員歸滿洲。移文往復。終不得要領。俄政府遂移書愛琿副都統曰。『因往來兵士之便。欲於黑龍江沿岸。建造兵營。』是顯示以占領黑龍江下流之意。政府竟不過問。俄國乃於沿岸數百里之要地。建四大兵營。開拓一切。一面又以普察廷爲全權委員。與中國交涉。

普察廷以咸豐七年。欲經恰克圖庫倫陸路赴北京。照會總理衙門。請給旅行文票。不得。至七月。彼乃搭軍艦亞米利加號。向渤海灣。九月抵白河。更赴天津。見中國官吏。乞遞國書。官吏怪而莫之應。彼百方辯論。僅達其意。是時朝廷自尊之心未化。聞普察廷忽至。廷議以俄人濫犯國禁。侵入未開海灣。且以北方邊事。迫我宮廷。無禮實甚。因照會俄政府。有所詰責。已而俄國覆書到。言『議定黑龍江疆界之事。悉委諸東部西比利亞總督摩拉龍夫。玆所以派遣普察廷於貴國者。欲傚顰英法兩國所得之特例。而結最惠國條約也。』蓋惡變從前之方畧。其手段愈出而愈奇矣。」

是時朝廷方內困於洪楊。外扼於英法。無力以兼顧北方。惟講姑息之策。以彌縫一時而已。故俄人乘勢於黑龍江左岸之地。移殖人民。駐屯軍兵。又命摩拉龍夫至愛琿。晤中國全權委員奕山。要求五事。奕山惟許以黑龍江貿易一事。餘悉拒絕。駁辯久之。彼乃佯忿曰。『予所陳辯。盡於是矣。後此之事。貴國不可不負責任。』言已不告而去。奕山外雖強硬。內實畏懼。即日遣使往祝俄羅斯皇帝萬歲。且請續議定界。彼乃欣然復來。所求無不遂。卒以咸豐八年四月。結愛琿條約。約文如左。

第一條　黑龍江松花江左岸。由額爾古納河至松花江海口。作為俄羅斯所屬之地。右岸順江流至烏蘇里河。作為中國所屬之地。由烏蘇里河往彼至海所有之地。此地如同接連兩國交界明定之間地方。作為兩國共管之地。由黑龍江松花江烏蘇里河。此後只准中國俄國行船。各別外國船隻。不准由此江河行走。黑龍江左岸由精奇里河以南至豁爾莫勒津屯。原住之滿洲人等。照舊准其各在所住屯中永遠居住。仍着滿洲大臣官員管理。俄羅斯人等和好不得侵犯、

第二條　兩國所屬之人。互和取和。烏蘇里黑龍江松花江居住兩國所屬之人。令其一同交易。官員等在兩岸彼此照看兩國貿易之人。

第三條　俄國結結喇勒固畢爾那託爾木喇福岳福中國鎮守黑龍江等處將軍奕山會同議定之條。永遠遵行勿替等因。俄國結結喇勒固畢爾那托爾木喇福岳福繕寫俄羅斯字。滿洲字。親自畫押。交與中

圖將軍宗室奕山。并中國將軍宗室奕山繕寫滿洲字。蒙古字、親自畫押。交與俄羅斯國結茄喇勒固畢

爾那托爾木喇福岳福、照依此文、繕寫曉諭兩國交界上人等。

時普察廷在上海。別與英法米三國公使謀。各將要求欵項。錄送北京。請遣派全權。來上海會議。政府答以英法米之交涉。可於廣東。俄國交涉。可於西比利亞境上。是亦不過托詞支吾而已。故英法聯軍。復進擊白河。迫天津。而普察廷亦率軍艦七艘。示威於京津一帶。政府大惧、急遣使至天津。與各國議和。而俄國所得十二條。述之如左

第一條　今將從前和好之道。復立和約、嗣後兩國臣民。不相殘害。不相侵奪。永遠保護。以固和好。

第二條　議將從前進京之例。酌要更正。嗣後兩國不必由薩那特衙門及理藩院行文。由俄國總理各國事務大臣或逕行中國軍機大臣或大學士。往來照會、俱按平等、設有緊要公文、遣使臣親送到京交禮部、轉達軍機處。至俄國之全權大臣。與中國之大學士及沿海之督撫。往來照會、均按平等、兩國封疆大臣及駐紮官員。往來照會。亦按平等。俄國酌定駐紮中華海口之全權大臣、與中國地方大員及京師大臣。往來照會、均照從前各外國總例辦理。遇有要事。俄國使臣或由恰克圖進京故道、或由就近海口預日行文、以便進京商辦。使臣及隨從人等。迅速顧路行走。沿途及京師公館派人妥爲預備。以上費用。均

由俄國經理。中國無庸預備。

第三條　此後除兩國旱路。於從前所定邊界通商外。今議准由海路之上海甯波福州厦門廣州府台灣瓊州府等七處海口通商。若別國再有在沿海增添口岸。准俄國一律照辦。

第四條　嗣後陸路前定通商處所。商人數目及所帶貨物。幷本銀多寡。不必示以限制。海路通商章程。將所帶貨物呈單備查。拋錨寄碇。一律給價。照定例上納稅課等事。俄國商船。均照外國與中華通商總例辦理。如帶有違禁貨物。即將該商船所有貨物。概行查抄入官。

第五條　俄國在中國通商海口。設立領事官。為查各海口駐紮商船居住規矩。再派兵船在彼停泊。以資護持領事官與地方官有事相會幷行文之例。蓋天主堂住房幷收存貨物房間。俄國與中國會議置買田畝。及領事責任應辦之事。皆照中國與外國所立通商總例辦理。

第六條　俄國兵商船隻。如有在中國沿海地方損壞者。地方官立將被難之人及載物船隻救護。所救護之人。及所有物件。盡力設法。送至附近俄國通商海口。或與俄國素好國之領事官所駐紮海口。或順便寄送到邊。其救護之公費。均由俄國賠還。俄國兵貨船隻在中國沿海地方。遇有修理損壞。及取甜水買食物者。准進中國附近未開之海口。按市價公平買取。地方官不得攔阻。

第七條　通商處所。俄國與中國所屬之人。若有事故。中國官員須與俄國領事官員。或與代辦俄國事務之人會同辦理。

第八條　天主教原爲行善、嗣後中國於安分傳教之人。當一體矜恤保護。不可欺侮凌虐、亦不可於安分之人禁其傳習。若俄國人有由通商處所進內地傳教者。領事官與內地沿邊地方官。按照定額查驗執照、果係良民、即行畫押放行。以便稽查。

第九條　中國與俄國將從前未經定明邊界、由兩國派出信任大員。秉公查勘、務將邊界清理、補入此次和約之內、邊界既定之後、登入地冊、繪爲地圖、立定憑據。俾兩國永無此疆彼界之爭。

第十條　俄國人習學中國滿漢文義、居住京城者。酌改先時定限。不拘年分、如有事故、立即呈明、行文本國核准。隨後辦事官員。逕回本國、再派人來京接替、所有駐京俄國之人、一切費用。統由俄國付給。中國無庸出此項費用、駐京之人、及恰克圖或各海口往來京城送遞公文各項人等路費。亦由俄國付給、中國地方官。於伊等往來之時、程途一切事務、要妥速辦理、

第十一條　爲整理俄國與中國往來行文。及京城駐居俄國人之事宜、京城恰克圖二處。遇有來往公文。均由臺站迅速行走。以半月爲限、不得遲延耽悞。信函一併附寄、再運送應用物件、每屆三箇月。一次。一年之間分爲四次、照指明地方投遞、勿致舛錯。所有驛站費用。由俄國同中國各出一半、以免偏枯、

第十二條　日後大清國若有重待外國通商等事、凡有利益之處、無庸再議。即與俄國一律辦理施行。

以上十二條、自此次議定後將所定和約繕寫二分。限一年之內、兩國互交永遠遵守兩無違背。今將兩國和書。用俄羅斯并清漢字體抄寫。專以清文爲主。由兩國大臣手書花押、鈐用印信換交可也、

所議條欵俱照中國清文辦理。

天津條約之締結後愛琿條約十四日耳俄國以其變幻巧詐之外交恫嚇要脅恒不損一兵坐得莫大之利益其尤著者則黑龍江流域盡入於俄人謚自是兩國之交涉其成敗利鈍悉與前此相反豈特回想往事增弔古之感而慓悍蠻橫之斯拉夫族方著著經營得尺則尺得寸則寸其害正未有艾何身受者尙一無所悟耶

四　北京條約

咸豐九年。英人布爾斯法人弗爾布朗。各奉本國政府之命。來交換條約之批準。政府托詞拒之，戰端復啓。及聯軍占領定海。略北塘。陷塘沽、白河。直迫北京。政府知事急。皇懼無措。俄公使伊格乃氣夫。乃詣恭親王。言英法聯軍。益修戰備。其勢不可遏。而貴國皇帝蒙塵。京師殘破。人心恂恂。變將不測。且洪秀全跋扈於南方。勢力日大。英法兩國。有廢立貴國皇帝之說。若不從速議和。則此四百餘州，或非滿清之有。敝國與貴國。訂交二百年。脣齒相依。豈忍坐視。本公使願爲貴國執調停之勞。事既定。政府以敗衂之餘。痛鉅創深。忽得俄使之仗義相助。回復舊態。大爲感激。伊格乃氣夫遂乘機袜以英法之野心。聳以中俄聯盟之利。謂欲保護亂後之中國。使不爲英法所噬。必於北方。割地界俄。示以親近之意。政府然之。遂於咸豐十年。訂北京條約。約文如左。

第一條　議定詳明一千八百五十八年瑪乙月十六日即咸豐八年四月二十一日在愛琿城所立和約之第一條。遵照是年伊云月初一日即五月初三日。在天津地方所立和約之第九條。此後兩國東界。定爲由什勒喀額爾古納兩河會處。即順黑龍江下流至該江烏蘇里河會處。其北邊地。屬俄羅斯國。其南邊地至烏蘇里河口所有地方。屬中國。自烏蘇里河口而南上至興凱湖。兩國以烏蘇里及松阿察二河作爲交界。其二河東之地。屬俄羅斯國。二河西屬中國。自松阿察河之源兩國交界。踰興凱湖直至白稜河。自白稜河口順山嶺至瑚布圖河口。再由瑚布圖河口順琿春河及海中間之嶺至圖們江口。其東皆屬俄羅斯國。其西皆屬中國。兩國交界與圖們江之會處及該江口。相距不過二十里。且遵天津和約第九條。議定繪畫地圖內以紅色分爲交界之地。上寫俄羅斯國阿巴瓦噶達耶熱皆伊亦喀拉瑪那倭怕啦薩土烏等字頭。以便易詳閱。其地圖上必須兩國大臣畫押鈐印爲據。

上所言者乃空曠之地。遇有中國人住之處。及中國人所占之漁獵地。俄國均不得占。仍准中國人照常漁獵。

從立界牌之處。永無更改。並不侵占附近及他處之地。

第二條　西疆尙在未定之交界。此後應順山嶺大河之流，及現在中國常駐卡倫等處。及一千七百二十八年即雍正六年所立沙賓達巴哈之界牌末處起，往西直至齋桑淖爾湖自此往西南順天山之特穆爾。南至浩罕邊界爲界。

第三條　嗣後交界遇有含混相疑之處，以上兩條所定之界。作爲解證，至東邊自興凱湖至圖們江中間之地，西邊自沙賓達巴哈至浩罕中間之地，設立界牌之事。應如何定立交界。由兩國派出信任大員，秉公查勘。東界查勘在烏蘇里河口會齊，於咸豐十一年三月內辦理。西界查勘在塔爾巴哈臺會齊商辦，不必限日定期。所派大員等遵此約第一第二條，將所指各交界作記繪圖。各書寫俄羅斯字二分。或滿洲字或漢字二分，共四分。所作圖記該大員等畫押用印後。將俄羅斯字一分或滿或漢字一分，共二分。送俄羅斯收存，將俄羅斯字一分或滿或漢字一分送中國收存。互換此記文地圖。仍會同具文畫押用印，當爲補續此約之條

第四條　此約第一條所定交界各處，准許兩國所屬之人，隨便交易。並不納稅。各處邊界官員。護助商人，按理貿易。其愛琿和約第二條之事，此次重復申明，

第五條　俄國商人除在恰克圖貿易外。其由恰克圖照舊到京。經過之庫倫張家口地方，如有零星貨物。亦准行銷，庫倫准設領事官一員，酌帶數人。自行蓋房一所。在彼照料，其地基及房間若干並餧養牲畜

之地。應由庫倫辦事大臣酌核辦理。

中國商人願往俄羅斯國內地行商亦可。

俄羅斯國商人、不拘年限。往中國通商之區。一處往來人數、通共不得過二百人。但須本國邊界官員給與路引。內寫明商人頭目名字、帶領人多少。前往某處貿易。並買所需及食物牲口等項。所有路費。由該商人自備。

第六條　試行貿易。喀什噶爾與伊黎塔爾巴哈台一律辦理。在喀什噶爾、中國給與可蓋房屋建造堆房聖堂等地。以便俄羅斯國商人居住、並給與設立墳塋之地。並照伊犁塔爾巴哈台給與空曠之地一塊、以便牧放牲畜、

以上應給各地數目、應行文喀什噶爾大臣、酌核辦理、其俄國商人在喀什噶爾貿易物件。如被卡外之人進卡搶奪、中國一概不管、

第七條　俄羅斯國商人及中國商人至通商之處。准其隨便買賣。該處官員不必攔阻。兩國商人。亦准其隨意往市肆舖商零發買賣、互換貨物、或交現錢。或因相信賒賬俱可。

居住兩國通商日期、亦隨該商人之便。不必定限。

第八條　俄羅斯商人在中國。中國商人在俄羅斯國、俱仗兩國扶持、

俄羅斯國可以在通商之處、設立領事官等、以便管理商人。並預防含混爭端。除伊犁塔爾巴哈台二處

外、即在喀什噶爾庫倫設立領事官。中國若欲在俄羅斯京城或別處設立領事官、亦聽中國之便。兩國領事官。各居本國所蓋房屋。如願租典通商處居人之房、亦任從其便、不必攔阻。

兩國領事官及該地方官相交行文、俱照天津和約第二條平行。凡兩國商人遇有一切事件、兩國官員商辦。倘有犯罪之人。照天津和約第七條、各按本國法律治罪。兩國商人遇有發賣及賒欠合詭相爭大小事故、聽自行擇人調處。俄國領事官與中國地方官。止可幫同和解、其賒欠賬目不能代賠。

商人在通商之處、准其預定貨物。代典舖房等事、寫立字據報知領事官處。及該地方官、若遇有不按字據辦理之人。領事官及該地方官令其照依字據辦理、

其不關買賣若係爭訟之小事。領事官及該地方官會同查辦。各治所屬之人之罪。

俄羅斯國人私住中國人家。或逃往中國內地。中國官員照依領事官行文查找送回。中國人在俄羅斯國內地。或私住或逃往、該地方官亦當照此辦理。

若有殺人搶奪重傷謀殺故燒房屋等重案、查明係俄羅斯國人犯者。將該犯送交本國、按律治罪。係中國人犯者。或在犯事地方或在別處。俱聽中國按律治罪。遇有大小案件、領事官與地方官各辦各國之人。不可彼此妄拏存留查治、

第九條　現在買賣比前較大、且又新立交界、所以早年在尼布楚恰克圖等處所立和約。及歷年補續諸條。情形多有不同。兩國交界官員、往來行文查辦。所起爭端、時勢亦不相合、所以從前一切和約。有應更

改之處。應另立新條如左。

向來僅止庫倫辦事大臣與恰克圖固畢爾那托爾及西悉畢爾總督與伊犂將軍。往來行文。辦理邊界之事。自今此外擬增阿穆爾省及東海濱省固畢爾那托爾。遇有邊界事件。由黑龍江及吉林將軍。往來行文。

恰克圖之事。由恰克圖邊界廓米薩爾與恰克圖部員。往來行文。俱按此約第八條規模。

該將軍總督等往來行文。俱按天津第二條和約。彼此平等。且所行之文。若非所應辦者。一概不答。

遇有邊界緊要之事。由東悉畢爾總督行文軍機處或理藩院辦理。

第十條　查辦邊界大小事件。俱照此約第八條。由邊界官員會同查辦。其審訊兩國所屬之人。俱照天津和約第七條。各按本國法律治罪。

遇有牲畜或自逃越邊界。或被誘取。該處官員一經接得照會。即行派人尋找。並將蹤跡示知卡倫官兵。其係逃越尋獲者。或係被指查出牲畜。俱依照會之數。將所失之物尋獲。立即發還。如無原物。即照例計賍定罪。不管賠償。

如有越邊逃人。一經接得照會。即設法查找。找獲時送交近處邊界官員。並將逃人所有物件一併送回。其緣何逃走之處。由該國官員自行審辦。解送時沿途給與飲食。如無衣給衣。不可任令兵丁。將其凌虐。

如尙未接得照會。查獲越邊之人。亦可照此辦理。

第十一條　兩國邊界大臣。彼此行文交官員轉送。必有回投。東悉畢爾總督恰克圖固畢爾那托爾行文。送交恰克圖廓米薩爾轉送部員。庫倫辦事大臣行文即交部員轉送恰克圖廓米薩爾。阿穆爾省固畢爾那托爾行文。送交愛琿城副都統轉送黑龍江將軍。吉林將軍行文亦送交該副都統轉送。東海濱省固畢爾那托爾與吉林將軍。彼此行文。俱托烏蘇里琿春地方卡倫官員轉送。西悉畢爾總督與伊犂將軍行文。送交伊犂俄羅斯領事官轉送。遇有重大緊要事件。必須有人傳遞。東西悉畢爾總督固畢爾那托爾等庫倫辦事大臣黑龍江吉林伊犂等處將軍行文交俄羅斯國可靠之員亦可。

第十二條　按照天津和約第十一條。由恰克圖至北京。因公事送書信因公事送物件。往返限期。開列於後。書信每月一次。物件箱子自恰克圖至北京。每兩個月一次。自北京往克恰圖三個月一次。送書信限期二十日。送箱子限期四十日。每次箱子數目至多不得過二十隻。每隻分兩至重不得過中國一百二十斤之數。所送之信。必須當日傳送。不得耽延。如遇事故。嚴行查辦。

由恰克圖往北京。或由北京往恰克圖送書信物件之人。必須由庫倫行走到領事官公所。如有送交該領事官等書信物件。即便留下。如該領事官等有書信物件亦即帶送。

送箱隻時。開寫清單。自恰克圖及庫倫知照庫倫辦事大臣。自北京送時。報知理藩院。單上註明何時起程。箱隻數目。分兩多少。及每箱分兩。於封皮上按俄羅斯字繙出蒙古字或漢字。寫明分兩數碼。

若商人爲買賣之事。送書信物箱。願自行雇人另立行規。准其預先報明該處長官。允行後照辦。以免官出花費。

第十三條　俄國總理各外國事務大臣。與中國軍機處互相行文。或東悉畢爾總督與軍機處及理藩院文。此項公文照例按站解送。並不拘前定時日亦可。設有重要事件。恐有耽悞。即交俄國可靠之員速送俄國大臣。居住北京時。遇有緊要書信。亦由俄國自行派員解送。該差派送文之人。行至何處。不可使其耽延等候。所派送文之員。必係俄羅斯國之人。派員之事。在恰克圖由廓米薩爾前一日報明部員。在北京由俄羅斯館前一日報明兵部。

第十四條　日後如所定陸路通商之事。內設有彼此不便之處。由東悉畢爾總督會同中國邊界大臣酌商。乃遵此次議定章程辦理。不得節外生枝。至天津所定和約第十二條。亦應照舊。勿再更張

第十五條　會同商定後。中國大臣將此約條規原文譯出漢字。畫押用印。交付俄國大臣一分。俄國大臣亦將此條規原文譯出漢字。畫押用印。交付中國大臣一分。此次條款從兩大臣互換之日起。與天津和約。一體永遵勿替。

兩國互換和約後。各將此和約原文曉諭各處應辦事件地方。

自有此條約。黑龍江以北。烏蘇里江以東。盡歸俄領。彼乃以海參崴為軍港。設置砦寨。而絕東之禍亟矣。

五　伊黎條約

同治五年伊黎浩罕汗反。非常猖獗。陷吐魯番烏魯木齊。蔓延於天山南北路。俄人以防禦邊境爲名。遣將軍柯爾士寄。以兵扼談查脫山道。占領庫爾紮，移文北京曰。『浩罕無道。擾我邊疆，不得已出師平之。若清國能回復主權。維持秩序。當即日退兵。返還侵地。』政府命左宗棠率師往平。復喀什噶爾。進伊黎。乘勢迫俄兵撤去庫爾札。俄人要挾多端。不肯踐約。乃以崇厚爲全權大臣。赴俄都直接談判，崇厚不諳外務。多曲從俄人之意。所訂條約。凡十八條。撮其要點如左。

一中國允將俄國所需兵費及補助俄國商民之款，共銀五百万盧布。歸還俄國，自換約之日始，限一年還清

一中國允將特吉斯谷地，及耶爾歐卓南嶺讓與俄國。

一俄國自嘉峪關經西安漢中之地，以至漢口。均有通商往來之權。

一俄國隨時得溯松花江至吉林省伯都訥之地，其沿岸各地得自由貿易。

一於蒙古地方，及天山南北一帶。不課稅金得輸入商品。

一俄國得敷設自西比利亞地方至張家口之鐵道。

一俄國由陝西甘肅二省至漢口之商品。納一定輸入稅。其餘一切雜稅。概行免除。

一俄國臣民。不問商人與否。凡至清國內地旅行。得携帶護身銃器。

一俄國於伊黎、塔爾布哈台、科布多、烏里雅蘇台、喀什噶爾、烏魯木齊、古城、吐魯番、哈密及嘉峪關置領事官。

一於伊黎城內及附近地方。凡俄國臣民之建築物。及所有之土地。仍歸俄民。不在返付之例。

及崇厚復命。盈廷非之。物議沸騰。以爲喪失國威。捐棄國利。毋寧與俄人一戰而決。時翰林院侍讀張之洞。上疏言要盟不可曲從。禦侮宜早籌討。條舉新舊條約互异之處。以明中國之不利。張疏既上。主戰派益盛。遂決以此條約作廢。下崇厚獄。於是中俄交涉。復將破裂。各修戰備。其勢岌岌。英客將戈登兼程赴北京。見李鴻章。言國守未固。不可輕啓邊釁。時恭親王亦極力主和。遂以光緒六年三月。諭令駐劄倫敦公使曾紀澤。兼任俄國公使。與俄廷別定新約。曾奉命至俄京。俄政府知其非頭等全權大臣。乃云『凡頭等全權所定條約。非二等公使所得議改。且頭等全權所定。

既不可行。則二等公使所改。難保貴國不再有翻悔。』既又照會曾使曰。『伊黎條約善後事宜。貴大臣實無商辦之權。我國當派遣全權。前往北京商辦。』曾以此意。電達北京。并請速命駐俄使館參贊邵友濂歸國。政府大驚。即加曾爲全權大臣。令照會俄廷。不必派人前來。時俄帝亞歷山大二世。素持平和主義。外務大臣吉里斯。與曾有私交之情。得曾照會。遂允於俄京開議。改訂條約。俄國初主張返還伊黎之大部。而西方一帶狹地。猶須割畀俄國以相補償。經曾再三辯論。始得以九百万盧布贖回伊黎。其餘通商諸項。曾亦不大措意。率照前約。無所更改。此改訂條約以光緒七年八月十九日批準。約文如左。

第一條　大俄國大皇帝允將一千八百七十一年即同治十年俄兵代收伊黎地方交還大清國管屬其伊黎西邊按照此約第七條所定界址應歸俄國管屬。

第二條　大清國大皇帝允降諭旨將伊黎擾亂時及平靖後該處居民所爲不是無分民教均免究治免追財產。中國官員於交收伊黎以前遵照大清國大皇帝恩旨出示曉諭伊黎居民

第三條　伊黎居民。或願仍居原處。爲中國民。或願遷居俄國入俄國籍者。均聽其便應於交收伊黎以前

詢明其願遷居俄國者。自交收伊犁之日起。予一年限期。遷居攜帶財物。中國官並不攔阻。

第四條　俄國人在伊犁地方置有田地者。交收伊犁後。仍准照舊管業。其伊犁居民交收伊犁之時。入俄國籍者不得援此條之例。俄國人田地在咸豐元年伊犁通商章程第十三條所定貿易圈以外者應照中國人民一體完納稅餉。

第五條　兩國特派大臣。一面交還伊犁。一面接收伊犁。并遵照約內關係交收各事宜。在伊犁城會齊辦理施行。該大臣遵照督辦交收伊犁事宜之陝甘總督與土爾其斯坦總督商定次序開辦。陝甘總督奉到大清國大皇帝批准條約。將通行之事。派委妥員前往塔什干城知照。土爾其斯坦總督自該員到塔什干城之日起於三箇月內應將交收伊犁之事辦竣。能於先期辦竣亦可。

第六條　大清國大皇帝允將大俄國自同治十年代收代守伊犁所需兵費。并所有前次在中國境內被搶受虧俄商及被害俄民家屬各案。補䘏之款共銀盧布九百萬元歸還俄國。自換約之日越。按照此約所附專條內載辦法次序。二年歸還。

第七條　伊犁西邊地方應歸俄國管屬。以便因入俄籍而棄田地之民。在彼安置。中國伊犁地方與俄國地方交界。自別珍島山。順霍爾果斯河。至該河入伊犁河匯流處。再過伊犁河。往南至烏宗島山廓里扎特村東邊。往南順同治三年塔城界約所定舊界。

第八條　同治三年塔城界約所定齋桑湖迤東之界。查有不妥之處。應由兩國特派大臣會同勘改。以歸妥協。并將兩國所屬之哈薩克。分別清楚。至分界辦法。應自奎峒山過黑伊爾特什河至薩烏爾嶺畫一直綫。由分界大臣就此直綫與舊界之間酌定新界。

第九條　以上第七第八兩條所定兩條交界地方及從前未定界牌之交界各處。應由兩國特派大員。安設界牌。該大員等會齊地方時日由兩國商議酌定。俄國所屬之費爾干省。與中國喀什噶爾西邊交界地方。亦由兩國特派大員前往查勘照兩國現管之界勘定安設界牌。

第十條　俄國照舊約在伊犁塔爾巴哈臺喀什噶爾庫倫設立領事官外。亦准在肅州及吐魯番兩城設立領事。其餘如科布多烏里雅蘇臺哈密烏魯木齊古城五處。俟商務稍興旺。始由兩國陸續商議添設。俄國在肅州及吐魯番所設領事官。於附近各處地方關係俄民事件。均有前往辦理之責。按照一千八百六十年即咸豐十年北京條約第五第六兩條。應給予可蓋房屋牧放牲畜設立墳塋等地。嘉峪關及吐魯番亦一律照辦。領事官公署未經起蓋之先。地方官幫同租覓暫住房屋。俄國領事官在蒙古地方及天山南北兩路。往來行路寄發信函。按照天津條約第十一條北京條約第十二條。可由臺站行走。俄國領事官以此事相託。中國官即妥為照料。吐魯番非通商口岸。而設立領事官。各海口及十八省東三省內地。不得援以為例。

第十一條　俄國領事官駐中國遇有公事。按事體之關係。案件之緊要。及應如何作速辦理之處。或與本城地方官或與地方大憲往來。均用公文。彼此往來會晤。均以友邦官員之禮相待。兩國民人在中國貿易等事。致生事端。應由領事官地方官公同查辦。如因貿易事務。致起爭端。聽其自行擇人。從中調處。如不能調處完結。再由兩國官員會同查辦。兩國民人爲預定貨物。運載貨物。租賃鋪房等事。所立字據。可以呈報領事官及地方官處。應與畫押蓋印爲憑。遇有不按字據辦理情形。領事官及地方官設法務令依照字據辦理。

第十二條　俄國人民准在中國蒙古地方貿易。照舊不納稅。其蒙古各處及各盟設官與未設官之處。均准貿易。亦照舊不納稅。并准俄民在伊犁塔爾巴哈臺喀什噶爾烏魯木齊及關外之天山南北兩路各城貿易。暫不納稅。俟將來商務興旺。由兩國議定稅則。即將免稅之例廢棄。以上所載中國各處准俄民出入販運各國貨物。其買賣貨物。或用現錢。或以貨相易。俱可。并准俄民以各種貨物抵帳。

第十三條　俄國應設領事官各處及張家口。准俄民建造鋪房行棧。或在自置地方。或照一千八百五十九年即咸豐九年所定伊犁塔爾巴哈臺通商章程第十三條辦法。由地方官給地蓋房亦可。張家口無領事而准俄民建造鋪房行棧。他處內地。不得援以爲例。

第十四條　俄商自俄國販貨。由陸路運入中國內地者。可照舊經張家口通州。前赴天津。或由天津運往別口及中國內地。并准在以上各處銷售。俄商在以上各城各口及內地置買貨物。運送回國者。亦由此路行走。并准俄商前往肅州貿易。貨帮至關而止。應得利益照天津一律辦理。

第十五條　俄國人民在中國內地及關外地方陸路通商。應照此約所附章程辦理。此約所載通商各條。

及所附陸路通商章程。自換約之日起。於十年後。可以商議酌改。如十年限滿六箇月。未請商改。應仍照行十年。俄國人民在中國沿海通商。應照各國總例辦理。如將來總例有應商改之處。由兩國商議酌定。

第十六條　將來俄國陸路通商興旺。如出入中國貨物。必須另定稅則。較現在稅則更合宜者。應由兩國商定。凡進口出口之稅。均按值百抽五之例定擬。如未定稅則以前。應將現照上等茶納稅之各種下等茶出口之稅先行分別酌減至各種茶稅。應由中國總理衙門會同俄國駐京大臣。自換約日一年後。會商酌定。

第十七條　一千八百六十年即咸豐十年。在北京所定條約第十條。至今講解各異。應將此條釋明。其所載追還牲畜之意。作爲凡有牽牲畜人偷盜誘取。一經獲犯。應將牲畜追還。如無原物。作價向該犯追償。倘該犯無力賠還。地方官不能代賠。兩國邊界官應各按本國之例。將盜取牲畜之犯。嚴行究治。并設法將自行越界及盜取之牲畜追還。其自行越界及被盜之牲畜蹤迹。可以示知邊界兵附近鄉長。

第十八條　按照一千八百五十八年正月十六日。即咸豐八年在愛琿所定條約。應准兩國民人在黑龍江松花江烏蘇里河行船。并與沿江一帶地方居民貿易。現在復爲申明。至如何照辦之處。應由兩國再行商定。

第十九條　兩國從前所定條約。未經此約更改之款。應仍照舊行。

第二十條　此約奉兩國御筆批准後。各將條約通行曉諭各處地方遵照。將來換約應在聖比德堡。自畫約之日起以六箇月為期。兩國全權大臣議定此約。備漢文俄文法文約本兩分。畫押蓋印為憑。三國文字對校無訛。遇有講論。以法文為證。

此改訂條約。仍以前次崇厚所結之約為藍本。略加更正而已。自形式上觀之。俄人雖稍讓步。實則於中國領土內。仍得有種種之權利。其與前約異者。不過改償金五百萬盧布為九百萬盧布。改特吉斯發地為霍爾果斯河以西地方。別加入黑龍江。松花江。烏蘇里河之行船及沿岸貿易各條而已。要之伊黎條約之失敗。崇厚不可不全任其咎。併襲其後任欲掀翻前議。轉敗為功。此必不可得之數也。

哲理

自然哲學　說熱

君武

（著者方學汽機此單論熱理之與汽機有關者）

何爲熱　熱爲微細流質之說　熱爲力的變體之說　計力法　尺磅　馬力

力之分類　隱力與顯力　力之互傳及力之永存　熱者力之一種變象也

量熱法

以手近火或入沸水。皆使人有熱之感覺。引起此感覺之動力。即「熱」也。自物理學之興也。「熱之性質」久爲「自然哲學家」Natural philosopher 所研究之一理論。十九世紀之初學者皆謂熱爲物質Matter之一種。熱無重量。故與其他切物質不同。而爲極微細不可秤量之一種流質。但此流質能廣布徐入於組織物質之原分子之間而由熱體以入寒體。此理論大爲其時哲學家所信用。然不久即棄去。因熱量無界限。雖格寒之體。聚而磨之。亦能生熱。而傳之於他寒體。故是微細流質之說不可通。

至一七九九年。大衛 Davy 發明一理曰「物體因擦生熱但不因是減其生熱之能力」大衛用器阻外熱入而使二氷塊相磨以至化水。又用法試知此水生熱之能力。不惟不減於原氷且反倍之若依舊論則水必比冰之生熱能力少矣。於是舊論遂全失敗。而大衛定如下之結論曰。

熱之原因即動 motion 而熱即力 energy 之一種變體也

由大衛之說可知熱即力之變體。而可定如下之界說。

力者作工之權能也 Energy is the power of doing work

所謂工者。即勝過一定地位之阻力。而計工之法。即阻力之量乘其所勝過地位之長。

以例明之。如自平地起重。而勝過地球吸力之阻。如所起物之重為一百磅。而起高能離地為三尺即得

所作之工 = 100磅 × 3尺 = 300尺磅

英國計工程之單位曰尺磅。foot-pound 尺磅者。即起一磅重之物離地一尺（即勝過地吸力一尺）之工也。

於一定時間以尺磅計所作之工。有馬力法。

一馬力者。即於一分鐘間起三三·〇〇〇磅重至一尺高之力是也。

反而言之一馬力者即於每分鐘間起一·〇〇〇磅重至三三尺高之力是也。汽機計力之單位。皆以馬力。

任計一汽機之馬力其公式爲

$$\frac{h \times r}{33.000 \times t}$$

r ＝以磅計之阻力。

h ＝勝過阻力以尺計之高。

t ＝作工所經歷之分鐘數。

作工不限於起重也。有如車行平路。其阻力爲路面觸輪及輪自觸其軸。但其計工之法。與起重同。因其歷地位勝阻力之理同也。

作工有須勝阻力者。有須勝惰性 Inertia 者。有如列車之行於平直鐵軌。不受觸磨。如欲其由靜而動。則作工之力。惟在勝過其惰性而已。此其計工之法。為列車之重量乘其能行過之路數。即勝過輪軸相觸及空氣阻力之工也。

力為作工之權能。既如上說。然力之存在。固分多途。有如發條 Coiled spring 驅鐘表使之運行。是力存於發條也。有如滑車貫繩。繩之一端懸重。方其垂時。可起他重是力存於繩端之重也。然此皆靜體。其在動體。則如鐵道列車運重行遠。是力存於列車。來復鎗之發射。速力及遠。可貫數寸鐵甲。四者皆為力之所存。而不同類。前二者自為靜體而能作工。發條之力。本於各機條之轉合。滑車之力。本於地球之吸引。其力皆謂之隱力 Potential energy 後二者反之。其力本於自體之動。謂之顯力 Kinetic energy.

然物體大抵具此二力。有如繩端之重下降。即其顯力。因自動故。方其動時。仍具隱力。因能續動故。每墜一尺。其顯力加。於此同時。其隱力減。以至墜地。顯力至極。於此同時。隱力消失。於是一切隱力。變為顯力。且當墜地之時。顯力之數恰合相等。於其初始所具隱力之數。而墜地之重。同時引起他重。與自重等。且他重引起之高。與自高等。由是可知此重墜地。即有速力還造本重。於其原處。但其體有別耳。而是別體既被引起。即後具有隱力。與原體等。此理謂之「力之互傳」Transmutation 之 energy 爲力本同。托體則異。又謂之「力之永存」Conservation of energy 力之永存者。謂原力不增不滅。不生不滅。惟因物體變遷。而互相傳也。由是可知重體之力。與地球之力。其爲類雖變。其爲量不改。於力學書可以算理設證。且於一切場合可因等實驗。證此理之爲普通眞實。

據力學之理。闡大衛之說。可知熱者。即物體極微分子之特別動狀也。且既知物體既動。即能作工。因自具力。則熱者。乃力之一種變象也。

大衛所定熱之界說。其可信之理由有三。

1 熱不可爲一物質。因物質必有界限量數。而熱可以機械磨觸諸法生之。乃無界限量數者也。

2 熱過無物。惟餘所作之工。大衛磨冰之事。既如上論。又如以鎚打擊金片數回之後。二者漸熱。若以漸小金片。劇力擊之。數時之後。手觸金片。必致燒傷。又知鐵工以鎚擊鐵。可致通紅。水流下墜。盛之以不傳熱之器。則其水於後漸熱。氣體亦能生熱。如以易燃火絨。置於圓筩。以活塞忽下擊之。空氣被壓生熱。火絨即燃。可知熱生於力。力變爲熱也。

3　由熱作工。工之既作。熱全不見。有如滊機。火既傳熱於水。終乃化汽。以入汽筩。Cylinder 以動活塞。Piston 若注意量之。初量其化滊入機時之熱。次量其離凝滊器 Condenser 爲熱水時之熱。三量作工時因各等法失去之熱。然後二者量得之熱量。終比初入機時之熱量少。則其熱究失歸何處耶。此無他。機械所作之工。即其所失去之熱量也。

由此言之。熱即力之一種變象。無可疑矣。其象若何。即物體極微分子間之動是也。

若夫明熱與工之關係。而計若干量熱。可作若干量工。則當知量熱法。

入手於寒水及沸水。其所引起人之感覺不同。因其熱性異也。亦曰熱度。tenprature 當手入沸水時。熱即離之。而傳入於此比較更寒之手。反之手入寒水。熱乃離手而傳入於比較更寒之水。熱之去就。惟視兩體相和所具之熱度若何而任一物之熱度。即視其與他體相和時傳熱之能若何而定。

若是以二物相置。離去一切他物。而互傳其熱。若此二物皆不失熱。則二物之熱度等。若二者之中此物失熱。彼物得之。則此物之熱度高於彼物。

熱度高之物體。其膨漲 expansion 亦大。量熱之法。可用第三物體。與第一物體相和。計其增漲。知其正確之熱度。又與第二物相和。依同法知其正確之熱度其膨漲最大者。其熱度最高。依是設計作寒暖表。 thermometer

八

研究資料

（二種）

國際例案

日本關稅法

上海曾志忞編

國民必讀 **教育唱歌集** （師生合用）

全一册　定價二角五分

教科之不可無唱歌今之言教育者皆能知之自海內諸教育家美日本教育之盛來其地入其校聽其歌發無窮之感觸思有以發達吾國唱歌者甚切近頃學生歌及學校唱歌等已行於世歡迎者甚衆惜祇載歌文而樂譜缺如致初學者無從別其抑揚頓挫且無從以音韻動少年之情彼有道懷焉作者留學日本研究斯道有年即其平日之經驗編爲一集以教育爲範圍譜取和平中正無礙少年自然發音文取婉美活潑無害少年心理內分四部

一　幼稚園用　音程不出五度旋法簡易歌文通俗易解語短心長兒童讀之得品性純正而精神活潑

一　尋常小學用　音程旋法如前歌詞稍文合於尋常讀本之程度而於品性精神又爲注意

一　高等小學用　音程旋法略高文亦漸深又並用箴言及修身愛國等語

一　中學校用　音程旋法漸入高深文亦嫺俗就雅吟詠有味

四部用東西略譜由淺入深便於初學末附生徒參考一篇詳言演奏及教授之法讀者即可依此實行凡家庭學校獨各道其宜誠十九世紀未有之新書也有志教育者盍各置一編書已出版裝訂精美發售處如左

總發行所　東京教科書譯輯社

上海發行所　開明書店

國際例案

遵義黎淵譯述

序言

自來言國際公法者。率分大陸（指歐洲大陸德法諸國）英美二學派。大陸派專重學理。輒自出新說。以決國際諸問題。務期斯學日進高尙之域。而於一切實例則不甚措意。爲反之。英美派則專重實例。一問題起。必援其相似例案。紆廻引證。以自排解。而於理論學說。又往往不求其新。究其弊。乃一流於空誕。一即於迂拘。而皆不適於實用。吾言國際者。必學說與實例兼資。而後揆之於理而不悖。措之於事而易行。不然。徒執一理。以相抗。空疏鮮據。新說亦窒而難通。僅據一例。以爲衡理論。一强鐵案。且不難立覆。吾未見其能從容大雅。折衝禦侮於羣雄環峙間也。若夫斯學幼稚之國。勢力孱弱之邦。則實例尤宜注重。何也。學說既不足見重於列强。理論亦未敢以自恃。一旦爭議紛起。亦唯求諸既往。執例以爭。庶乎臨事勇決。不致徬徨失據耳。今者俄日戰爭。中國已宣中立儼。然則於國際團體之間。自是一舉一動。胥不得不受公法之範圍。而研究國際法學。遂爲今後不可或弛之急務。然觀邇來言國際法理者雖不乏人。而於國際例案。則不免有闕如之歎。鄙人有憾於此。乃不揣妄陋。就平日學校松原講師所授國際先例。詳爲譯述。以饗吾國。本講義計分平時戰時中立三編。自有國際法以來諸例。網羅殆盡。每案復參以最新學理。務使學者因例求理。藉理明例了。無疑難。誠國際法應用之良書也。以編譯次序論。自應由平時而戰時而中立。乃合體例。以近頃吾國方守局外中立。一編於時爲急。故先介紹於我國民。其平時戰時二編。續當補述。讀者於區區一册。苟變通而神明之。其於國際法運用之道。思過半矣。

國際例案局外中立編

第一章　局外中立汎論

羅連斯曰。局外中立者國家當他國交戰時。不干與其戰爭。而與兩交戰國。仍續其平和舊態之謂也。裔卡曰局外中立者。毫不直接干與他國戰事之謂是也。要之局外中立與在他國戰事全無關係則與兩交戰國以同一公平之援助亦於局外中立之義大相背馳而不得謂之局外中立。此其義乃近世所昌明。在上中古時代則未嘗有此觀念也。何也。此等局外中立觀念。徵特與中古所謂世界帝國主義。鑿枘不相容。且與奉耶穌爲世界教諸國彼此誓相扶助之意相反故也。格羅求斯嘗謂第三國不得阻礙他國正義之戰爭。設不能辨其戰爭之孰義則兩國與以同一之處置。亦無不可。格氏以後學者。於局外中立則。多以嚴正公平爲第一義。降及哇鐵耳復進一武。至謂中立國除先有特別條約之外。不得於他國戰爭。稍事援手焉。然當時格氏與私淑其說者。亦嘗謂中立國有據戰前條約。援助交戰國之權利。且謂各國亦皆有扶助正義戰爭之責。至照戰前所締同盟條約。與以一定援兵。則與嚴正中立之義。尤不相妨云。

自時厥後。學者輩出。遂有完全中立不完全中立之分。即完全中立云者。嚴戒干與戰爭之謂。不完全中立。則指兩國同一之援助。及本乎條約之干與而言也。在當時則不完全中立。亦得視爲中立。今則不完全中立。決不能以中立論矣。

一千七百八十八年。（參觀後述丹瑞爭議）別倫斯脫耳伯爵宣言曰。丹麥據千七百六十八年、六十九年、七十三年條約。援軍俄國。決非瑞典所得而非議。丹麥此舉。蓋遵條約出兵。於局外中立義務。絕不違背云々。然當時英吉利普魯士荷蘭三國。乃大反對之。促其撤退援兵。此後丹麥主張之說。漸爲世所排斥。而局外中立之觀念。乃益鞏固矣。

若夫今世之局外中立則純以不干與戰事爲主。兩國交戰中。第三國苟一直接干與其戰事。即爲違背中立義務。固不問其戰之義不義。與先結有相助條約否也。故今之中立。無所謂完全中立不完全中立之分。略不完全。即非中立焉。今之不干與無所謂自何地步起爲干與。至何地步止爲不干與之辨。稍一干與。即非不干與焉。李斯鐸曰。局外中立無種類。無階級。一參與其戰爭。即已無局外中立之足云。故無論援以軍需。輔以軍隊。助以軍艦。假以軍行之道。有一於此。皆足爲悖戾中立義務而有餘。如瑞士馬克以好意中立。請於英德墺同盟。以好意中立相爲約。皆顯背局外中立之眞義者也。何也。敵之助。亦敵也。對於敵而執好意之中立。即不啻對於我而有不好意之相加也彼一國以敵國視之其權利也至此所謂武裝中立則異是。蓋武裝中立乃以兵力防衛己國之利益其事出於自衛之不得已故視援助他國適殊。於局外中立意義毫不相悖云。

要之戰爭效果之所及不僅交戰國間爲然。其與戰爭無關之國間。亦從而生法律之關係關係維何即局外中立之法律關係是也故局外中立國有不因交戰行爲而受侵害之權利亦即有不因交誼厚薄而與戰爭之義務

局外中立之關係與開戰同時而發生近時雖以宣言局外中立爲通例。然此非必不可闕之事。但有不與戰爭之事實即不宣言中立亦足證其爲立於局外中立之地位矣。

自沿革上言之。古代局外中立之意義本無如斯之嚴正。雖平湼之條約千六百五十九年烏脫列希特之平和。亦未嘗永留佳果於中立發達之歷史直至俄國主倡武裝中立始於局外中立之進步與有莫大功力焉。拿破崙戰爭中。中立觀念雖略見其退步。未幾若里米亞戰爭結局以千八百五十六年巴黎之宣言。而局外中立之義益昭

然大著於天下矣。

第二章　局外中立法律關係之一斑（法律關係云云者詳言之即法律上權利義務之關係也）

局外中立之法律關係。極其繁雜。欲攻究之有序。須於種種方面求之

甲　交戰國與局外中立國間之法律關係。

一　交戰國對於中立國之義務。（即中立國對於交戰國之權利）

(1) 於中立領域內。不得行一切戰爭行爲。

(2) 於中立領域內。不得行一切戰爭行爲之直接準備。

(3) 須遵守中立國自衛上所發布之中立規則。

(4) 中立國而被侵害。不可不爲損害之賠償。

二　中立國對於交戰國之義務（即交戰國對於中立國之權利）

(1) 中立國無論對於交戰國之一國或兩國。皆不得與以陸海軍之援助。即開戰前結有條約亦然。準條約相助之國。是當以交戰同盟國論。故不在中立之數。

(2) 中立國於其領域內。不得許交戰國。有招募陸海軍之舉。

(3) 中立國不問贈貸。不得以金錢資助交戰國。

(4) 中立國不得以軍艦、兵器、彈藥及其他軍需等物。供應交戰國。

(5) 中立國、不得許交戰國以行戰爭故。利用其中立領域。

(子) 中立領域。不可許交戰國軍隊通過。

(丑) 中立領域內不可許交戰國行一切戰爭行爲。（敵對動作無論即臨檢搜查亦不可許）

(寅) 不可許交戰國。以中立領域。作其戰爭行爲之根據地。

(卯) 中立國宜力防交戰國在其領域內。編制遠征隊及發航。

(辰) 中立國宜力防交戰國在其領域內。募集兵員及行船舶改充軍艦之任命。

(巳) 船舶而將以充交戰巡洋之用者。其製造、艤裝、武裝、發航等事。不可許在中立領域內爲之。防此製造、艤裝、武裝、發航時宜加以相當之注

意。（參觀華盛頓三原則此項至今議論尚未大定）

（午）交戰國軍艦。有在中立領域內增大其戰鬥力者宜極力防止之。

以上爲局外中立義務之一斑。至局外中立臣民有純以冒險取利爲業者。中立國國家。無必行禁止之義務即

一　中立國無禁止其臣民輸送戰時禁制品之必要。交戰國唯有自行其防遏之手段而已。至中立國戰時宣告中立。因禁其臣民輸送禁制物品。是屬其國內法之範圍。於國際法上非有此等義務。此不可不察也。

二　中立國無禁止其臣民破犯封鎖海口之義務。

三　中立國無禁止其臣民與交戰國結公法上契約之義務。

四　中立國無禁止其臣民赴外國（不在領域內）從軍之義務。

五　中立國無禁止其臣民與交戰國所募公債之義務。

乙　交戰國與中立國臣民間之法律關係

如前所云中立國既無禁止其臣民干與戰事之義務則交戰國勢不得不藉

已力以防遏之。於是交戰國與中立國臣民間之一定關係生焉。

一　不干與戰事之中立國臣民得各安其堵以營職業。無身體財產被侵等事。與交戰國交通貿易如常。（是謂中立商業之自由）

二　干與戰事之中立國臣民。一離中立領域。即失其中立性質。交戰者得以敵人待之。

(1)　投於敵軍而爲之執役者。因之失中立性而得敵性。

(2)　中立國臣民所有財產。而供敵國之用者。因之失中立性而得敵性。

子　中立國臣民之船舶。而爲敵國輸送公文書者。宜被充公。（準禁制品之輸送）

丑　中立國船舶而充敵國運送船之用者。宜被充公。（兵員及準禁制品之輸送）

寅　於公海及交戰國領海內以商船輸送於敵國之戰時禁制品。宜被充公。

卯　破犯正當封鎖之船舶。宜被充公。

辰　以詐欺暴力。求免於戰權正當行使之財產。宜被充公。（如具有詐僞船舶書）

類及抗拒臨檢搜查者

三　中立國臣民。因交戰國行使其正當而且善意之戰權之故所受損害。無對交戰國求償之權。其出於不當處置者不在此限（如不當捕獲而被捕獲者）

以上將局外中立所有法律關係。畧爲列示。俾先淸眉目。庶於讀例案時可迎刃而解。至其詳細解說。仍須於下述諸章中求之。

第三章　論中立國領域之不可侵

以下論交戰國對於中立國之義務。而首宜講述者。即中立領域之不可侵也。夫所謂中立領域之不可侵者。直言之即不可於中立領域行一切交戰行爲。此原則當國際法幼稚時代。即已有之。唯往往變例雜出。未能悉衷一是耳。如一千七百九十三年英人於節諾亞（中立地）捕獲法艦「莫的斯特」號。當時既不辯明其應捕之故。又不將原艦放還。似此中立地不可侵之原則。已殆在不可必行之數。而是年英艦「格蘭居」號。於的拉維亞（中立地）爲法國所捕獲。則毅然訴於美國。將此船索回。法國亦無如之何。近時此原則奉行益嚴。有稍背之者。遂爲文明諸國所不容。且不免任損害賠償之責。要而言之。戰權行動之範圍。總以交戰國領域（合領土領水而言）公海無主地三者爲限。而不容波及中立領域。中立領域者。神聖不可侵犯之地也。故交戰時追擊敵艦。其艦而逃入中立領海。亦唯任其脫網而已。中立領域之不可侵。凡在其內之人與物皆得受其蔭護。夫人與物而在中立地域以內。則無論如何。交戰國胥不得從而染指。舍要求中立國處置外、無他策。苟遇非中立國義務必應處置之事。則目的物雖明在中立地內。交戰國亦不得不付之無可如何也。

抑所謂中立地域者。匪獨領土爲然。凡海上在沿岸三里（海里約中里八里）內者。皆得算入。若沿岸遇有島嶼。則此三里。即由其島起算。蓋島嶼即其陸地之屬物也。

第一　「安拿」號事件

一千八百〇五年。英吉利西班牙之以干戈見也。班船「安拿」號。僞揭美國旗幟。裝載材木金錢等物。自班國往紐窩耳列安斯。中途於米西希畢之附近河口。爲英艦所捕獲。遂解赴英國捕獲審檢所。於是駐英美公使抗議曰。

「安拿」號之捕獲。英人實於美領海內爲之。蓋其捕獲地西米希部河口西岸之一里半。正當美國砲台之視線內故也。此船既認爲中立地內所獲之物。英國宜速放還云々。

茲爲攷其事實。捕獲地點雖在城砦三里外。然自本國泥土淤成之一小島起算。則猶未過三里也。故斯脫域耳卿審檢此事。爲下判決曰。

夫實力之所及即領域之所終。方今武器之力。足達三里。故海面三里以內即其國領域之範圍。倘沿岸生有島嶼。則此三里應自該島起算。蓋島嶼亦沿岸國之一部故也。本件捕獲地既在中立領域以內。其物自應歸還。所受損害及虛耗費用。亦應由該捕獲船長賠償云云。

(附言)凡在中立地內捕獲之物。應由捕獲國自還原主。惟其物現在中立國內。或日後來中立國時。該中立國亦可代爲還付。霍衣登雖有捕獲物一經交戰國審檢所審檢後。則中立國不能代還原主之說。然窩耳脫蘭力反對之。現今通例。則捕獲物雖已經交戰國檢查。苟在中立國權力範圍內。則中立國猶可代爲還付也。

第二 「脫威格布累的」號事件

一千八百〇一年。英蘭戰爭中英船於格羅甯根哇特地方。捕獲蘭船數艘。蓋以其將往封鎖港昂斯鐵耳丹故捕之也。按此哇特地方。實東孚利斯蘭得與格羅甯根間海上之一部。於是駐英普公使謂英國此捕獲乃在中立普國領域內所爲要求交還原物。及調查事實之後。則捕獲地實非中立領域其船遂被收沒充公云。

本案既定。而與本案牽聯而起之問題。即船艦先以捕獲之意通過中立領水而後將敵船捕獲。其捕獲有效與否是也。沙威良斯可特當判決此案時。攷述捕獲地之沿革爲揭一中立地域不可侵之原則如左。

一 軍艦不以暴力通過中立地者。不爲侵害中立。

二 交戰國不得僅以敵國軍隊通過中立地之故。爲申述異議之理由。

三 僅在中立領海通過者其後捕獲不爲無效。

以上三原則中。其第二原則。則有大謬不然者。夫軍隊而通過中立之領域。在交戰國爲侵害中立權利。中立國默許之者。即爲違反中立義務。中立國苟視其通過而不開則交戰國對之開戰。亦所應爾。區區申述異議奚不可哉。

第三 「脫威特格布累的」號事件

一千八百〇〇年。英蘭戰爭之際蘭船四艘。於格羅寧根哇特附近之猥斯仙命因斯地方。爲在該處之英艦「列斯別格」所捕獲。於是普領事起而詰難。謂此捕獲實出於普領地內。要其將捕獲物交還原主焉。今攷其捕獲地點。當時英艦所在地。實未出東孚利斯蘭得三里外。且潮退時與陸地相連。其捕獲實爲不法。蓋軍艦碇泊中立地內而別遣舢板於中立地外捕獲他人船舶。仍不得謂爲有效也。沙威良斯可特判曰

凡與戰爭相近之行爲。概不得於中立地內行之。交戰軍艦自泊於中立港內而別遣舢板出事捕獲者。是亦戰爭相近之行爲。與在中立地內捕獲他人船舶無以異也。本件適蹈此轍。誠爲不法。宜將原船交還。至其損害與費用。則可無庸償繳。蓋此捕獲實出於誤解。非眞有侵害中立領域之心也。

第四 「節渠拉耳恩斯脫命格」號事件

交戰國之於中立地也。不可行一切交戰行爲。而中立國之以此許人者。對交戰之彼一國。即不免有損害賠償之義務。此國際之大原則。確然不可移易者也。然交戰國軍艦在中立地被敵攻擊時。若不求中立地國處置。而遂自行抗禦者。雖事後受有損害。中立國不能任其賠償。與此最適例案。即「恩斯脫命格」號事件是也。

一千八百十四年。英美戰爭之際。美國捕拿私船。號「節湼拉耳恩斯脫命格」者。於葡萄牙之法亞耳港碇泊中。爲英國艦隊所覺。乃遣一分隊以逼之。該船未及求救葡國。遂貿然向之開砲。於是次日英艦肉迫以擊之。該船勢不能禦。遂被捕獲。美國憤無所洩。乃謂葡國實縱英艦在其領域內。捕獲美船。要求葡政府償其所失。葡政府則以美船在其領域內被逼。不求中立國之處置。遂自出抗禦手段。雖被捕獲。實屬咎由自取。毅然拒其要求。於是談判不調。至千八百五十一年。乃請佛國大統領拿破崙三世爲仲裁。（即居中裁判之意現歐洲有萬國仲裁裁判所專斷國際一切紛議）此事始有歸結。其仲裁宣告曰

美國捕拿私船（民船而充捕拿敵船之用者）「恩斯脫命格」號船長累德。其初不求中立葡國之救護。遂漫然自應敵艦不正之攻擊。實爲藐視中立國權利。故中立國葡萄牙對

侵害其主權受損之美國不應更出償金云云。

第五　「卡羅令」號事件

如前所述。既以中立領域之不可侵為原則。則交戰國自不得不尊重中立領域明矣。然對此原則。非無一二例外。即當緊急危難之際是也。欲明所以許此例外之故。莫若觀有名之「卡羅令」號事件。

「卡羅令」號事件者。千八百三十七年末。延及翌年之加拿大內亂中所起事件是也。當時叛徒既將奈亞嘎拉河之湼比哀蘭得島占据。而此河中流。適為英屬加拿大與美國交界之處。叛徒既得美人之同情。乃以「卡羅令」號供輸送湼比哀蘭得島軍需之用。一日該船偶泊於湼比哀蘭得島附近之英領地內。英將見其在自國領地也。乃乘夜派一部隊以緝之。不意該船驚覺逸入奈亞嘎拉河之美界內。英艦於此。亦遂毫無顧忌。憤然追及。火而沉諸深淵。於是美國譁然。謂英國侵害其領域。起而抗議。兩國交涉切迫。幾致失和。當時美國抗議之要点曰。

一　英國須將事情急迫。不遑別採他策。且自衛上緊急必要。無暇熟慮之事實證明。

二　即事屬萬不得已。亦須證明此舉於自衛必要上。實未過度。

英政府答辯曰

一　英國加拿大政府。既無向美國請求鎭壓之時日。則舍自行鎭壓外。實無他策。

二　當時美國民兵一隊。對此暴動。袖手傍觀。則美政府無鎭壓之力可知。

三　此攻擊實急迫而無熟慮之暇。

四　英國此舉。於防衛暴徒侵入英領加拿大之必要上。實適可而未過度。

合觀英美兩國之爭論。一則鳴英國在其領域內暴行之非。一則謂英國坐視暴徒在其境內編成遠征軍隊而不禁。兩國各持一理。訖無結議。此事遂一時擱置。及紐約州亞歷山大馬若列窩德被逮事起。而此議復燃焉。

第六　馬若列窩德事件

亞歷山大馬苦列窩德者。「卡羅令」號攻擊隊所屬之一士官也。當「卡羅令」號被擊時。美人達斐亦與其難。於是馬苦列窩德以殺人罪被逮於紐約。付本州裁判所問罪焉。駐美英公使憤然爲求釋放曰。

夫擊沉「卡羅令」號者。英國國家之行爲而英政府所屬軍人行之也。馬苦列窩德不過奉上官之命令於渠乎何尤。美國而必欲究治此事也。則英政府請任其責。幸以國際問題移詰英政府。以私罪問馬苦列窩德於理殊未當云云

美國務卿葉布斯他答曰。

英國所云「卡羅令」號之攻擊。乃國家之行爲。不得以私罪問馬苦列窩德。於理誠當。唯此案既付裁判所。則只有俟其辨明。自行釋放。行政官之命令。不能干涉之也。

後紐約裁判所。亦察馬氏之無罪而釋放放之。其釋放之理由。則以其無罪於此案故。非爲其無管轄權如英國所云云也。

當馬苦列窩德事件交涉中。而「卡羅令」號事件之爭再起。一千八百四十二年。英

國阿徐巴登爾以決英美向來一切爭議。赴華盛頓。向美政府辯明英國之舉動。且於「卡羅令」號之處置致英國抱歉之意焉。然其所主張則仍堅執前說。謂英國之擊沉「卡羅令」號。實出於勢不得已。其時事機迫切。重關一國之安危。既已熟慮之不遑復無別策之可採。故其對葉布斯他之要求終不患無辭以解云云。美國至是亦不欲多事。以英之答辯為滿足而寢其事焉。蓋當時設英國不自求鎮壓之策。一任其禍之蔓延。事後以所受損害。求償於美。計美國亦將無以辭其咎而賠償之任轉鉅矣。美國忽悟及此。故亦情甘退讓也。

夫國際之有自衛權。猶刑法之有緊急防衛。其設此例外之本意。自無不同。而其時（何為適當其時）與程度（何為適可而非過度）之各有制限。又無俟喋々。唯此緊急必要之例外行為。果一國之權利乎。抑否乎。則又議論之所集也。羅連斯論「卡羅令」號事件曰。一辯解而一寬容其不法而非權利可知。惟事實上不加之責而已。法律上非有此權利也其說與德意志刑法家論緊急行為之言相似。趣味頗豐富。後當於論「安叟利」權（戰時非常徵發等權之評語）時詳之。

中立領域不可侵之原則。近時益見擴張。欲持交戰行爲。不得行之中立地。即凡戰爭直接之準備。亦皆不得於中立地內行之也。詳言之。即（一）不得以中立地爲作戰根據地。（二）不得在中立地艤裝及編制遠征軍。（三）不得於中立地受援兵（四）不得於中立地募軍隊。（五）不得於中立地受軍艦及軍需品之供給等是也。然與戰爭極相遠之事。亦未一可概禁絕。如受兵員生活必需之供給。與事航海不可缺之修繕。交戰國亦得通融於中立港爲之。如交戰國軍艦在中立港購辦糧食船具。及修繕其船舶等是也。

若夫修繕船艦。則以能勝航海爲度。其既能航海。復欲增加其勢力。使足充攻禦之用。則斷斷乎不可。蓋戰鬥力中增大。中立國之所禁也。

中立國欲防軍需運出之弊。可以限制其供給。而尤以限制石炭爲慣例。近時益爲各國所通行。方發達而未有艾者也。然中立國限制禁止之事。其出諸己意。與受命於國際法者。大有徑庭。其出諸意已者。或禁止。或限制。或全不禁止限制。其限制或寬或嚴脅中立國之自由。苟正當而且公平。則交戰國不得妄生異議。其受命於國際法者。則然毫不容假借非中立國所得而左右之。苟中國擅背此法。則交戰國可要求其損害之賠償。且得自出防禦之手段焉。

夫交戰國不得以中立領域爲作戰根據地。且不得於中立地編制遠征軍。前既屢申其說矣。然則作戰根據地與遠征軍者。究何謂哉。試略言其意義如左。

一　何爲作戰根據地

作戰謂據根者。其源於出軍術用語。後欲確定交戰國與中立國之關係。遂亦沿用之。其見於國際文類者。以千八百七十一年之華盛頓條約始。然當時仲裁者幷未下一解釋。故其意義猶未明確。甯耳嘗引法國軍術著述家爵米尼之言曰。作戰根據地者。軍隊受軍需及援兵處。遠征軍出發處。暨有時藉爲遁匿處之謂。此外其第一要件。尤在使用之繼續焉。詎哉言乎。戰期遙遠之間。於一地內偶受一二次軍需之供給。猶未可遽以其地爲作戰根據地也。必也綿延不絕。有足爲軍需供給之泉源焉。有舟車往來極便之道路焉。而後足稱作戰根據地而無歉也。

如一千八百六十四年。賈滿將軍進軍爵且基亞時。曾與本國北軍之聲氣隔絕。不得仰供給救援於北軍占領地者。數禮拜。此之謂作戰根據地之截斷。至其軍行所過。隨地徵糧。其徵掠諸地。則不得以作戰根據地相視。以其缺繼續的使用之要素故也。

由是觀之。則僅一二次或間久一次受軍需等物於中立港者。其地不得遂以作戰根據地論。雖其中亦有一次不可供給之物。然所以禁制之者。別有規則。固無須假手於作戰根據地以防之也。若交戰國而有貯藏所於中立地者。苟自此絡繹不絕。輸其所蓄軍需於營艦時。則不妨即以作戰根據地視之。蓋其運出物自身雖或無害於供給。而其絡繹不絕一端。已足目爲不法也矣。

二　何爲遠征軍

欲明遠征軍之意義。請先以例案釋之。

第一　「脫威特格布累的」號事件

即前章第三例案、所述一千八百〇〇年、英蘭戰爭中。英艦在普國領海內。派舢板出晋領海外。捕獲蘭船數隻。後以事近出征。遂將蘭船釋放事件。

第二　鐵耳塞拉事件

一千八百二十七年。葡萄牙王登配多羅禪位於皇女多拿馬尼亞。而以其弟登米格耳爲之輔。已則留巴西帝位以自固。未幾登米格耳逐葡主而自立。國內大亂。於是登配多羅之大臣。求干涉於歐洲各國。欲藉以除登米格耳。而尤屬意於英。以曾與英國結有援助之約故也。不意英國以此約爲對外患而立。今葡萄牙內亂。不能相援。毅然拒絕其請。既而諸亡命爲登米格耳所敗。出奔英避難於坡池摩斯及其附近各地。英政府恐其爲巴西政府所承認。編成遠征軍以抗米登格耳也。乃先照會巴西公使。請其留意。勿得許此諸亡命。在其領域編制遠征軍焉。巴西公使覆牒則聲稱當以船舶將葡萄牙人及巴西人共送巴西。而其船舶與船員決不武裝云。

一千八百二十九年春。巴西公使果如其言。以未武裝之船四艘。於沙耳丹哇將軍指揮之下。載六百五十二人。發蒲里摩斯港。揚言將往巴西。實則送往鐵耳塞拉島。

荷屬亞左斯島之一

其船雖未武裝。而實在軍隊指揮之下。且其武裝已早作商品。由他港運出矣。出發後英政府探知其實。乃遣哇坡兒率軍艦一小隊。先赴鐵耳塞拉以截之。告以除鐵耳塞拉外。他均許其上陸。沙耳丹哇不從。憤然與抗。於是哇坡兒以武力逆之距英蘭海峽五百里之地。而自返鐵耳塞拉。爲此失敗之遠征軍。遂逗留於布列斯特而不得進。

當英國之要截此遠征軍也。雖得國會多數之贊成。而學者間不無異議。沙羅巴德非利英亞氏至以當時上議院之反對。及下議院之詰議爲合法。而痛詆政府此舉之反乎國際法原則焉。

其上議院之反對論曰。

夫中立國於公海及交戰國領海內。以武力截留交戰國人民。且防害其行動。此大悖中立之道者也。且多拿馬利亞之即葡王位也。吾英實承認之。即其避難吾國也。亦以吾英之足恃。而故託庇於宇下者也。今吾對其未武裝之臣民。而加以强暴。且防其歸國。謂非不法而何。

其下議院之一詰議者曰。

吾英以兵力要截未武裝之船舶。而禁其在鐵耳塞拉登陸及停輪。是侵害該島所屬國（葡國）之主權也。此舉既非迫於勢不得已又非國際法之所認誠不解政府何樂而爲之云云。

就本件觀之。則遠征軍者但有編成之兵士且在軍令指揮之下者雖未武裝似亦無歉於遠征軍之號也此件國際法學者之意見畧謂

英政府其初認此諸亡命爲具有遠征軍之性質其見解不爲不當惜其後時機已逸處置失宜致欲全中立之義務而反害葡國之主權耳

誠哉此言蓋當其遠征軍之猶在英港也英政府宜乘其未發航而禁之既縱其出港矣而復要之於公海及葡領海上此所謂不法之甚也噫惜哉

第三　一千八百七十年德法人去美事件

當普法戰事之初起也一時旅居美國之衆德法人皆欲歸國而盡荷戈之義務。乃紛紛相率以去美其去美也。苟一人或數人照尋常旅客之常態而返國。則亦何致

別滋他議。而實有不然者。當時有法人千二百名。將投米國軍隊以助戰。乘號「法葉特」及「山比脫巴利」之二軍艦。自紐約解纜赴法。然此千三百人者。實無統率之將校。及軍隊之組織。不過載有小銃九萬六千枝。銃包千百萬個而已。事起美國國務卿斐修宣言曰。

該船艦不得以將充戰爭使用之物論。其乘組員既乏戰鬥力。所載武器及其他軍需。亦不過一種商品故也。

試攷其實。則此衆多之法人。既未武裝。又不服軍律。且無指揮之將士。故猶未足爲遠征軍。雖其一至法國。加以訓練。不難立成勁旅。然自紐約出發時。則未嘗有此整肅之狀態。則去戰爭之實用。不可謂不紆遠也。即使航海中與德之巡洋艦相遇。亦不過待以俘虜於美之中立。固未能一言以相詰責。蓋以其未具有完全遠征軍之性質也。

合以上所述三件觀之。則遠征軍者。

一　須有即行從事戰爭之目的。

二　須在陸海軍指揮規律之下。

三　須以直接用於戰爭之目的而組成。

有此三端則其在中立領域也。

一　不必負有足事戰爭之狀態。

二　不必携有武器。

猶不失爲遠征軍焉要之在中立地內組成戰鬥力者是爲侵害中立之主權中立國對之有要求損害賠償之權利有時勢不獲已且得抑留其人與物而管押之此中立國主權所以不容侵犯也

二八

日本關稅法 （續第六期）

第四十五條　第一條第二項、但字以下云云及第二十四條第二十六條、第三十一條至三十五條、第三十七條至第四十一條之例、於郵便物不得援用、

第五節　收容

第四十六條　凡貨物因裝載下船送至稅關或起岸者、自送至或起岸後、限七十二點鐘以內、不即出貨、或裝載發送、或不寄關者、稅關以在事人之費用及爲擔任危險起見、得暫將貨物收容、

第四十七條　凡收容貨物之後、當於三日之內、將其事揭示、

第四十八條　凡欲取出收容貨物時、當報明稅關交納因貨物所需一切費用、及棧租等費、方能允准、

第四十九條　凡自經前條准允時、於四十八點鐘內、不出貨、及不將貨裝運發送、或不寄關者、前條所報及所允作廢、仍舊收容、

第五十條　凡自貨物收容之日起、六個月內、無第四十八條來報取之人時、稅關即將其記號、號數、種類、件數、悉登告白、

自前項公告之日起、一個月內、仍無第四十八條來報取之人、即將貨物拍賣、充作關稅棧租、其餘因貨物所費之一切費用、餘銀爲貨主實存、

第五十一條　凡收容之貨物、恐有腐壞、或於倉庫有礙、或恐害及別項貨物時、則不拘前條期限、爲之公告拍賣、但不及公告時、則拍賣後、始行公告、亦無不可、

第五十二條　凡收容貨物拍賣時、如無人承買、稅關得便宜行事、妥爲辦理、

第四章　稅關官吏職權

第五十三條　凡稅關長於其辦理公務、有緊要時、得止住舟車開行、若已開行者、得令停止、

第五十四條　凡稅關長有緊要時、得令將船上憑據、及貨物憑單、呈提查核、

第五十五條　凡稅關長當貨物裝運時、就其監督之權、可以便宜行事、

第五十六條　凡稅關長有緊要時、得令將進出口貨物之樣交納、

第五十七條　凡關稅官吏、到舟車上、就其監督之權、可以便宜行事。

第五十八條　凡稅關官吏、有緊要時、得將貨物檢驗封鎖、或將舟車倉庫其餘收貯貨物地方封鎖

第五十九條　凡稅關長於其辦理公務、有緊要時、得調請海軍援助、

第六　十　條　凡海軍船主、一得前信、得勒令該船隻停輪、船隻得前號令、不卽停輪者、海軍船主可向該船、以兵力相迫、

第五章　異議及稟控

第六十一條　凡稅關長所課關稅、有不服者、自課稅之日起、准於十天內、將不服理由、具稟申告關長、但已經出貨之後、不在此例、貨既出口卽作無論、不得申訴不服矣、

第六十二條　凡照前條章程、有發異議者、稅關長就其所稟判交具稟之人、但如第六十三條之事、不在此例、

第六十三條　凡不服從價所課之稅、有異議者、稅關長若以其異議不當、得照其所報價目、再值百加五、由官收買、或令估價人估價、

第六十四條　凡估價人爲四人、二人由稅關長派定、二人由異議人自行選定、但

下列各人、不得爲估價之人、

一　曾經查抄抵償債務未淸者、及家資分散、或受破產宣諭、失去公權、未經開復之人、

二　曾受第七十四條至七十六第之罰、未滿三年之人、

三　剝奪公權及停止公權之人、

四　與該事件有利害關係之人、

發異議之人所定估價人、須經稅關長允許、

第六十五條　凡估價人所估之價、即爲課稅價値、但估價價値較所報價値少者、則以所報價値、爲課稅價値、

第六十六條　凡異議人所定估價人之費用、歸爲異議人自理、關長所定者、由關長發給、

第六十七條　凡雖有異議、所定稅價、仍舊徵收、俟判斷確定、再行找算、不得因有不服停止完納、以圖取巧也　但稅關長覺有應停止者、得令緩納、

第六十八條　凡稅關長所斷、有不服者、得稟控於大藏大臣、

第六十九條　凡大藏大臣、設委員會查察所稟控之事、

第七十條　凡委員會非有委員過半之數到會議事、不得議決、議決事件、須委員過半之數、數同、則從會長所決、

第七十一條　凡委員於自己利害有關之事、不得參議、

第七十二條　凡委員會中查察既畢、將其事由稟知大藏大臣、

第七十三條　凡委員會章程以勅令頒定、

第六章　罰則

第七十四條　凡禁止進口之物、私圖進口、或已私行進口者、除將貨物充公外、再罰以犯禁貨物原價相等之銀、但別項法律另定有刑者、不在此例、如將鴉片烟進口等類、

第七十五條　凡希圖逃稅、或已逃脫者、除將逃脫貨物充公外、再罰以應稅稅銀三倍之數、

第七十六條　凡未領關單、將貨私運出口、或私圖進口者、罰銀一千元以下、但犯該前二條者、不在此例、

第七十七條　凡所呈提載貨單與貨物不相符者、船主罰銀五百元以下、

第七十八條　凡違犯第十八條第一項章程者、船主罰銀二千元以下、但別項法律另定有刑者、不在此例、

第七十九條　凡違犯第十二條、或第十七條章程者、船主罰銀五百元以下、

第八十條　凡違犯第十條至第十三條、第十七條第十八條第一項、第十九條、或至第二十一條章程者、船主罰銀二百元以下、

第八十一條　凡違犯第二十六條至第二十八條、第四十條、或第四十一條章程者、罰銀百元以下、

第八十二條　凡犯該第七十七條、第八十一條章程者、不得藉口因不愼之故、希圖免罰、

第八十三條　凡犯該本章程、應充公貨物、如違章程時、貨物屬違章之人者、即行充公、如已讓却銷毀、則向違章之人追徵原價、

第七章　查察及辦理違章事件

第八十四條　凡稅關官吏、查覺違章事實、有緊要時、得至舟車倉庫、其餘處所、檢驗搜查、

第八十五條　凡稅關官吏、覺人身邊藏有違章物件、確有可據者、得令其開示、不允、則竟向身邊搜查、

第八十六條　凡稅關官吏、當查察違章事件、有緊要時、得訊問違章之人及見證人傍邊人、

第八十五條　凡稅關官吏、檢驗搜查訊問時、須著一定服飾、或携帶有稅關官吏憑票、

第八十八條　凡稅關官吏、當檢驗搜查、有緊要時、得請警察官吏援助、

第八十九條　凡稅關官吏、當搜查時、被查之舟車倉庫其餘處所、如物主及其同居親族傭人隣右不在、則邀該地之警察官吏或市町村吏員一同在場監視、但在舟車搜查、得令該辦事人員在場監視、

前項之親族及傭人鄰右、即使在場、亦須成立之人、方能爲憑、

第九十條　凡稅關官吏、因查察違章事件發覺之物、有足爲違章憑據者、則另錄一單、即行扣留、

扣留物件、得即令物主、或市町村衙署管守、

扣留物件恐其腐壞、或有損傷者、稅關長可以拍賣、將銀存寄備案、

第九十一條　凡檢驗搜查及扣留物件、不得於日沒後及日出前辦理、但有現行犯罪者、不在此例、

第九十二條　凡稅關官吏、在辦理前數條之事時、無論何人、非經允准、不得在該處出入、

第九十三條　凡稅關官吏、檢驗搜查訊問之後、記其事由、示在場各人及被訊問之人、一同簽字、

在場各人及被訊問之人不簽字、或不能簽字者、則附記其事、

第九十四條　凡稅關長查察違章事件、得其違意所在、則示其理由、若應罰銀則判罰銀若干、應充公則計其追徵銀數、飭知原人、勒令呈納稅關、

第九十五條　凡違章之人、自得有前條飭知日起、限五日內完納、若限內不完納者、稅關長即行告發、（告於裁判所、）

第九十六條　凡違章人若照飭知之事辦理、同一事件、無告發之事、

第九十七條　凡稅關長如不能飭知本人、或知其不能照辦者、可以即行告發、

第八章　補則

第九十八條　凡因修理船隻、或載有重大貨物、在通商口岸難於卸貨、須暫行起岸者、有緊要時、稅關長得暫時特許外國貿易船、在未通商口岸處出入、

第九十九條　除向來通商口岸外、凡日後應通商之口岸、及在其餘已通商口岸、進出口貨物之種類、均以勅令頒定、

第一百條　凡本章程中、所云時候、稱時日者、其限內有稅關休歇之日則不算在內、稱日者以二十四點鐘、稱月者以三十日、稱年者從曆、

第百零一條　凡本章程中、有船主通用之例者、代船主行事之人、亦得援用、

第百零二條　凡本章程施行日期、以勅令頒定、

第百零三條　凡明治十六年布告第四十號特別輸出港規則、二十三年勅令第五十四號稅關法稅關規則、二十六年法律第十三號、二十七年法律第二號、同年法律第三號、二十九年法律第十八號、其餘有與本章程抵觸之法令、自施行日起、一概作廢

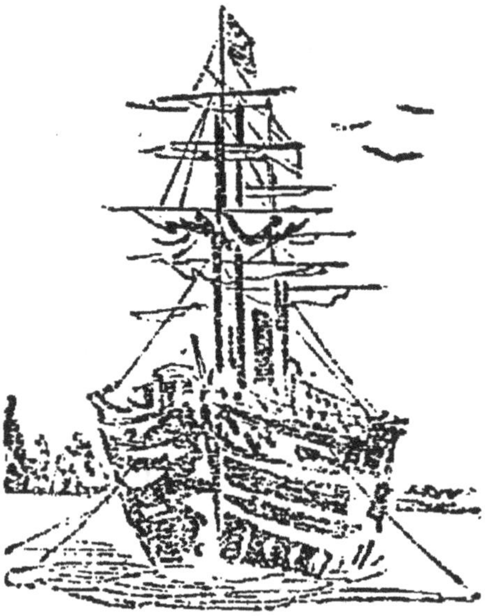

雜纂

日俄戰時國際法之評論

(日本國際法大家之評論)

啓者本店專門製造印刷機器歐漢鉛字及各種花邊、電版、一切印刷物件。精緻秀美。堅固玲瓏。雖日久用之。永無。殘破。模糊之弊。久已馳名中外。媲美歐美。又印刷書籍、地圖、繪畫等。皆極鮮明精巧。版面着墨不多。額外着色。精美無比。本店開設日本東京已三十餘年。不惜工本。精益求精。內外士商以及遠地如天津、上海香港等處之大印刷局。皆來采購。交口稱頌。本年大阪第五回博覽會本店出品比賽。又得名譽銀賞牌。足見本店實事求是。名不虛傳。方今 清國百事維新。印刷出版。實爲啟論文明之利器。倘蒙紳商光顧。乞認明本店地址牌號。或親勞玉趾。或寄函定貨。均可。貨眞價實。中外無欺。

再本店之機器字体。及花邊、歐文、花字、各種物件。均印有樣本。遠方諸君。欲先取閱樣本者。可函知本店。即當寄上。以圖便利。此白

登錄商標

日本東京市京橋區築地二丁目十七番地

株式會社 東京築地活版製造所

雜纂

日俄戰時國際法之評論

耐軒譯纂

戰時國際法之範圍甚廣兩戰國之種々行爲無論已即第三國之舉動苟有關於戰役者亦無不入其範圍文明國之於戰時國際法研之於平時用之於戰役不規於法非議即起故其於戰時國際法視平時爲尤要日俄之戰爭文明國相互之戰爭也其互守戰場法規自不必論然有關於國際問題而互相辨難者是固實行其經驗亦學說之根據也俄國學者之所云某不敏不能讀俄文莫由窺全豹其譯之於日本報者殘簡斷語無足取裁故祗集日本法學大家之緒論以介紹於吾國人因事論事不及序次編纂之業俟之異日也(譯者誌)

甲之一 日俄開戰問題

日本法學博士 高橋作衛

第一 俄國宣言之評論

(一) 日俄開戰之事實

自宣戰公布以來。俄國政府對於日本之行動。再四攻擊。責以違反國際法。欲以破壞東洋和平之責任。歸之於日本。以自文其過。其妄亦甚已

二月十日（明治三十七年）公布之俄皇勅語其非難日本行動者有曰。

此外並無外交斷絕。即爲軍事行動開始之豫告。而日本政府即以水雷艇在旅順口砲壘之外側。襲擊朕之艦隊。

又十八日公示之信報有曰

突然斷絕交涉。行奸譎之攻擊。以期遂其宿昔欲取利於戰爭之志願於敵國。我俄國公憤赫發。茲於八日。

俄以發此激語。猶以爲未足。更於本月二十日再通牒公表列國關於外交關係之斷絕及戰鬬行爲之開始。爲種種之陳辨。其結末有曰。

外交關係破裂之日。決非即爲抗敵開始之日。且日本於本月十八日始。公布宣戰。而先於二月八日夜中及九日十日對於俄之軍艦及商船。加以極不法之攻擊。此敢斷爲背於國際法原則之行爲也。

由此觀之則俄國直主張當外交關係斷絕戰鬭開始之時必先豫告而粉飾此主張以爲國際法者矣

夫開戰之必須豫告不豫告而開戰即爲違反國際法是必不然也以國際法言之敵對行爲何時均可開始今姑不論戰鬭開始之不須豫告請先述日本交涉進行及交涉斷絕相當之順序其固示以充分寬裕之事實也明矣

案日俄交涉之顚末自去年七月下旬日本政府即對於俄國披瀝其希望同八月十二日提出協商基礎之條件俄既拒絕在俄京談判直至十月三日始提出協商之對案又於東京經數次折衝之結果日本政府於十月三十日提出確定修正案俄又延之又延其回答直至十二月十一日始至越二十一日日本政府又提原案求俄再考俄於本年一月六日始行回答一月十三日日本政府重申前案再求熟考催促數次俄則不特置之不覆且日日爲作戰之準備日本政府不得已決意斷絕外交關係遂以此意通知於俄夫既通知外交關係之斷絕則日本之無論何時皆可受俄之攻擊因不待言而當自生覺悟矣日本然俄何獨不然既受外交斷絕

之通知已立於無論何時皆當受日本攻擊之地位且當外交關係之斷絕與戰鬪行爲之開始其間尙有彼此得以從容準備之時日即東京小村外相之對於俄公使羅善中言外交關係之斷絕在二月六日午後二時同駐俄京之栗野公使送致公文於俄外務大臣拉姆斯脫爾在同日午後四時也

夫日本於外交進行中其鄭重也如彼外交斷絕後其餘裕也又如此外交斷絕在二月六日午後而驅逐隊之襲擊旅順口外在翌八日之夜半以六日午後二時或四時起至八日夜半止自東京或俄京通知旅順口及其他重要之各方面綽綽然有餘裕日間充分爲俄留餘地也爲既受外交斷絕之通知立於無論何時皆當受日本攻擊地位之俄國計即絕不爲留餘地亦誰可議其非而況其有若斯之餘地也誰好誰謫明眼者因自當有公平之論矣

俄既立於無論何時皆當受日本攻擊之地位而尙悠悠觀劇。（當日軍攻擊旅順口外時俄之將士適在某統將家觀劇云）致艦隊大蒙傷害乃咀咒不豫告開戰之期目爲違反國際法其如國際法之不能爲自己辨護怠慢何

（二）開戰不須豫告之實例

自一八八一年十月至一八八二年一月英國商務院之委員會所提議之問題。即英法若開鑿海峽海底之隧道。無論何國果能不豫告開戰。而先行襲擊否乎之問題也。陸軍省遂命嗎利斯大佐調查關於此問題之先例自一七〇〇年至一八七一年其間戰役何止百數十回。不宣言開戰而開戰此。有百〇七回。其豫告開戰。僅一七一九年之法西戰爭。一七九二年之歐洲對於法國戰爭。一七九三年之法英戰爭及一八七〇年之普法戰爭而已（一八七〇以後略）即百〇七之與四之比例也。試舉無宣告而開戰之重役如左。

一　一七一五年。英國不豫告突然攻擊瑞典之役。

二　一七一八年。英國提督潘克不豫告而破壞西班牙艦隊之役。

三　一七二七年西班牙不豫告而攻擊奇失魯爾達之役。

四　一七五六年開始之七年戰爭。襲擊夫徠台利基之索遜之役。

五　一七九六年。法軍突然襲擊伊太利之役。

六

六　一七九八年。法國不豫告而襲擊瑞西之役。
七　一七九八年。法國突然攻擊皮暗蒙之役。
八　一八〇七年。英國於外交談判中攻擊埃及之役。
九　一八一六年。葡萄牙不豫告而襲擊西班牙領之蒙達皮台啞之役。
十　一八二六年。英國不宣戰而襲擊西班牙之役。
十一　一八三二年。法國不豫告而襲擊羅馬之役。
十二　一八六三年。墺大利與普魯士無宣言而開戰之役。
此等實例。更僕難數。要之今日之戰爭以實戰爲開始而實戰之不容豫告國際法上之所認也。
且俄主張日本不豫告而開戰。目爲違反國際法。俄何不自顧歷史也。歷史無可掩蔽。事實無可曲庇。吾請進舉俄之對於他國爲不豫告之戰爭。而乞俄之一省也。
一　一七〇〇年。奈爾巴之戰爭前俄不先爲豫告而爲軍事之行動。
二　一七三三年。俄爲冊立斯達尼斯拉斯。突進兵入波蘭。此軍事之行動。亦未嘗先與以豫告。

三　一七五三年。俄約墺普西國突然襲擊波蘭。

四　一八〇一年。俄帝飽爾突然於其港灣拿捕英國商船二百艘。遂以啓兵端。

五　一八〇六年。俄國當外交談判之時。突然襲擊嗎爾達烏衣啞奪其城塞。

六　一八二七年。俄英法三國艦隊。不先告何等之注意於奈烏啞利諾。破壞土耳其之艦隊。

七　一八二八年。俄土戰爭。彼此均無宣言。

八　一八三一年。俄不宣戰而砲擊希臘船且行捕獲。

九　一八三六年。俄與普墺二國不豫告而占領克拉加哇。

十　一八五三年。克利米耶戰爭。不宣言而開始

徵之以上實例。俄自一七〇〇以來。其不爲豫告而開始戰鬭行爲者。何至一再。於陸然。於海亦然。

外交關係之斷絕。同時即許戰鬭行爲之開始。證之國際法。其所認許也如彼。徵之

俄戰史。其實行也又如此。我果曾於外交談判之際。爲戰鬭行爲之開始乎。俄若託爲主張敵對行爲之開始。必先出之豫告。以此點爲日本違反國際法之口實也。則盖一辯之國際法之實例及已國歷史上之實事乎。吾聞彼國有馬爾登斯及加馬羅斯基兩氏爲此議論者。兩氏爲有名之國際法大家。而顧持此論。亦殊令人難解矣。

第二 日俄戰爭開始之時期如何 日本法學博士 寺尾亨

俄國宣戰詔敕中有謂日本於談判終結前。襲擊我軍。致我不得已而應戰。爲違反國際法行爲云々。我政府(日本)既已駁論。外字新聞又皆論其事矣。余故可不論。惟於國際法學上果當若何觀察乎。則不可不一言也。

戰爭者。由於(一)宣戰之布告(二)宣戰之事實而開始。普通之學說也。然必以宣戰爲戰爭開始之要件。則惟俄之詔勅云然也。

夫宣戰之於戰爭開始之爲要件與否。徵之沿革。在昔羅馬時代。甚唱宣戰必要之說。如戰爭中與敵軍司令官締結之約。亦當遵守。即對於敵人。亦不得違背。又如戰爭。不可不先宣告之例是也。又謂不宣戰而出以戰。是爲不正之戰。一切戰爭所生之效果。戰勝者不能對於戰敗者獲全權之勝利。質言之例如古以俘虜爲奴隸視爲敵人所有物。而歸爲己有者。不宣戰即不能得此效果也。封建時代。猶沿用羅馬舊慣。以宣戰爲開戰之要件。其方式亦有定。當十六七世紀之交。一變舊例。往昔宣戰慣習。幾至盡廢。至十七世之末紀迄十八世之中葉。宣戰之例。又現於國際。於是以宣戰爲便利之學說生焉。其曰、宣戰者自國之便利也。即開戰後之對於敵國所生之權利無論矣。其對於第三國。亦得執行其應有之權利。即第三國之對於己國。不得阻害其戰爭行動。以盡中立之義務。且爲自國民之對於敵國民通商上之結果。亦當使確知開戰之時期。以豫防意外之危險。其他隸於豫備後備兵籍者。可因此而爲出征之準備。一般之國民。可因此而生負擔軍實之覺悟。且爲戰後之海上捕獲計。亦當使敵民先知戰期爲必要也。其以宣戰爲不必要者。則曰、對於他國而爲戰爭之開始。不正行爲也。若使敵國豫知戰爭期是與以時日而使其準備不正行爲也。故云不必要。然自他方面觀之。當兩國起三軍。爲堂々戰爭之開始即使彼此先知戰期。其亦何害。且第三國之知宣戰與否。其利害大有關係。如開戰後之戰時禁制品之停運。封鎖口港之不可擅通。及其他一切中立之義務。即同時而生。故當時咸宣戰必要之說甚盛。故十九世紀中之戰爭皆行宣戰。或行之於實際戰爭行爲開始後。或行之於戰爭行爲開始前。然其所以主宣戰說者。純然基於便利之觀念。與羅馬時代主不宣戰爲不正之說者。自不同也

未宣戰而開戰。而仍以宣戰日爲戰爭開始者。此一說也。既開戰而宣戰。而以開戰日爲戰爭開始者。此又一說也。二說均爲學 所認。則此頃日俄戰爭日本之未宣戰而攻擊。其不能目之爲不正也明甚。

試進而論日俄戰爭開始之時期。其在仁川衝突之三月八日乎。抑在仁川衝突以前乎。我國之拿捕俄國船舶。在八日以前。（六日）捕獲必行於開戰後。若以八日爲開戰期。則以前之船舶捕拿之果出之正當否。即爲一疑問矣。蓋以八日爲開戰期。則以前之捕拿船舶。不得不生解放之結果。又捕拿之俄國船舶中。有所謂義勇艦隊者。義勇艦隊者。平時從事商業。戰時則供軍用者也。其性質果何如。若以此艦隊

爲有軍艦之性質也。則捕拿之時。即可認爲對於敵國軍艦。而加以暴力行爲。此時即可定爲開戰期。然義勇艦隊之性質。學者又各異其見解。英國之學者。則論俄之義勇艦隊。爲屬於海軍。故雖平時從事於商業其性質實同於海軍也。又若俄之馬爾登斯則論義勇艦隊於平時不能有軍艦之性質。惟於特定時內。始有軍艦之性質。如送犯人至遠島或輸運戰時軍隊之彈藥及其他軍需品揭軍艦旗旗時。始與軍艦同一資格云。

若據第二說。則捕拿義勇艦隊。與拿捕普通商船無異。以之爲開戰期。不得爲正當。蓋拿捕敵國商船者。開戰之結果也。因開戰而始行拿捕若以拿捕爲開戰。豈非本末倒置乎。

論至此日本於八日以前行捕拿敵船果出之正當與否之疑問生矣雖然戰爭開始之果定以何日爲至當學者不無異同其說。余則以最後談判終局之日即爲戰爭開始之日蓋戰之開始既以(一)宣戰(二)戰爭行爲定斷有如前所述其宣戰之方或本無一定故以最後之通知時而指爲宣戰之一方或亦無不可謂最後之通知必附以回答之期限期限內而不得返答即可以此期限爲開戰之時期抑最後之通告有二種一則申明已無可讓步一則臘丁語所(ajasherie即申明開戰事由爲最後之通告此次最後通告有附回答日期者有不附回答日期者前者於期限經過而不得回答後者於相當期限經過而不回答皆可作爲戰爭開始之時日也則所謂開戰時期者即自由行動之時期也日本致俄國最後之通牒既言明自由行動矣自由行動之意甚廣執行自己所信之利益罔謂之自由行動即訴以兵力之行動亦包含在自由行動中然則對於最後通牒而不爲回答日本即當執自由行動而得爲戰爭行爲矣即談判不得繼續之時期即視爲戰爭開始之時期以此時宣戰已成之時固宜且俄對於日本最後之通牒遲延不答日本政府又於二月六日一面對駐日俄公使申明談判之告終一面由駐俄日公使以談判終告之旨通告俄政府是不啻以公然自由行動開始之期明白告通之矣此非即宣戰之時而何至日本之捕拿俄船在六日以後此捕拿也若非因特別之理由而出之解放故可謂之正當之捕拿矣

附錄

日俄開戰前之外交文書

留學界（法政速成科之成立）

本社廣告

再版廣告

訂正 外交通義 洋裝一冊大洋八角

此書久已風行海內爲外交家研究家不可少之珍本其搜羅之精富譯筆之雅潔久有定評無容再贅

壬寅一期 譯書彙編

壬寅九期 譯書彙書

壬寅十期 譯書彙編

壬寅十一期 譯書彙編

壬寅十二期 譯書彙編

第一期 政法學報

第二期 政法學報

敬啓者敝店開設三十餘年專造金銀絲綫文武官禮帽禮服刀劍軍裝陸海軍將校及兵丁所需等品製造一應俱備又嘗謹製內城進
貢各品並承辦陸軍省海軍省警視廳監獄署等各官衙署物件近亦蒙
大清國文武各官賜顧銷場茂盛感謝莫名因此更聘巧匠練選佳料格外改良精工物美價廉發售以酬惠顧之雅意
諸君如有需用各品請移玉至敝店隨意觀覽或電話郵便知照均可辦茲將各項品類開列於左以備
大雅採擇爲幸

- 金銀絲綫各種軍裝品
- 絹毛絲製各種軍裝品
- 文武官各種禮服
- 文武官各種軍服
- 文武官各種肩章
- 文武官各種禮帽
- 文武官各種軍帽

- 文武官各種刀劍
- 文武官各種飾帶
- 文武官各種刀帶
- 文武官各種刀緒
- 文武官各種龍鈕
- 文武官各種徽章
- 各種圖囊背囊手袋水筒

再承辦製造之處無論何種新式洋裝衣服皆可隨意定製不悞主顧

牌票

日本東京日本橋區吳服町

中野商店啓

電話 [illegible]本局千貳百〇壹番

附錄

日俄開戰前之外交文書

日本政府。既將日俄交涉之顛末一篇。發交各報館登之。令更將其往復文書。提出于議院。

第一　關於滿韓兩地。欲開日俄協商之議。因訓令駐俄公使覘俄國政府之意向。

明治三十六年七月二十八日由小村外務大臣致電駐俄公使栗野

滿洲事件之發展。實帝國政府所最留意。而今睹其現狀。尤令帝國政府不勝其關心。蓋俄國於退還滿洲之件。若能踐其與清國所立之明約。及不食其對于各國所發之證言。則事勢猶有可望。帝國政府自當恪守緘默注視之態度。然觀俄國近來之行動。其在北京。則從新提出要求。其在滿洲。更爲竭力經營。遂使帝國政府不得不疑其有不肯退還滿洲之意。而彼又於韓國國境。不時爲活潑之行動。然則俄國之慾望。豈不令人不能測其所底止乎。若使俄國以無限制永占滿洲。則其結果必至使帝國之安固與利益大受其害。而所謂機會均等之主義。必因此而破壞。且清國之領土保全。亦必因此而受損矣。不寧惟是。在我日本政府更有比此重大者。無他。使俄國駐據韓國之方面。則韓國之獨立。必爲之頻被侵迫。即不然。亦必至使俄國在韓半島。占最優之勢矣。夫韓國原爲我國防禦線最緊要之前哨。故于其獨立。爲帝國之康寧及安全計。實爲最必要者。

且帝國在韓國所有政治上及商工業上之利益與勢力。實卓絶於他國。而此利益與勢力。帝國爲自己安固起見。斷不肯交付于他國。或分與于他國者也。帝國政府幾經深思熟慮之後。欲與俄國締結一協商。以解決我所發患之問題。今欲和衷坦懷。以謀於俄國政府。蓋以帝國政府所見。深信今日爲謀此協定最恰好之時機。若失此機會。恐再無協商之餘地矣。故帝國政府信賴貴官之判識與伎倆。決以此機微之折衝。委任於貴官也。帝國政府以本件提議于俄國政府。欲全用公然形式。因此若貴官照下文之意。作一書（即見下所謂「口上書」口上書三字未得確譯名詞故仿原文）提出于俄國外務大臣藍斯都夫伯閣下。以啓本件之端焉。其文意曰。「日本政府。甚望將日俄兩國關係上凡可爲將來誤解之原由者。一掃而空之。且信俄國政府。亦必與我同心。於是欲將兩國在極東特殊利益。各爲劃定。若能與俄國政府共查覈兩者利益接觸之方面之事態。是日本政府之所喜也。若此發案幸得俄國政府之贊同。則日本政府。當以關於該協商之性質及其範圍。開陳意見。以有所提出於俄國政府」當提出此書之時。貴官當勉力使俄國外務大臣。解得我目的之全然出於友誼。又使知本件爲我所視爲重要者。貴官務將此書早提出于藍斯都夫伯。又遵本訓電所執之措置。當一一詳報。若得俄國政府應諾之回答。當將我提議之要領。電達貴官也

二

第二　同報外務大臣言。以一已之意見。雖無異議。但須得皇帝之允可。然後確答。

七月三十一日粟野致電小村

本官以七月三十一日見藍斯都夫伯。以書呈之。且口述大意曰。「極東之事態。倍加糾紛。於今爲欲除去日

俄間一切之誤解。苟非有所措施，則兩國之關係。當愈陷于困難，而苟如此，兩國皆爲不利，故日本政府。勵其與懷和衷之精神，決意與俄國政府相謀而成一協定。因此訓令本使命親交此書於閣下」本官待藍斯都夫伯閱書畢。即言吾望俄國政府亦以同樣之精神與帝國政府同其所見，伯日，某向來與貴公使屢次言之矣，日俄兩國之協商，正所甚願，又實爲最良之政策，且使兩國能成一完全之協商，則將來必再無對于兩國施其離間之策者，然則對于貴政府今回之決定，就某私見，固甚滿足。但當如何確答，欲先謁見我皇帝而後定之，伯本定於禮拜三日（八月四日）謁見皇帝，因約以禮拜四日回答。伯又言皇帝陛下想亦贊成本件云云。

第三　寄示帝國政府所可提出之協商案。

八月三日小村致電栗野

七月二十八日發電後帝國政府就日俄兩國利害接觸之部面之事態。細加審慮，乃決以下列各項。爲兩國協商之基礎。

第一條　相約尊重淸韓兩帝國之獨立及領土保全，幷爲各國在該兩國之商工業，當保持機會均等之主義

第二條　俄國當承認日本在韓國之優勢利益。日本則承認俄國在滿洲經營鐵道之特殊利益，又於本協約第一條規定之下，若爲保護既經認定國所有之利益，則日本在韓國，俄國在滿洲，各有可採必要

措置之權利、彼此承認之。

第三條　日俄兩國以不背本協約第一條之條項爲限。日本在韓國、俄國在滿洲之商業的及工業的活動之發達。相約不爲阻碍。又今後或將韓國鐵道延長於滿洲南部。以接東清鐵道及山海關與牛莊線。俄國當約明不阻碍之

第四條　爲保護本協約第二條所揭之利益。又爲鎮定可以惹起國際紛爭之叛亂若騷擾。日本之于韓國。俄之于滿洲。或見有必要派遣軍隊者、但派遣軍隊無論如何。不得超過實際必要之員數。且該軍隊、待其任務既畢、當即召還、

第五條　爲韓國改革或行善政、而與以助言及援助（應于必要且得爲軍事上之援助）者。屬于日本之專權、俄國當承認之。

第六條　本協約可替代從前日俄兩國間所結關于韓國之一切協定。

以前記案文交藍斯都夫伯之際。貴官當言以能確信本案可爲日俄兩國所議滿足協定之基礎。故提出之。又當向藍伯言。若藍伯對于本案有提出之修正、若意見帝國政府當念友誼再加核商云云。本案之條項意自明瞭。更不待與貴官多爲說明。但本案旨大體。不外將兩國政府業經承認之主義、及從前協定所記之條件。推理敷衍。此則由貴官指明之亦可也。本訓令乃見俄國對于貴官上書之回答豫想其能爲應諾。故送之于貴官者。然貴官須先將俄國之回答電報本大臣。俟本大臣再下訓令然後遵行之。

四

第四　報藍斯都夫伯已得開始談判之允可。

八月五日栗野致電小村

藍斯都夫伯來述。就前書之件已自皇帝陛下得與本官開始談判之允可。

第五　訓令對于俄國政府提出協商案

八月六日小村致栗野

接八月一日及五日電、貴官當對藍伯言。帝國政府爲關于日俄兩國間協商之件。欲開始談判。因提議之。而俄國政府能以友好之精神接受之、是所不勝欣諒也。云云。當遵照本月一日自此發寄之訓令。速以我提案提出于俄國政府、

第六　報已將協商案手交藍斯都夫伯。

八月十二日栗野致小村

藍斯都夫伯近來忙殺。直至今十二日。始得接見本官。本官將我提案、以英文寫出手交藍伯。訓令云云。已悉照述、又言極東事態、現下益加紛糾。若締約延遲一日。當更增困難。因此務望本件之解決。可速則速。伯答言、當細心查閱我提案。

第七　報藍斯都夫伯發議、請以本件商議移于東京。

八月二十四日栗野致小村

臘斯都夫伯特以昨日二十三日接見本官。本官極言帝國政府。切盼俄國之回答。且質問臘伯對于我提案之意向及俄國政府之態度。伯言該提案雖曾細爲研究。然因皇帝陛下。爲大閱之故。不在此者一週。非徐故不能爲何等之措置。又言以有許多細目須通牒於亞歷斯夫大將。爲此欲將本件商議移於東京。問本官意下如何。本官答言日本政府既以商議委任于本官。本官自願在此地爲之。然伯之意見自當通報于閣下。不能辭也。伯又言爲欲徵亞歷斯夫大將之意見。已將我提案寫一副本寄往旅順矣。爲此談話之後伯又言俄國在滿洲經營鐵道之件。雖難承諾。然此外各件或於俄國政府亦得妥協也。本官對曰。爲欲成一滿足之協商。不可無交讓與和協之精神。若臘伯有所提言。帝國政府自當以好意商量之也。

第八　訓令反對商議地變更之議

八月二十六日小村致栗野

接八月二十四日電。帝國政府信在俄京商議。於事較便。因此欲在該地繼續之。望貴官、此意告臘伯。且言本件商議。本無細目事項。須得地方的智識者。且帝國政府。業已以本件商議委于貴官。令變更之非其所好云云。可也。帝國政府切望得俄國政府對于提案之確答。貴官當以此情告知俄國外務大臣。幸當勉力務必速得確答爲望。

第九　報[?]俄國外務大臣堅持其所主張

八月二十七日栗野致小村

接八月二十六日訓電。本官以今二十七日會藍斯都夫伯。伯言禮拜二日、會謁皇帝、皇帝謂欲見日俄兩國締結滿足之協商、而爲速本件之進行、故欲使在東京商議之、又言俄國皇帝以禮拜一日（八月三十一日）自本府發旅。出遊地方、自此以若干期間、旅行外國、其時關係諸大臣皆不在俄京。故在東京商議、於完結本件較爲便捷。本官於前二十三日與伯所會談、謂今回協商之目的。在于政綱主義。不涉細目、故以在俄京商議爲適當。且爲得滿足成効之最捷徑、而伯反覆前言。堅持其所主張、以事情如此、伯之提言。乃既經皇帝之允准者。今欲使其更變方針、料必甚難、然若移商議于東京、則其結果。必至有不利益者甚多。然則本官此後當執如何措置。謹俟訓令。

第十　訓令再反對商議地變更。并使以日本之提案爲商議之基礎。

八月二十九日小村致栗野

接八月二十七日電、元來今回之商議。關于主義而不涉細目。故以在俄京繼續之爲便者、乃帝國政府所依然確信。貴官當以此旨告藍斯都夫伯。言貴官與藍伯、既于本件各受相當之委任。又我提議。既提出于藍伯、故帝國政府、以爲商議之地。既歸于協定矣、因此望貴官以在俄京繼續商議。爲帝國政府。所希望之旨、切陳于藍伯、而求俄國政府之再思可也。抑據藍伯提議以本件商議移于東京之事實。是可推測俄國政府願以我提案爲商議之基礎、大抵當無異議。貴官當向藍伯言、帝國政府之爲此推測、當非不當也。

第十一　報俄國外務大臣對于商議地移轉之異議。

八月三十一日栗野致小村

本官以八月三十日會藍斯都夫伯。照八月二十九日訓電、詳陳細說。伯之所答要領如左、

本件雖非主義之問題、而主義者必當按地方的及實際的問題而後能決俄國政府。決欲移商議于東京者、實因此理由爲有必要與亞歷斯夫大將協議者也、又以本件自日本提議。故出於表敬意于日本之意在俄京受此提議耳。非即示願以此地爲商議地之意也、又提言移商議于東京者。非即示俄國政府對于日本之提議。更無異議也、商議之基礎。須俟細考實際問題而後能決定之。而關于實際問題、駐劄日本我公使及亞歷斯夫大將。實比伯有優長之知識云云。本官對曰。以私見論之、本件實爲最重大至高政策之所關、則其決定。必有俟于皇帝陛下之親裁者甚多、故當以在俄京商議爲便。故於變更商議地一事。深望藍伯再三熟思。是帝國政府之所切望也、且謂本件爲關于主義之問題、及關于國際政略問題之處理、不屬于亞歷斯夫所受權力之範圍、以此理由駁其移轉商議地之議。且言本官所記若不誤。則亞歷斯夫大將之職權、往日稱聞之于伯。特以地方行政等事項爲限耳云云。伯言於今回問題。亞歷斯夫大將不過受諮詢而已、何事皆非由其決定也、且欲將本件從速決者、伯亦甚爲切望、此所以提言移轉商議地也、且調製對案、非由有地方智識之人不可、故決以商議移于東京者。乃欲速本件之進行、非有他意。若於此地商議、則除伯之外。無人當之。然伯爲扈從陛下。今秋大抵不在于此地、旅行維也納及羅馬之後、或更赴某國。因此恐致延遲商議、然若移之于東京、則伯得以電信訓令于東京。自東京來電、亦可達于伯之所在。且於此地辦事、向非迅速。豈非貴公

使等之所熟知乎。云云。臨末伯又言。今日本當謁見皇帝。以本官切望協商速成之理由。陳奏陛下。且當以願在俄京商議。爲日本政府所希望情節再行陳奏。然於此點恐於從來所屢述之外。未必可得他結果也。

第十二　訓令再請在俄京繼續商議。且以日本提案爲商議之基礎。

九月二日小村致栗野

接八月三十一日電。務欲速遂協商者。既明爲兩國之所希望。然商議之基礎。尚未允諾。而欲移商議于東京。帝國政府。深恐因此大延議事。故望貴官以此告藍伯。且謂帝國政府。業已將其提議。具體的提出于俄國政府。無論在何地商議。俄國政府。必當聲明能允以我提案爲主義上商議之基礎與否。然後便于事之進行也。且即允以我提案爲商議之基礎。而於必要修正之提議。實非因此有碍。蓋此允諾。不過爲確定此事之起點。蓋無論如何商議。皆以確定起點爲便益。而在于本件。尤爲極緊要者也。甚望十分盡力務得俄國政府之辭明爲要。

第十三　報俄國外務大臣主張以日本提案及俄國對案爲基礎。且欲在東京商議。

九月五日栗野致小村

本官以九月四日見藍伯。爲恐九月二日電訓彼或誤解其意。又欲使彼知帝國政府措重本件。乃特作一書。親交藍伯。然後與之久談。藍伯之答辨如下。藍伯在俄國外務省已四十年。其閱歷甚多。然於國際商議。例必待甲國提議。乙國回答之後。而後爲之。其願以一國之提議爲商議之基礎者。向無此例。今駐劄東京俄公使已奉俄國皇帝之勅令。審查日本政府之提議。再與亞歷斯夫大將協議。作一對案。若日本政府欲開始商議。則當以其提案及我對案爲商議基礎。而與之共爲商議也。本官對曰。若俄國政府果願與日本爲滿足之協定。則當訓令商議委員。使以日本之提議爲基礎。即不然。亦當採其實質之主義以爲基礎。然後於達本件之目的。較爲使易。蓋據本官所揣測。未知亞歷斯夫大將果有以此和協精神與日本商議之意否也。藍伯曰。俄國政府當接日本之提議時。只有兩途。其一即拒絕之。其一即與之商議是也。然俄國政府雖卒採後者。而非有盡允日本提議之意。又非有允從其主義之意也。特以既允其欲爲協商之提議。故俄國政府決意審查日本之提議案。別作一對案。而後以此兩案爲商議之基礎耳。且日本提案之條項。有與俄國利益不能調和者。又有尚須矯正者。故俄國政府若非得以其對案共入商議。則并日本提案之主義。亦不能認爲商議之基礎而允諾之也。由上之談。本官曾爲達帝國政府之希望。十分盡力。而今已確認不能使藍伯變其提言之針路矣。然則帝國政府除強從藍伯之發議。更無他術矣。藍伯又定以本月十日發本府赴達倫斯塔陪侍俄國皇帝陛下。

第十四　訓令答應移轉商議地并求俄國速行提出對案。

九月七日小村致栗野

接九月五日電。貴官當見藍伯告以帝國政府允移商議于東京。又言帝國政府深信俄國政府所與羅善公使之訓令。必能使該公使速行提出對案以進行商議者也。

第十五　催羅善公使及極東總督既受必要之訓令。

九月九日栗野致小村

本官以九月九日會藍伯。伯曰。駐劄東京羅善公使及亞歷斯夫大將。業已奉皇帝之命令。其務必從速作成對案。以便早開商議矣。今更不必再發訓電也云云。

第十六　通催羅善公使及亞歷斯夫大將已爲協議同赴旅順。

九月二十四日小村致栗野

羅善公使以本月二十二日向旅順進發。該公使曾來訪本大臣。據稱該公使方接一宣傳勅命之訓令。云爲欲使亞歷斯夫總督及該公使所作俄國對案速得完全。或有不能不赴旅順者。當預爲準備。以便臨時出發。忽又奉到亞歷斯夫總督來函。謂欲此將作速爲協議。望即來旅順云云。公使又言預計十一日內。當能歸京。

第十七　寄示羅善公使自旅順歸來所提出之俄國對案。

十月五日小村致栗野

俄國公使本月三日自旅順歸來。即日來訪本大臣。以俄國對案交來。稱說此爲亞歷斯夫總督及該公使所提出。曾經俄國皇帝之允裁者。其對案如下。

第一條　相約尊重韓帝國之獨立。及其領土保全。

第二條　俄國承認日本在韓國之優越利益。并承認不背第一條之規定。而與可爲改良韓國民政之助言及援助于該國者、爲日本之權利。

第三條　俄國約明不阻碍日本在韓國商業的及工業的企業。又以不背第一條之規定爲限。爲保護該企業所採之一切措置。不反對之、

第四條　照會俄國。而以上條之目的、遣遣軍隊于韓國者、爲日本之權利。此由俄國承認之、但其軍隊之員數。不得超過實際必要者。且其軍隊於任務既畢。當即召還、此由日本約明之。

第五條　相約於韓國領土即令一部。亦不得以軍略上之目的而使用之。又不得于韓國沿岸設兵要工事。可得迫害朝鮮海峽之自由航海者。

第六條　相約以韓國領土在于北緯三十九度以北之部分。爲中立地帶。兩締約國、皆不得使軍隊入之。

第七條　日本當承認滿洲及其沿岸、爲全然在于日本利益範圍之外。

第八條　本協約可替代從前關于韓國日俄兩國間所結之一切協定。

第十八　通報既與羅善公使開始會商。

十月八日小村致栗野

本大臣以我提案及俄國對案爲基礎。且以務使俄國承認我提案之素本主義之意。既與俄國公使、開始會商矣。

第十九　寄示對于俄國對案所提出之修正條項。

十月十六日小村致栗野

本大臣對于俄國之對案。有所修正。因以左方各項提出之。與俄公使進行商議。

(一) 俄國對案第二條中「可爲改良韓國民政之助言及援助」改爲「可爲改良韓國內政之助言及援助」（但包軍事上之援助在內）

(一) 俄國對案第三條中。「商業的及工業的企業」改爲「商業的及活動之發達」又「爲保護該企業所採」改爲「爲保護此等利益所當採」

(一) 俄國對案第四條。改之如左。

以前條所揭之目的。又以鎮定可以惹起國際紛爭之叛亂若騷擾之目的而派遣軍隊于韓國者。爲日本之權利。此由俄國承認之。

(一) 俄國對案第六條。改之如左。

於韓國滿洲之境界。設定一中立地帶。其兩側各亘五十啓羅米突。於此地帶內。兩締約國相約。非得互相承諾。不能使軍隊入之。

(一) 削去俄國對案第七條。換之以下之三條。

一第七條 俄國當約明尊重清國在滿洲之主權。及其領土保全。并不妨害日本在滿洲商業之自由。

一第八條 日本承認俄國在滿洲有特殊利益。且以不背前條之規定爲限。俄國得爲保護該利益。有可採必要措置之權。

一第九條　相約今後韓國鐵道。及東清鐵道延長至于鴨綠江。當不阻礙兩鐵道之連結。

(一)俄國對案第八條。改為第十條

第二十　寄示與羅善公使會商之經過。

十月二十二日小村致粟野

以對于俄國對案之修正。與羅善公使會商之結果如左。

俄公使於我對于第二條及第八條之修正。暫行承諾而仰請本國政府之認可。於第三條則同意。於第四條則尚須商議。於對于俄國對案第七條之我修正中第七條兩者相與固持不能受諾他人之提議意不能合。俄公使之主張如左

(一)俄國對案第七條。乃因俄國有關于韓國之讓步。以此為唯一之補償也。

(一)於此點若容日本之修正。則與俄國向來所固持之主義。即滿洲問題為清俄間專屬案件。不許第三國干涉之主義。不能相容。

我國之主張如左。

(一)日本關于滿洲。非向俄國求其有所讓與。日本之提案。不過於俄國任意。凡屢次聲明之主義。欲以條約確認之。

(一)日本於滿洲。有條約上之權利。及商業上之利益。且又俄國若確然占領滿洲。則不絕侵迫韓國之獨立。是故日本不可不向俄國求得前途之權利及利益之安固及韓國獨立之保障。

第二十一　寄示與羅善公使會商之經過

十月廿九日小村致栗野

十月二十二日曾致一電。其後與羅善公使會商。其結果對於俄國對案第四條之修正。該公使以本國政府之承認爲條件。而與同意。於第六條。於中立地帶定以滿韓境界各五十啓羅米突之本大臣之提議。該公使亦與以第四條同樣之同意。惟於第七條。彼此意見。未能一致。

第二十二　寄示對于俄國對案所提出之日本確定修正案。

十月三十日小村致栗野

本大臣本日以帝國政府對于俄國對案之確定修正案。提出于俄公使。其條項如左。

第一條　相約尊重清韓兩帝國之獨立及領土保全。

第二條　俄國承認日本在韓國之優越利益。又以可爲改良韓帝國行政之助言及援助（但含軍事上之援助內在）與于韓國者屬于日本之權利。

第三條　俄國約明不阻碍日本在韓國之商業的及工業的活動之發達。及爲保護此等利益所當採之一切措置。不可反對之。

第四條　俄國承認以前條所揭之目的。及以鎮定可以惹起國際紛爭之叛亂若騷擾之目的。而送遣軍隊于韓國者。爲日本之權利。

第五條　日本約明不在韓國沿岸。設兵要工事。可得迫害朝鮮海峽之自由航海者。

第六條　於滿洲韓國之境界設一中立地帶。其兩側各互五十啓羅米突於此地帶內。兩締約國非得互相承諾。不能使軍隊入之。

第七條　滿洲在日本特殊利益範圍之外。日本承認之。韓國在俄國特殊利益範圍之外。俄國承認之。

第八條　日本承認俄國在滿洲之特殊利益。若爲保護此等利益而採必要之措置。是屬俄國之權利。

第九條　因與韓國立條約。凡屬于俄國商業上及住居上之權利及免除。日本約明不妨礙之。因與清國立條約。凡屬于日本商業上及居住上之權利及免除。俄國約明不妨礙之。

第十條　相約今後韓國鐵道及東淸鐵道延長至於鴨綠江。不阻礙該兩鐵道之連結。

第十一條　本協約可替代從前關于韓國日俄兩國間所結之一切協定。

第二十三　訓令該確定修正案以屬于羅善公使所帶有訓令範圍之外。該公使須求本國政府之訓令。因此宜往見俄國外務大臣說明帝國政府之主張。

十一月一日小村致栗野

羅善公使以十月三十一日來訪本大臣。言本大臣所提出對于俄國對案之確定修正案。屬于該公使訓令範圍之外。當以十一月一日。將該案全文。電報本國政府。以請訓令。因此貴官宜速見代理外務大臣。照下文陳述之。

帝國政府。當作修正案時。於俄國政府之希望。十分酌量。不敢或怠。帝國政府提議相約於清國之獨立及領土保全。亦當與韓國一樣尊重者。不過欲得俄國政府確認其所業經任意聲明耳。而念俄國關于韓國。既有爲如此約定之意。而偏欲除外清國。其理由實不可解。抑滿洲問題。以不關涉帝國之權利與利益爲限。帝國政府以之爲純乎清俄兩國之案件。可無異議。雖然奈何帝國於該地方。有廣大且重要之權利及利益。故當宣言以滿洲爲在其特殊利益範圍之外。而當以不妨碍對清條約上。凡屬于帝國通商及居住上之權利與免除之保證。求之俄國者。乃帝國政府所信爲至當者也。

貴官又當繼言。爲今回商議之基。因帝國政府提議之主意。在于劃定日俄在極東之利益相接觸地方之兩國之特殊利益。俄國政府當應此提議。欲以該劃定爲止限于日本有特殊利益之地方。觀於俄國對案第七條。可推而知。而此則非帝國政府之所豫期也。

第二十四　報告遵訓令與俄國代理外務大臣會見之要領。

十一月三日栗野致小村

本官以十一月二日見代理外務大臣。該代理大臣以一己之私意。謂日本之要求。前後一樣。雖異其形體。且謂所求過多。於是本官乃言日本之所求。不過求承認在滿洲所現有條約上之權利及免除而問其以何點爲過多之要求。代理大臣言。於此事羅善公使絕無所述。雖有一難事。則滿韓鐵道之接續是也。又問其他則無故障乎。答以鐵道問題羅善公使雖以本國政府之承認爲條件一時首諾。是實亦一難處也。臨末本官言帝國政府。以懷抱十分交讓之精神。願代理外務大臣爲欲將道般問題滿足解決。而有所盡力。更望以此意進言於藍斯都夫伯。若能陳奏于皇帝陛下。尤善。該代理大臣答樂得如是。且謂藍斯都夫伯。亦當以此詣拜之末歸府矣。

第二十五　報告以確定協正案與藍斯都夫伯會談之要領。

十一月十二日見藍斯斯夫伯所談之要領如左。

本官　先日親交代理外務大臣柯波連士奇公爵之電文鈔本。諒已入覽。請問貴意如何。

伯　該件已進呈御覽。又於遂倫新搭出發之前。曾奉勅命發訓令于羅善公使。着其與日本政府繼續商議。

本官　是命羅善公使以日本之確定協正案爲基礎而進行商議乎。

伯　羅公使與亞歷斯夫大將。共審查日本之提案。若有必要可加修正。此出自皇帝所命者。目下該官等想正從事調製對案也。

本官　據柯波連士奇公爵言。彼此所見。不能至于歸一者。正爲滿韓鐵道連結之件也。雖然日本政府其後於此條項。有所變更。故以該問題爲妨彼此意見妥協之主因。實自已之所不能信也。

伯　以予所見妨協商之成立者。滿洲問題也。予自當初已言之矣。俄國政府常以此問題爲全屬清俄兩國間之案件。因此與淸國逐協商。以擁護在滿洲之優越利益。而可得爲一切適當之措施者。其權不得不存之于俄國政府也。

本官　於我國亦當願承認俄國在滿洲之特殊且莫大之利益。又決無使此等利益之意思。然於尊重淸國之獨立及領土保全。及對于我在滿洲之權利及利益。得要求正式之保障者。亦我至當之權利也。

伯　關于本件俄國之異議。非對于實質。而關于形式者也。於滿洲他國亦有權利及利益。雖然因此而與此等各國一一爲關于滿洲特別之協定。是非俄國所能也

本官　俄國於實質之點。與我所見同一。惟關于形式。彼此之意見不能一致。故因此不能見協商之成立。是誠遺憾也。願伯盡力使俄國因其所已容認之主義。而得見滿足之解決者。乃本官之熱望也。

第二十六　求速發訓令於羅善公使。繼續談判。

十一月二十一日小村致栗野

羅善公使以十一月二十日告本大臣曰。亞歷斯夫總督。既呈對案於俄國政府。得十四日該總督來電而知之。然於該對案。尚未得接訓令也云云。爲此者。貴官宜速見藍斯都夫伯。敘述羅善男之所言。幷述帝國政府。切望迅速進行談判。且言望伯盡力。務以無遲滯繼續談判。使早得了結之訓令。速能發送之於羅善男。

第二十七　報告奉訓令與藍伯會談之結果。

十一月二十二日栗野致小村

今二十二日會晤伯、伯言對于日本確定案之修正。已呈進皇帝陛下。而目下爲皇后陛下不豫、一切事務、皆不親卿以此自然不免延遲、本官請伯務必盡力使於此問題。須速得勅裁。伯答以若有走調。以公文寫之、由本官照會於伯。則伯當直奏之皇帝。於是本官聞亞歷斯夫大將所提出修正條項、伯似以直接作答爲困乃答言如下

關于韓國。俄國與日本爲直接之協定。雖爲多大之讓步。亦所不辭、然至關于滿洲。則俄國雖一旦以征服之權利。占領滿洲。而猶欲還附于清國者也。但於滿洲爲我莫大利益之安固其必要取得保障者。固其宜耳。而令清國尚拒而不肯與此保障。則滿洲當爲清俄間專屬之案件、而欲與第三國何等之協定。是則祗俄國之所不能也。本官對曰。就日本提案、據本官之所解。則我政府之意思。非干預清之兩政府間之直接交涉。是擬於我確定案第七條之前部可明白矣、我之所欲者。是在于俄國所屢次聲明之清國獨立及領土保全、及爲我在滿洲重要利益之安固耳。是非干預清俄兩國間之事件。而爲日俄兩國在滿洲各有多少利益、爲豫防兩國之誤解者耳。又述無論由何等形式之交涉得如上之調協成立。則清俄間之交涉。其進行當更見一段之便易。伯尚反覆前言。謂本官以公文將本國政府之來訓及本官之意見致之於伯、則當以該公文轉呈皇帝。又伯準於來二十五日在斯乾爾寄威士謁見皇帝、該公文大抵今夕可送于伯矣。由此會談察之。自亞歷斯夫大將提出之修正。其關於滿洲之我提議。當有不甚妥協者焉。

第二十八　訓令問蘭伯曾發訓於羅森公使否

十一月二十八日小村致栗野

據十一月二十二日電。稱藍伯以本月二十五日謁見皇帝。貴官宜速見伯。問其發訓于羅善公使之件。曾否作何措置。

第二十九　報因皇后不豫藍伯謁見皇帝因此延遲。

十一月二十九日栗野致小村

藍伯對本官言。爲謁見皇帝。原定十一月二十五日赴行在所。爲因皇后陛下有疾。因此延期。皇后陛下之疾。乃右耳內部焮衝。須施手術云。又問伯。言本官照二十二日電稟。以公文寫之而送于伯。伯即已轉呈皇帝矣。

第三十　訓令說示俄國府政以交涉問題速決之緊要。

十二月一日小村致栗野

日俄交涉問題之速決。帝國政府自始已重視之。蓋於此重大案件。因要解決之滿足。而使得迅速了結者。亦極緊要也。是故帝國政府前此之交涉。凡對于俄國之提言。皆特注意速答。然日俄交涉懸案。已亘四月之久。而其終局之如何。今尚未得確然豫見。事情如此。帝國政府對于因交涉延遲。而致成現下之形勢。所以不勝發憤也。是故令貴官速見藍伯。痛切詳陳此旨。抑我政府所以披胸襟以現下之時勢說明于俄國者。信其有裨補于大局也。望亦言之。

第三十一　報俄國政府之舉動。

十二月　日栗野致小村

據本官所聞。俄國政府令將與亞歷斯夫總督須常通信云。

第三十二　報盧伯言。當以交涉問題速決之必要陳奏皇帝。而通報其結果。

十二月四日栗野致小村

盧伯以十二月三日夜接見本官。本官將十二月　日所發電訓以法文譯出。再將帝國政府以懸案問題速決為緊要之事態作一長書。十分說明。給交該伯。伯言此問題尚有須再商量者。現正與亞歷斯夫總督交涉又言皇帝陛下。將十一月五日迴鑾於下禮拜　日（十二月八日）謁見之時。當詳奏本件須要緊急。如此則當得發訓令于駐日本俄國公使矣。本官又問於此指定日期之前。不得拜謁陛下乎。伯答此禮拜六為本國皇嗣祝祭日。禮拜日為休息日。禮拜二日又有他事云。伯又約以來禮拜三日。（十二月九日）以謁見之結果告本官。

第三十三　報告盧伯之談話。

十二月九日栗野致小村

盧伯以十二月九日語本官曰。以亞歷斯夫總督之提案為基礎。以繼續談判之勅命。已以昨八日送於該總督及羅善公使。而於日本之提案。實皆十分的考慮也。本官問俄國提言之性質。可得聞否。伯答二三日中。當由羅善公使公然提出于日本政府。

二一一

第三十四　報俄國修正對案已由羅善公使提出。

十二月十二日小村致栗野

俄國公使昨十一日來訪本大臣。謂遵本國政府之訓令。復答我確定確正案。（卽十月三十日由此發電所報）乃將左記俄國政府之對案公然提出。

第一條　相約尊重韓帝國之獨立及領土保全。

第二條　俄國承認日本在韓國之優越利益及以可為改良民政之助言及援助與于韓國者。為日本之權利。

第三條　俄國約明不反對日本在韓國工業的及商業的活動之發達。及為保護此等利益而採措置。不反對之。

第四條　俄國承認以前條所揭之目的。又以鎮定可以惹起國際紛爭之叛亂若騷擾之目的。而送遣軍隊于韓國者為日本之權利。

第五條　相約於韓國領土之一部。亦不得以軍事上之目的而使用之。又不得在韓國沿岸。設兵要工事可得迫害朝鮮海峽之自由航行者。

第六條　相約以韓國領土之在北韓三十九度以北之部分。為中立地帶。兩締約國俱不可使軍隊入之。

第三十五　訓令為提示于藍伯。當以書提出。

十二月二十一日小村致栗野

十二月二十一日與俄國公使相會。本大臣揭示我原提案與俄國新提案之間。其關于協商之地理範圍。有根本之差異。并十分說明帝國政府甚以日俄兩帝國在極東之利益相接觸之地方。俱入于今回之協商為一般利益本大臣又言希望俄國政府關于此點。當再商榷其態度。本大臣復以帝國政府當有必要加于俄國新對案之修正條件。詳述于該公使。今欲使俄國政府於帝國政府之態度。不生誤解。宜由貴官將下文之意。作一書以提出于藍伯。

本月十一日所提出之俄國新對案。帝國政府曾慎重考查之。而俄國政府以本案協商之範圍。不能及於日本所視為必要不可缺之地域而不同意之。是帝國政府之所遺憾也。當初帝國政府以八月提言于俄國政府。帝國政府之希望。在於以日俄兩帝國在極東利益相接觸之地域。悉入于本案協商之範圍。以欲除去日俄兩國關係上可為將來誤解之一切原因。然若將此地域之一要部。全然除去。而尚謂該協商能得就者。帝國政府之所不能信也。是帝國政府所以不得不促俄國政府之再思也。而帝國政府甚希望俄國政府能想出方法。使本問題得至見滿足之解決也。帝國政府對于俄國新對案。以為當修正之如左。

(一)第二條當云俄國承認日本在韓國之優越利益。且與可為改良韓帝國行政之助言及援助于韓國者。為日本之權利。

(二)第五條當云相約在韓國沿岸不設兵要工事。可得迫害朝鮮海峽之自由航行者。

(三)削去第六條。

右修正中之重點、非此于在此京。且曾經協議妥當之修正之程度。有所踰越。故此等變更。乃帝國政府亦認爲必要不可缺者。是故信俄國政府亦必無異議而能與之以同意也

當以此書提出于藍伯貴官。當向伯言本大臣亦曾以此旨述于羅善公使。且言於本件甚望速行回答可也。

第三十六　報已提出口上書

十二月二十三日栗野致小村

奉訓電以今二十三日午後二時見藍伯。伯曰、據羅善公使來電。稱該公使曾見小村男爵。其委細詳後電、今其後電尙未到。繼而本官以該書交伯。伯受之。且曰。當盡力使俄國之回答。務必從速發遣。又云。但尙有須問亞歷斯夫總督者。隨末本官復言現下之形勢。若此協商不遂。恐未必不生重大困難。或致葛藤。然則伯爲遂其希望之目的。亦當十分盡力。是所原望也

第三十七　報以關于口上書問俄國政府之處置之結果

明治三十七年一月一日栗野致小村

本官以一月一日見藍伯。問其對于我最近之提案。有何所措置否。伯答。俄國政府現正將該提案十分審議且謂當速發訓令於羅善公使。使以友好和協之精神進行商議。求本官以此確保于閣下。伯又言日俄兩國。不得至于妥協之理由絕無之。

第三十八　寄示羅善公使所新提出俄國之復答。

一月七日小村致栗野

羅善公使於對我十二月二十日之提案之俄國政府之回答以一月六日手交本大臣。下文所記即是也。

對于俄國對案第二條日本帝國政府之修正。雖無異議。而俄國政府以維持左之二個條爲必要也。

一即第五條原案也此爲日本帝國政府之業已同意者。其條文如下。

相約於韓國領土即令一部。亦不得以軍事上之目的而使用之。且不得在韓國沿岸設兵要工事。可得迫害朝鮮海峽之自由航行者。

二爲關于中立地帶之第六條也。本條與日本帝國政府同出一目的。即「除去可起將來誤解者之目的」也。譬在中央亞細亞英俄領地間亦有同樣之地帶。）

若于上記條件。肯爲同意。則俄國政府。當承諾以左之趣意。插入一條于本案協約中。即滿洲及其沿岸。爲在日本利益範圍之外。日本承認之。則俄國於滿洲區域內。不阻碍日本若他國享有與清國現行條約所獲得之權利及特權。（但除居留地設定。）

第三十九　訓令關于俄國之復答。爲欲確知自外務大臣開陳於俄國公使之次第。可將寄交於藍伯。

一月十三日小村致栗野

貴官確爲本大臣本月十三日開陳于羅善公使之意見。可以左之口上書交付藍伯。

帝國政府以平和解決時局。永久確立兩國親交之基礎。并保護帝國之權利及利益爲目的。因此對于本月六日自羅善男閣下交來之俄國政府之回答。極慎重周密以考量之。其結果覺其有必要修正者如左

一俄國對案第五條當削除其前半即於韓國領土即使一部。亦不得以軍略上之目的而使用之之句。

二俄國對案第六條關于中立地帶設定之條項當時全文削除。

三俄國政府關於滿洲之提議若修正之如左。則同意之。

在滿洲及其沿岸爲日本利益範圍之外。日本承認之。但俄國當約明尊重滿洲之領土保全。俄國於滿洲區域內不阻礙日本若他國。享有與清國現行條約所獲得之權利及特權。韓國及沿岸爲俄國利益範圍之外。俄國當承認之。

四於俄國對案加以左之一條。

日本承認俄國在滿洲之特殊利益。又爲保護此等利益而採措置者。爲俄國之權利

以上修正之理由帝國政府從來已說明之。更無餘蘊故除切望俄國政府再思之外。無可陳辯。唯其中削除關于居留地之限制者。爲其與日清追加通商航海條約抵觸也。蓋於居留地設定即他國亦有此權利故日本得與他國爲均一之處置即可滿足。又俄國政府回答中記明帝國政府對于俄國對案第五條已與同意。此乃俄國政府之誤解。帝國政府實未嘗與以同意也。臨末當言帝國政府以全然和協之精神。提出前記之修正。望俄國政府。當以同一之精神歡迎之。若猶遷延時局之解決恐於兩國俱爲不利。望速與復答云云

可也。

第四十　訓令問俄國政府對于口上書之回答如何。

一月二十三日小村致栗野

貴官當見藍伯。問彼國對于我最近之書，其回答之性質如何，且問其回答可以何日交來，以審伯之意見。

第四十一　報告奉訓與藍伯會見之結果。

一月廿五日栗野致小村

奉一月二十三日電。本官以一月二十四日見藍伯。問伯對于我之最近提案意見如何。又問俄國欲以何時回答。伯故裝不好涉及于巨細之問題。只答以或於某點有難同意。伯又言以禮拜二日（一月二十六日）見皇帝。陳奏其意見。想不日便可得回答、本官復以今日午後見哈脫域克、政務局長）據稱俄國外務省今尚與亞歷斯夫總督協議中。對于日本之回答。果能以何日發出。今不能豫言云。

第四十二　訓令促俄國政府之回答。

一月二十六日小村致栗野

懸案問題之解決。以無際限延遲之者。於目下時局所不能容。以此貴官宜速見藍伯。謂奉政府訓令、開陳如左。

據帝國政府之所見。使現下之時局、更為延遲。則不過使其更加重大而已。故帝國政府切望速得俄國之回答，幸使得知此回答。能以何日送致于帝國政府。

第四十三　報藍伯之返答及其有所質問。

一月二十六日栗野致小村

於一月二十六日電俄國外務大臣曰，海陸兩相及其他關係官，為討議時局問題。約以一月二十八日聚會。以其決議上奏皇帝請其裁可。亞歷斯夫大將亦本約來會。今忽不果。該大將之意見不久當有電信來因此回答日本之期，不日可得而確定。而卽謂其必不至延遲，亦可無碍。

該大臣又問，據當局之報告謂日本已派遣多數之軍隊軍器及軍需品于韓國，於此事可由本官為之說明乎。本官答以根於此等事實。絕無所知不能有所說明。該大臣又言，兩國政府方誠實進行商議之間而日本遂為此樣行動。不免令人生大惡感云云。右之報告果為事實與否。望以電報示知。若果為事實。尤望詳報。

第四十四　訓令不認送遣軍隊軍器于韓國之報且以韓國國境有俄軍集中之報當質問之。仍問俄國回答之性質及時日。

一月二十八日小村致栗野

接一月二十六日電貴官宜速見藍伯。謂奉本國政府訓令。日本送多數軍隊軍器及軍需品于韓國之報。斷然否認。實則日本近頃更無派遣軍隊于韓國之事。又於現在駐屯韓國日本兵隊普通所用必要額數以外更無送彈藥之事。貴官又當向伯問俄國軍隊集中於韓國國境之報果真實否。若果為事實。則此種軍事的運動。大不可也。臨末貴官當以貴官一人之見問伯、一月二十八日俄國大臣會議決議之性質。可得聞否。又問俄國回答當以何時交來不能大約指示日期乎可也

第四十五　報與盧伯晤見之結果

一月二十八日栗野致小村

盧伯滿足於我說明也。於鴨綠江附近俄軍集中之說。伯亦不信之。謂此種之新聞報道。甚爲遺憾。本官欲就今廿八日大臣會議之議決。欲有所聞。伯云會議之結果。非議決而上奏之于皇帝者。因關係大臣各自就本件引見于皇帝。今何事皆不得確言。伯又謂亞歷奇西斯大公及海軍大臣。以下禮拜一日。(即二月一日)陸軍大臣及伯自己。以禮拜二日(二月二日)謁見陛下。料禮拜三日。俄國之回答。必得送致于亞歷斯夫總督矣。本官言現狀之遲延。不特非所期望。且屬危險。且此間世上已始終喧傳各種之風說。故若可能。務以速發回答爲緊要。且請於上述之時日以前。務請特別注意。使得見速付回答之運。伯反覆言。雖知悉現下之狀勢而謁見之期日既指定如上。今更不能變更。又屢言當盡力而爲。務於來禮拜三日。能發付回答云云

第四十六　訓令再問俄國回答之確實日期。

一月三十日小村致栗野

貴官可速求見盧伯。稱奉本國政府訓令。照下陳述。使現今之時局更爲遲延。則必於日俄兩國爲重大不利益。以此帝國政府、希望於俄國外務大臣閣下所指定日期。即下禮拜二日以前。受領俄國之回答。雖然此事

假到底不能。為此帝國政府。果能以盧伯所指定之日期即下禮拜二日得接回答否。若不能。則俄國政府。果當以何日回答乎。甚欲知其確定之日期也。若盧伯既明示回答之日期。貴官當再見伯。求其示知該回答之性質如何。

第四十七　具報盧伯之返答。

二月一日栗野致小村

接一月三十日貴電。本官以三十一日見盧伯。伯言自己於現下時局。知其十分重大。確望速發回答。然以問題屬于重大案件。非可輕易處之。且以關係各大臣及亞歷斯夫總督之意見之有須調和者。故不免遲延。今於發送回答之期。不能確告貴官。以此事全出自皇帝聖斷者也。而自己則為進行本件。當盡力不敢怠也云云。

第四十八　訓令斷絕日俄協商之談判。且以帝國政府有可採自由行動之權利之意。通牒於俄國政府。

二月五日午後二時小村致栗野

以現下時局。不容更為遷延。故帝國政府斷絕懸案之談判。為防衛我地位之被俄國侵迫。并為保護我權利及利益。已決採必要之獨立行動。貴官得按此電。即以左之公文。送于俄國外務大臣盧伯可也。

日本。皇帝陛下之特命全權公使某。遵本國政府訓令。對于俄國皇帝陛下之外務大臣閣下。通牒如左。

日本國皇帝陛下之政府。以保全韓國之獨立及領土。為自衛本國之康寧與安全所必要不可缺者。故不問如何行爲。苟有使韓國地位不安者。帝國政府。必不能默視之。而俄國政府。對于日本關于韓國之提案。一即帝國政府所用以確實韓國之存立。幷恃以擁護帝國在該半島之優越利益之提案。一乃提出其到底無望妥協之修正。執拗以拒絕我。又俄國之於滿洲。雖曾與清國訂立條約及嘗對于各國有利益於滿洲地方者。屢次與以保障。然今爲欲長占該地方。乃至執拗以拒我相約保全滿洲領土之議。是使帝國政府爲自衛計。不得不愼重考其可採之手段也。夫俄國既以無故屢延回答。又不愛念平和。妄爲軍事之活動。而帝國政府尚容忍之以至于今日。由是察之。帝國政府欲與俄國政府共除去關係上可爲將來一切誤解之眞意。昭然若揭矣。然其結果不過使帝國政府自悟其穩當無私及凡關于絕東平和之提案。皆不得見容于俄國政府而已。事至今日。縱開談判。亦屬徒勞。故決意斷絕之。然則自此之後。帝國政府爲鞏固防衛其受人迫害之地位及爲保護帝國之既得權及正當利益。當有可採獨立行動之權利。於此特爲聲明。

第四十九　訓令通牒俄國政府。告以斷絕外交之關係。幷令率公使館人員退出俄京。

二月五日午後二時小村致栗野

貴官以別電之公文與左之趣意之公文。送于藍伯可也。

日本國皇帝陛下特命全權公使栗遵本國政府訓令。對于俄羅斯皇帝陛下之外務大臣閣下。通告如左。

日本帝國政府原欲與俄羅斯帝國共將關係上可致將來紛糾之各種原因設法除去。然雖盡其和協之手段。而不睹其效。今帝國政府爲極東平和。曾爲正當之提言及穩當無私之提案。而俄國對之。應從而不肯從。

是我國政府與俄國政府之外交關係至今已無價值。為此日本帝國政府。決意斷絕之也。某更依本國政府之命。將以某日率帝國公使館同退出俄京。今并將此意通告于藍伯閣下。

第五十　報俄國回答之要旨。既電報于亞歷斯夫總督。及報俄國外務大臣。皆畧述其內容。

二月五日午前五時五分栗野致小村

因藍伯來請本官以二月四日午后八時見藍伯。伯曰。俄國回答之要旨。今已發電于亞歷斯夫總督。欲由該總督轉送于羅善公使。該總督斟酌地方之情況。不保無所修正。然大抵當無甚移更者也。伯更述其私見曰。俄國於保全韓國獨立及領土之原則。甚望維持之。而尤以為朝鮮海峽之自由航行為必要。故伯謂雖于可為讓步者無不讓步。而亦不肯使人得以對俄戰畧之目的。利用韓國也。且為確立日俄間良好之關係。則以兩國合意而於兩國在極東直接勢力及行動範圍之間。設立一緩衝地帶。是我所信為有利者也。此乃藍伯自述其私見。雖不得視為斷言。而俄國回答之要旨。大概不外如是。

第五十一　報已提出斷絕外交關係之公文。

二月六日午後五時五十七分栗野致小村

本二月五日所奉爾電。其公文以今六日午後四時提出于藍伯。本官當以來十日率館員及留學生退出俄京。

三四

留學界

法政速成科之成立（開講式之記事）

日本法政大學總理梅謙次郎先生。鑒於吾國前途之危急。非多養成法律政治之人才。不足以行改革事業。乃與留學日本法科學生商。更走商諸日本文部司法大臣。及吾國公使。均贊成之。於法政大學中附設法政速成科。以華語通譯講義。期以一年為卒業。將致函募學生。旬日而成。爰於陽歷五月七日。行法政速成科開講式。午后正二時臨式。場首梅謙次郎博士演開講辭。次我國楊星使以華語演說。次日本司法大臣波多野敬直氏演說。終以留學生曹汝霖氏以日本語演述答辭。禮成而退。遂於別室饗以酒菓。劇談盡歡而散。是日到會者中日各大臣及高等官各官私立大學校長。教授校友。不下千餘人。洵盛會也。今將各人演說。速記於左。

梅博士開講辭

今日本大學為清國留學生設法政速成科。而舉行此開講式。來賓諸君。其他講師校友。當御忙之際。惠然來臨本大學。之榮幸也。此次法政速成科之設也。實發意於清國留學生。初清國留學生中之有志者。請於余曰。今日清國之狀態。宜設法政速成科。以養成多數之法律政治人才為急務。余然其言。屢次相談之結果。遂與清國公使協議。深荷其贊成。又得文部大臣畢速之認可。遂得以成立。翌明日即開課也。近來以來。清國知新知識輸入之必要。派遣學生來學於我邦者。至千有餘名之多。余固甚嘉其有銳意改新之機。惟間其中學於法律政治經濟等學者尚少。他如弘文學院之師範科。振武學校之兵學科。留學者以數百計。推原其故。由於師範科以清語通譯授業。兵學科從入門起手。其卒業僅一年或一年半。故即不通我邦言語者。亦可隨意入學無礙也。夫清國新知識之輸入。誠爲當今之急務。然國務中之於立法上行政上之事業改革。得非謂急務之尤急者乎。欲從事於此項事業之改革。不得不先養成多數法政之人才。無人才而望事業之成。其可得乎。然欲修法律政治之學。非先習我邦言語文字不可。習我邦文語。致少亦須三年。從而入各專門各學。又次三四年。前後經六七年之星霜。而始得成就。亦何怪其修此項學業之人之少也。於此而求而便利之法。舍速成科其奚由哉。且吾更有感焉。我邦於千百餘年前。清韓文物之輸入。實無異三四十年前之歐美文物之輸入也。當清韓文物輸進之時。我即取而爲模範。以改革制度法律。迨至三四十年。適歐美之文物入於是。采其所長補我所知。幸得勉成今日之盛業。得與歐美並肩。爲今清國而欲與歐美益爲齊驅乎。則非取法我邦昔年之方針不爲功。既貴輸入新知識。尤貴即新知識而應用於實際。此余所認以爲至要者也。至若派遣學生至我邦。余尤信其爲至當。蓋我邦主用漢文。三四十年前之所謂學問。漢學而已。所謂文章。漢文而已。其文之用漢文者亦不少。如大寶律令三代格式。皆多用漢文者也。若言語雖不相同。然從事於我邦之言語。較之從事於歐美之言語其難易不可道其計矣。況風俗人情。又多相類。彼此均崇孔教。故道德之標準亦復相似。至若國之位置。則一帶之水。數日可達。眞至近之鄰國也。無論從何點觀察。取新知識於我邦。比之取新知識於歐美。其遠近難易。固不待余之喋喋矣。且三四十年前之我邦。固殆與淸國揭混一氣者也。其後歐美之文物入。乃務取其適於吾國國情者。爲之調和之。其鍛鍊之功。亦非易易。以之移於風俗同宗教同人情同之淸國。吾知其適於淸國之風俗宗教人情者必勝於直取之於歐美者也。淸國政府。及朝野志士之遣派來學者。或亦見及此於乎。木大學此速成科之設。其足以爲淸國養成人才爲淸國前途計。其利益洵非淺鮮。此舉也。即謂日出之義俠也。亦無不可。

回顧三十年前。我邦聘雇之外國教師。邦人鮮能直接聽其講義者。輒附以通譯。以轉述講義。又聘法國鮑亞沙那樹特先生。選出仕生徒從之學。所謂司法省出仕生徒者是也。附以通譯。以二年爲卒業。此外官吏及有志之士。延外人爲教授。相集而設速成科者。不知凡幾。余即當日任通譯之一人也。更有措資遊學歐美。以實地研究其學術。視淸國學生之來我邦者。或入專門各學校。或入速成科者。其情形正相似也。然當日我邦不規則之速成科其卒業學生之盡力於法界者頗多。今日占樞要之位者亦不少。我願淸國留學生將來卒業歸國。亦用其所學。以贊成國家前途之事業。以當淸國第一次改革之衝。有若我國當日之速成生。則余亦蒙餘幸焉(後略)

楊公使樞之演說

梅博士法政大學總理。今爲中國留學生特設法政速成科。以期望中國早事維新。熱心可感。中國士大夫應共許博士之意。紛紛來學。但願中國人才愈衆。則博士之名與益廣。本大臣預爲我中國賀。且爲梅博士賀。猶憶明治初年。本大臣隨使是邦。正值政府鋭意維新。改革政治。訂正法律。選各府縣貢進生。肄習法政速成科。聘歐美學士爲之師。而以和文通譯之。人材因之蔚起。當時深得其力。此已往之明徵也。今中國時事多艱。需材孔亟。各省所派遊學生雖爲衆多。然望其學成致用。爲期尚遠。非設法政速成科。不足以濟目前之急。譬之築屋。必須先立棟宇。然後丹楹刻桷。可成奐輪之美。今梅博士念同種同文之誼。專爲中國諸生設此速成科。即是先其所急之意。本大臣深望來學諸生奮力猛進。務達諸科之目的。而通譯諸生類皆積學之士。尤當不憚煩勞。善承宗旨。以遵合羣團体之義務。本大臣現擬將此事先達政府。俾學生學成歸國。即可見用。不至懷才不遇。諸生勉之。毋負梅博士教育之誠。本大臣期所之切也。至於來賓顯要諸公。俱能深維公義。樂於贊成。從此兩國益敦親睦之誼。永享和平之福。徵特東亞大局之幸。亦環球各國所深願者也。

日本司法大臣波多野敬直氏之演說

今日當本大學爲諸國留學生行法政速成科開講式典禮。我得臨席陳詞。實爲榮幸。

今當日俄戰爭正酣。其影響所及。各國爲之震動。全世界人民方熱中以觀此役之結果。而學者不遂時熱。以最靜冶自重之態度。講學不倦。且謀設無形理的研究之法政速成科。以普及教育。實爲余所佩服最要者也。蓋戰爭非常事也。武功終了。即不可不進以文勳。且治國之道。文武並重。平時既不能置武備於不修。則戰事亦不能置文事於不講。此理之至明者。而況法政之於國家。有直接密切之關係者乎。本大學對於清國將來應用之方針。而豫爲之備。余實滿腔厚情。表之至無可表者也。

抑清國之與我國。其交誼非一朝一夕也。歷史上之關係。既相結不可解。今又爲信託之留學諸子設此速成科。余誠感創始者之義務。親愛本科。教授方法。結果之善良。固不待余之贅言。惟余所信者。則謂將來此科之成効。必不止於學業。且受有大於學業者存也。（後略）

留學生曹汝霖之答辭

今日爲法政大學法政速成科行開講式之日。我輩亦得參列盛會。聆梅博士開講之辭。及司法大臣我國公使之演說。欣喜無極。法政速成科之設。爲吾輩心目中認爲至要至急之務。固旦夕禱祝其成立。今幸如願以償。是不能不感謝梅博士創立之熱心。及諸先生贊成之厚意也。夫國之盛衰。由於法律之良否。法律修明者。其國必强。否則必弱。徵之歷史。觀之各國。有明證也。故法律者。實立國之要素。文明諸國。莫不以修明法律爲急務之尤急。而其國之學者。又著書立言。以啓發後進之國。後進國被於先進國之感化。而由野蠻以入文明者。又何可勝數。吾中國擁至大之土地。至衆之人民。在古昔得稱先開國。而歷代不進。日見退步。時至今日。而困難不可挑矣。近來以來。稍稍致力於改革。若陸軍。若教育。若商業。漸見有改變氣象。而獨於法律

六

改正問題。固莫有注之意者。是可嘆也。即以留學日本學生而言。其數且達千人以上。而學於法律政治者僅五六十人。是足見我國民法政思想之薄弱。吾國仿行西法數十年。而未得寸効者。其弊源即在於是。梅博士嘗於吾國之前途。思爲之謀進步。又以留學之現狀。爲之謀便利。更得文部大臣及我國公使之贊成。以設此速成科。吾知將來內地之來學者。除政府之派遣無論矣。即各地有志來學者亦必不少。則此速成科之發達。可爲豫言。將來卒業於此科者。當至艱至急之秋。得爲宗國開一線光明。所謂改正法律問題。得有以措手。俾我國亦得爲有文明法律之名譽。皆出自梅博士之賜也。（後略）

附法政速成科規則及擔任講師銜氏

第一節　主旨

第一條　本大學之法政速成科以教授清國現代應用必要之學科速成法律行政理財外交之有用人才爲目的

第二節　教授及通譯

第二條　教授以日本語口授以中國人通譯學生得以漢文筆記講義

第三條　教授聘日本之法學博士學士之法學名家深於學術而富於經歷者

第四條　通譯者請留學日本之帝國大學法科大學及私立各大學之清國留學生學有根柢者

第三節　學科

第五條　學科之分目左如

法學通論及民法　商法　國法學　行政法　刑法　國際公法　國際私法

裁判所構成法　民刑訴訟法　經濟學　財政學　監獄學

第四節　課目時間表

第六條　課目時間表如左

第一學期	
學科	每週授業時數
法學通論及民法	一〇
國法學	四

第二學期	
學科	每週授業時數
商法	六
行政法	六

八

刑法	四	民刑訴訟法	五
國際公法	四	國際私法	二
裁判所構成法	一	財政學	四
經濟學	二	監獄學	一
計	二五	計	二五

第五節　實地教授

第七條　本科教師於講堂教授外更時率本科學生實踐日本司法及行政各官衙及其他官私之設營物爲實地教授

第六節　卒業期　學期　休業日

第八條　左之日爲休業日

每日曜日　大祭祝日　冬期休業 自十二月二十五日至翌年一月七日

夏期休業臨時定之

第九條　以六箇月爲一學期第一學期自陽曆四月一日起至九月三十日止第二學期自陽曆十月一日起至翌年三月三十一日止

第十條　滿兩學期爲卒業期

第七節　授業費　入學費　通譯費

第十一條　每月繳授業費日銀六圓但本科學生未滿三十四人時須繳總數日銀貳百圓滿八十人以上則每月減繳三圓

第十二條　入學時另繳入學費兩圓

第十三條　通譯費臨時定之

第八節　入學期　入學資格　退學

第十四條　入學期每年定四月及十月（陽曆）兩期但臨時補缺時亦得入學

第十五條　有入本科資格者（一）清國在官者及候補官員（二）清國地方之士紳及年齡已滿二十歲之有志者

但須學有根柢能漢文者方許入學

第十六條　凡入學者均須由清國公使紹介

第十七條　凡入學者須先具履歷書及在學願書入學證書各一通呈於總理（另有書式）

第十八條　本科學生在學中如有不良行爲及不堪造就者得命之退學

第十九條　凡已入學而中途退學者已繳學費概不算還

第九節　試驗

第二十條試驗於每學期末行之

如學期末而有疾病及不得已之事故不能應試或應試而不合格者於次第學期試驗時同時補行試驗

第二十一條　兩學期試驗均合格者得授以卒業證書

第十節　校章及校服

第二十二條　凡入學者均須著用本大學制定之制帽及制服（制帽及制服另有式樣）惟奉有常職在日之官員不在此例

第十一節　講舍及寄宿舍

第二十三條　本科之講舍設在日本東京麴町區富士見町六丁目十六番地

第二十四條　本校得附設寄宿舍由本大學直接監督

第二十五條　寄宿費及食費雜費等臨時定之

本科職員

法政大學總理

東京帝國大學法科大學教授　法學博士　法國法律博士　梅謙次郎

法政大學教頭

東京帝國大學名譽教授　貴族院議員　法學博士　富井政章

講師

法學通論及民法	東京帝國大學法科大學教授 法學博士	梅謙次郎
商法	東京帝國大學法科大學助教授 法學士	松本烝治
國法學	東京帝國大學法科大學教授 法學士	筧克彦
行政法	學習院教授 法學士	清水澄
刑法	東京帝國大學法科大學教授 法學博士	岡田朝太郎
國際公法	學習院教授 東京高等商業學校教授 法學博士	中村進午
國際私法	東京帝國大學法科大學教授 法學博士	山田三良
裁判所構成法	東京控訴院判事 法學士	岩田一郎
民刑訴訟法	大審院判事 法學士	板倉松太郎
經濟學	東京帝國大學法科大學教授 法學博士	金井延
財政學	農商務省參事官 法學士	岡實
監獄學	監獄事務官	小河二郎

一三

日俄開戰前之外交文書往復期日目次表

番號	年月日	自誰	至誰	大意	頁數
一	明治卅六年七月廿八日發	外務大臣	在俄公使	關於滿韓兩地欲開日俄協商之議因訓令駐俄公使窺俄政府意向	一
二	同七月卅一日發 同八月二日着	在俄公使	外務大臣	向復外務大臣以己之意雖無異議但須得俄皇之允可方可回答	二
三	同八月三日發	外務大臣	在俄公使	訓示帝國政府所可提出之協商案	三
四	同八月五日發 同八月六日着	在俄公使	外務大臣	報藍斯都夫伯已得開始談判之允可	五
五	同八月六日發	外務大臣	在俄公使	訓令對於俄國政府提出協商案	五
六	同八月十二日發 同八月十四日着	在俄公使	外務大臣	報已將協商案手交藍斯都夫伯	五
七	同八月廿四日發 同八月廿五日着	同上	同上	報藍斯都夫伯發議請以本件商議移於東京	五
八	同八月廿六日發	外務大臣	在俄公使	訓令反對商議地變更之議	六
九	同八月廿七日發 同八月廿八日着	在俄公使	外務大臣	報俄外務大臣堅持其所主張	六
十	同八月廿九日發	外務大臣	在俄公使	訓令再反對商議地變更並使以日本之提案爲商議之基礎	七

番號	年月日	自誰	至誰	大意	頁數
十一	明治卅六年八月卅一日發 明治卅六年九月二日着	在俄公使	外務大臣	報俄國外務大臣對於商議地移轉之異議	七
十二	同 九月二日發	外務大臣	在俄公使	訓令再請在俄京繼續商議且以日本提案爲商議之基礎	九
十三	同 九月五日發 同 九月六日着	在俄公使	外務大臣	報俄國外務大臣主張以日本提案及俄國對案爲基礎且欲在東京商議	九
十四	同 九月七日發	外務大臣	在俄公使	訓令答應移轉商議地并求俄國速行提出對案	一〇
十五	同 九月九日發 同 九月十日着	在俄公使	外務大臣	報羅善公使及極東總督已受必要之訓令	一一
十六	同 九月廿四日發	外務大臣	在俄公使	報羅善公使及亞歷塞夫大將已爲協議同赴旅順	一一
十七	同 十月五日發	同上	同上	寄示羅善公使自旅順歸來所提出之俄國對案	一二
十八	同 十月八日發	同上	同上	通報已與羅善公使開始會商	一三
十九	同 十月十日發	同上	同上	對於俄國對案所提出改正條項	一四
二十	同 十月廿二日發	同上	同上	寄示與羅善公使會商之經過	一四
二十一	同 十月廿九日發	同上	同上	同上	一五

二

二十二	同	十月三十日發	同上	同上	寄示對於俄國對案所提出之確定改正案	一五
二十三	同	十一月一日發	同上	同上	訓令以確定改正案以關於羅善公使所帶有訓令範圍之外該公使須求本國政府之訓令因此宜往見俄國外務大臣說明帝國政府之本誼	一六
二十四	同同	十一月三日發 十一月三日着	在俄公使	外務大臣	報告遵訓令與俄國代理外務大臣會見之要領	一七
二十五	同同	十一月十三日發 十一月十三日着	同上	同上	報告以確定修正案與藍斯都夫伯會談之要領	一八
二十六	同	十一月廿一日發	外務大臣	在俄公使	求速遵訓令與羅善公使繼續談判	一九
二十七	同同	十一月廿二日發 十一月廿二日着	在俄公使	外務大臣	報告奉訓令與藍斯都夫伯會談之結果	一九
二十八	同	十一月廿八日發	外務大臣	在俄公使	訓令問藍斯都夫伯發訓令與羅善公使否	二〇
二十九	同同	十一月廿七日發 十一月廿八日着	在俄公使	外務大臣	報因皇后不豫難偕謁見皇帝因此遲延	二一
三十	同	十二月一日發	外務大臣	在俄公使	訓令說示俄國政府以交涉問題速決之緊要	二一
三十一	同同	十二月二日發 十二月三日着	在俄公使	外務大臣	報俄國政府之舉動	二二
三十二	同同	十二月四日發 十二月四日着	同上	同上	報藍伯以責備以交涉問題速決之必要陳奏皇帝而通報其結果	二二
三十三	同同	十二月九日發 十二月十日着	同上	同上	報告藍伯之談話	二三

番號	年月日	自誰	承誰	大意	頁數
三十四	明治卅六年十二月十二日發	外務大臣	在俄公使	報俄國改正對案已由羅善公使提出	二三
三十五	同 十二月廿一日發	同上	同上	訓令關於協商之範圍求俄國再考慮并以日上書提示帝國政府所認爲必要之改正條件於藍伯	二三
三十六	同 十二月廿三日發 同 十二月廿四日着	在俄公使	外務大臣	報已提出日上書	二五
三十七	明治卅七年一月一日發 同 一月一日着	在俄公使	外務大臣	報對關於日上書俄國政府之處置之結果	二五
三十八	同 一月七日發	外務大臣	在俄公使	寄示羅善公使所新提出之俄國之復答	二六
三十九	同 一月十三日發	同上	同上	訓令關于俄國之復答爲欲確知自外務大臣開陳于俄國公使之次第可將日上書交於藍伯	二六
四十	同 一月廿三日發	同上	同上	訓令問俄國政府對于日上書之回答如何	二八
四十一	同 一月廿五日發 同 一月廿五日着	在俄公使	外務大臣	報奉訓令與藍伯會見之結果	二八
四十二	同 一月廿六日發	外務大臣	在俄公使	訓令促俄國政府之回答	二八
四十三	同 一月廿六日發 同 一月廿七日着	在俄公使	外務大臣	報告藍伯之返答及質問帝國何以送多數軍隊及軍器於韓國	二九
四十四	同 一月廿八日發	外務大臣	在俄公使	訓令不認送軍隊軍器於韓之報且以韓國爲境內有俄軍集中之報當質問之仍問俄國回答之性質及時日	二九

四

四十五	同同	一月廿八日發 一月廿九日着	在俄公使	外務大臣	報與露相會見之結果	三〇
四十六	同	一月三十日發	外務大使	在俄公使	訓令再問俄國回答之確實日期	三〇
四十七	同同	二月一日發 二月一日着	在俄公使	外務大臣	報告露相之回答不能定確期	三一
四十八	同	二月五日發	外務大臣	在俄公使	訓令以斷絕日俄協商之談判并將帝國政府爲自衛及保護權利利益起見當保留採行獨立之行動之意通牒於俄政府	三一
四十九	同	二月五日發	外務大臣	在俄公使	訓令通牒俄政府以斷絕外交之關係并令率公使館人員退出俄京	三二
五十	同同	二月五日發 二月五日着	在俄公使	外務大臣	報俄國外務大臣言回答內容之要旨已定報于亞歷塞夫提督	三二
五十一	同同	二月六日發 二月七日着	在俄公使	外務大臣	報已提出斷絕外交之公文	三三

六